Éloges pour les enseig
Créateurs d'avant-garde / Demandez et vous recevrez

« Une des choses les plus remarquables à propos de ce livre est qu'Abraham nous propose 22 méthodes puissantes pour réaliser nos objectifs. Peu importe la situation dans laquelle nous nous trouvons, il y a moyen d'améliorer notre vie. J'aime ce livre ! »

— **Louise L. Hay,** auteure de *Transformez votre vie*

« Voilà un livre marquant... Vous aurez le bonheur de puiser dans la pensée de personnes connectées en permanence à l'Énergie Source. Qui plus est, ces voix de l'Esprit s'expriment dans un langage que vous comprendrez et que vous pourrez instantanément traduire en actions. Elles ne vous offrent rien de moins qu'un plan permettant de comprendre et de réaliser votre propre destinée. »

— **Dr Wayne W. Dyer,** auteur du volume *Le pouvoir de l'intention*

« C'est purement et simplement un des ouvrages les plus puissants que j'ai jamais lus. Ce qui s'y trouve peut complètement changer votre vie. Et tout cela est transmis avec tellement d'amour ! Ce livre est un trésor inestimable. »

— **Neale Donald Walsch,** auteur de *Conversations avec Dieu*

« Depuis plus de dix ans, je suis un admirateur inconditionnel des enseignements d'Abraham. Ils m'ont énormément aidée, tout autant que ma famille. »

— **Christiane Northrup, M.D.,** auteure de *La sagesse de la ménopause*

« C'est un livre extraordinaire ! Ma femme et moi apprécions depuis plusieurs années les enseignements profonds et extrêmement pratiques d'Abraham. Nous sommes confiants que vous en profiterez tout autant. Nous le recommandons à tous nos amis. »

— **Dr John Gray,** auteur de *Les hommes viennent de Mars, les femmes viennent de Vénus*

« Les enseignements d'Abraham-Hicks m'ont inspiré au point d'en venir à éprouver un degré supérieur de clarté, de confiance, de finalité et de passion dans ma vie. J'étudie constamment ses idées et ne cesse de les recommander autour de moi. Elles comptent parmi les plus puissantes et les plus transformatrices qu'il m'ait été donné de connaître. Mettez-les en pratique dans votre vie et vous rayonnerez d'un bonheur renouvelé. »

— **Alan Cohen,** auteur de *A Deep Breath of Life*

« Ces enseignements incroyablement profonds, mais pourtant simples et pratiques, que propose Abraham raviveront votre confiance en votre guidance intérieure et vous lanceront dans les aventures les plus exaltantes que l'on puisse imaginer. Créateurs d'avant-garde / Demandez et vous recevrez constitue la feuille de route permettant d'élever l'âme et de connaître une vie joyeuse. »

— **Jack Canfield,** coauteur de la série *Bouillon de poulet pour l'âme*

« Il s'agit d'un des meilleurs livres sur la manifestation que j'ai lus depuis longtemps. J'aime bien comment on y présente des vérités profondes d'une manière tout à fait terre à terre ! Le ton rafraîchissant adopté dans ces pages est encourageant, tendre et complètement positif. Je donne des exemplaires de cet ouvrage à tout le monde que je connais. J'aime et je recommande chaleureusement ce livre. »

— **Doreen Virtue, Ph.D.,** auteure à succès de *Médecine des anges*

Créateurs d'avant-garde

Demandez et vous recevrez

Esther et Jerry Hicks

Les enseignements d'Abraham

Traduit de l'américain par Jean Hudon

Ariane

Créateurs d'avant-garde

Titre original anglais : Ask and it is Given
Learning to Manifest your Desires

1209, av. Bernard O., bureau 110,
Outremont, Qc, Canada H2V 1V7
Téléphone : (514) 276-2949,
Télécopieur : (514) 276-4121
Courrier électronique : info@ariane.qc.ca
Site Internet : www.ariane.qc.ca

Révision linguistique : Monique Riendeau, Michelle Bachand
Graphisme : Carl Lemyre
Mise en page : Kessé Soumahoro

Première impression : Mai 2006

ISBN : 2-89626-013-7
ISBN-13 : 978-2-89626-013-3
Dépôt légal : 2e trimestre 2006
Bibliothèque et Archives nationales du Québec
Bibliothèque nationale du Canada
Bibliothèque nationale de Paris

Diffusion
Canada : ADA Diffusion – (450) 929-0296
www.ada-inc.com
France, Belgique : D.G. Diffusion – 05.61.000.999
www.dgdiffusion.com
Suisse : Transat – 23.42.77.40

Imprimé au Canada

Ce livre est dédié à tous ceux parmi vous qui, dans leur désir d'illumination et de mieux-être, ont soumis les questions auxquelles ce livre apporte des réponses, il est dédié aussi à nos petits-enfants, qui sont des exemples vivants de ce que ce livre enseigne — Laurel (5 ans), Kevin (3 ans) et Kate (2 ans) — mais à propos duquel ils ne posent encore aucune question parce qu'ils n'ont toujours pas oublié.

Ces enseignements sont tout particulièrement dédiés à Louise Hay, dont le vif intérêt à découvrir les principes fondamentaux du bien-être intérieur, à les apprendre et à les disséminer partout dans le monde l'a incitée à nous demander de créer ce livre présentant de façon exhaustive, les enseignements d'Abraham.

Table des matières

DEUXIÈME PARTIE : 127

Processus grâce auxquels vous réaliserez ce dont vous vous souvenez en ce moment

Avant-propos

Par le Dr Wayne W. Dyer

Auteur à succès du livre **Le pouvoir de l'intention**

Le livre que vous tenez entre vos mains renferme certains des enseignements les plus puissants qui soient disponibles sur la planète aujourd'hui. J'ai été profondément influencé et touché par les messages qu'Abraham nous offre dans ce volume et par les enregistrements audio distribués par Esther et Jerry au cours des vingt dernières années. En fait, je suis grandement honoré qu'Abraham m'ait demandé de rédiger un bref avant-propos pour ce livre que je considère comme un événement marquant de l'édition. C'est quelque chose d'unique en soi — vous allez avoir la chance de puiser dans la pensée de gens connectés en permanence à l'Énergie Source. Qui plus est, ces voix de l'Esprit s'expriment en des termes que vous comprendrez et que vous pourrez instantanément traduire en actions. Elles ne vous offrent rien de moins qu'une méthode permettant de comprendre et d'accomplir votre propre destinée.

Ma première pensée est la suivante : si vous n'êtes pas prêt à commencer à lire et à mettre en pratique cette grande sagesse, je vous conseille alors vivement de conserver simplement ce livre près de vous pendant quelques semaines. Permettez à l'énergie qu'il contient de s'infiltrer dans toute résistance que votre corps ou votre esprit pourraient offrir, et laissez-la entrer en résonance avec cet espace en vous qui est sans forme et sans limites — ce qu'on a coutume d'appeler l'âme, mais qu'Abraham appellerait plutôt notre connexion vibratoire avec la Source.

Nous vivons dans un univers de vibrations. Ainsi qu'Einstein le faisait remarquer : « Rien ne se produit tant que rien ne bouge. » En d'autres termes, toute chose vibre à une certaine fréquence mesurable. Décomposez le monde solide en ses plus minuscules composantes et vous comprendrez que ce qui semble solide est en réalité une danse de particules au sein de vastes espaces vides. Étudiez la plus infinitésimale de ces particules quantiques, et vous découvrirez qu'elle émane d'une source qui vibre si rapidement qu'elle défie toute notion de commencement et de fin. L'énergie la plus élevée et la plus rapide est appelée Énergie Source. Chaque être et chaque chose tirent leur origine de cette vibration et se manifestent ensuite dans le monde des choses, des corps, des esprits et des ego. C'est quand nous avons quitté cette Énergie Source et que nous avons adopté un corps doué de conscience que nos problèmes, nos maladies, nos manques et nos peurs ont commencé.

Les enseignements d'Abraham ont essentiellement pour but de vous aider à revenir à cette source, d'où émanent toutes choses et vers laquelle tout retourne. J'ai décrit un peu à quoi ressemble cette Énergie Source dans mon livre *Le pouvoir de l'intention.* Abraham peut toutefois vous offrir cette sagesse édifiante en vous donnant l'avantage d'être totalement connecté à cette source et de ne jamais douter de cette connexion — cela saute aux yeux dans chaque paragraphe de ce livre. Voilà pourquoi j'estime que c'est un événement marquant de l'édition.

Vous êtes en contact direct et conscient avec des êtres honnêtes et cohérents qui n'ont pour seul souci que votre bien-être. Ils vous rappelleront que vous venez d'une Source de bien-être et que vous pouvez appeler à vous cette énergie vibratoire supérieure et la laisser circuler librement dans tous les aspects de votre vie, ou bien lui résister et, ce faisant, rester déconnecté de ce qui pourvoit à tout et est tout amour.

Le message offert ici est assez surprenant et pourtant si simple : vous provenez d'une Source d'amour et de parfait bien-être. Lorsque vous êtes harmonisé avec cette énergie de paix et d'amour, vous retrouvez alors aussitôt le pouvoir de votre Source, celui de manifester vos désirs, de faire naître le bien-être en vous, d'attirer l'abondance là où régnait précédemment la rareté, et d'avoir accès à la guidance divine sous forme de bonnes personnes et de circonstances idéales se présentant à vous. Voilà ce que peut accomplir votre Source, et comme vous en êtes une émanation, vous pouvez en faire tout autant.

J'ai passé une journée entière avec Abraham en personne, j'ai dîné avec Esther et Jerry, et j'ai écouté des centaines d'enregistrements d'Abraham. Vous pouvez donc me croire sur parole quand j'affirme que vous êtes sur le point d'entreprendre un voyage transformateur offert par deux des êtres les plus authentiques et les plus spirituels que j'aie jamais rencontrés. Jerry et Esther sont aussi émerveillés de leur rôle consistant à vous transmettre ces enseignements que je le suis d'écrire cet avant-propos pour Abraham.

Je vous encourage à lire attentivement ce livre et à mettre son contenu en pratique sur-le-champ. Une observation que je répète depuis plusieurs années le résume bien : « Lorsque vous changez votre façon de voir les choses, les choses que vous regardez changent. » Vous êtes sur le point de voir et de sentir un monde tout nouveau se transformer sous vos yeux. C'est le monde créé par une Énergie Source désireuse que vous repreniez contact avec elle et que vous profitiez d'une vie de bien-être joyeux.

Merci Abraham de m'avoir permis de dire quelques mots dans cet ouvrage précieux entre tous.

Je vous aime—TOUS!

Wayne

Préface

Par Jerry Hicks

La lumière du jour se répand peu à peu sur le littoral de Malibu alors que j'entreprends cette préface. Le bleu indigo profond de l'océan Pacifique à cette période de la matinée semble aller de pair avec la profondeur du plaisir que j'éprouve en m'imaginant la valeur de ce que vous êtes sur le point de recevoir grâce aux révélations contenues dans ce livre.

Créateurs d'avant-garde / Demandez et vous recevrez concerne, bien sûr, les réponses faites à nos demandes par Tout Ce Qui Est, mais il explique essentiellement comment nous est donné ce que nous demandons. C'est également le premier volume qui offre en des termes aussi clairs une formule simple et pratique révélant comment effectuer nos requêtes et recevoir ensuite ce que nous voulons être, faire ou avoir.

Il y a bien des années, alors que je cherchais des réponses plausibles à mon interminable quête en vue de comprendre pourquoi nous sommes ici, j'ai découvert le mot ineffable, signifiant « qui ne peut être exprimé par des paroles ». Sa découverte coïncida avec une conclusion à laquelle j'étais parvenu relativement à ce mot. Je m'étais rendu compte que plus on en sait sur la réalité non physique, moins on a de mots pour exprimer clairement en quoi elle consiste. Par conséquent, toute connaissance complète à ce sujet correspondrait à un état d'ineffabilité. En d'autres termes, dans la dimension spatiotemporelle où nous vivons, la réalité non physique ne peut être clairement exprimée avec les mots dont nous disposons.

Tout au long de l'histoire, d'innombrables philosophies, religions, opinions et croyances ont vu le jour. Pourtant, même si des milliards d'individus ont conçu et transmis leurs croyances aux générations suivantes, personne n'est parvenu à trouver les mots pour exprimer la nature de cette réalité intangible.

L'histoire a gardé une trace écrite de quelques-uns seulement des nombreux êtres capables d'établir une communication consciente avec l'Intelligence non physique. Certains furent vénérés, mais d'autres furent maudits. Toutefois, la plupart de ceux qui ont eu conscience de communiquer avec cette dimension non physique ont décidé de ne souffler mot à personne des révélations reçues, sans doute par peur d'être maudits, ou même internés, pour cause de folie.

Moïse, Jésus, Mahomet, Jeanne d'Arc, Joseph Smith — pour n'en nommer que quelques-uns parmi les plus connus dans la culture anglophone — étaient tous des émissaires au franc-parler légendaire de l'Intelligence non physique, et la plupart subirent une fin prématurée assez horrible. Par conséquent, bien que chacun de nous perçoive une forme ou l'autre de guidance directe en provenance de la réalité non physique, seules de rares personnes reçoivent des pensées de cette autre dimension avec suffisamment de clarté pour être traduites en mots — et plus rares encore sont celles qui acceptent de révéler leur expérience aux autres.

Je me permets de vous rappeler ceci en préface de ce que vous vous apprêtez à lire, car mon épouse, Esther, est l'une de ces rares personnes qui peut, à volonté, détendre suffisamment son esprit conscient pour rendre possible la réception de la réponse d'origine non physique à n'importe quelle question. Esther arrive à percevoir des blocs de pensées (non des paroles) et, comme un traducteur qui entendrait une pensée projetée en espagnol et traduirait ensuite cette pensée (et non les mots eux-mêmes) en des mots anglais, elle traduit instantanément la pensée reçue en son équivalent en mots anglais s'en rapprochant le plus.

Veuillez toutefois noter ceci : comme il n'existe pas toujours de mots anglais exprimant parfaitement le sens de la pensée non physique reçue par Esther, cette dernière forme parfois de nouvelles combinaisons de mots et utilise également des mots ordinaires d'une nouvelle manière, par exemple en mettant une majuscule à des mots qui normalement n'en auraient pas, et ce, afin d'exprimer de nouvelles manières de voir la vie. C'est d'ailleurs pour cette raison que nous avons créé un court lexique à la fin de ce livre afin de clarifier le sens à donner à l'emploi inusité que nous faisons de mots d'usage courant. Par exemple, le sens couramment donné au mot bien-être est celui d'être heureux, en santé ou prospère. Mais ce mot, tel qu'employé dans la philosophie originale d'Abraham, traduit plutôt l'idée d'un Bien-être universel plus vaste affluant naturellement en nous, à moins que nous ne fassions quelque chose pour en restreindre l'afflux. En outre, vous constaterez que la première fois qu'apparaissent des mots inventés, donc non lexicalisés dans aucun dictionnaire, mais dont le sens est manifeste, par exemple *overwhelment*— signifiant « accablement » — ou *endedness*— signifiant « anéantissement définitif de la conscience » —, nous les avons encadrés de guillemets.

Depuis 1986, nous nous sommes rendus à chaque année, Esther et moi, dans une cinquantaine de villes pour y présenter des ateliers où chaque participant avait la possibilité de discuter avec nous ou de poser des questions sur tout sujet de son choix, aucun n'étant tabou. Des milliers de personnes y ont assisté, des gens d'origines ethniques différentes, issus de tous les horizons, avec une multitude de perspectives philosophiques, et ayant tous en commun le désir d'améliorer leur vie, soit directement pour eux-mêmes, soit indirectement pour les autres. Et à ces milliers de personnes désireuses d'en savoir davantage, des réponses furent données, par l'entremise d'Esther Hicks, selon ce qu'elle percevait de l'Intelligence non physique.

Voilà comment, en réponse aux questions de celles et ceux qui, comme vous, veulent en savoir plus, cette philosophie du Bien-être a évolué jusqu'à adopter la forme de ce livre.

Au cœur de ces enseignements se trouve la loi la plus puissante de l'univers, la Loi d'attraction. Au cours de la dernière décennie, nous avons publié une bonne partie des enseignements d'Abraham dans notre journal trimestriel *The Science of Deliberate Creation* [La science de la création délibérée], qui a mis en lumière les plus récentes perspectives glanées à partir des questions posées par les participants à nos ateliers sur « L'art de permettre ». Comme telle, cette philosophie est en constante évolution à mesure que de nouvelles questions et des perspectives inédites sont soumises à notre attention.

Ce livre constitue un cours de spiritualité pratique ; il explique comment faire pour être, faire et avoir tout ce que vous voulez. Il vous enseignera aussi comment ne pas être, faire ou avoir ce qui vous déplaît.

Jerry

Présentation d'Abraham

Par Esther Hicks

Elle parle avec les esprits ! » disaient nos amis. « Elle sera ici la semaine prochaine ; vous pourrez prendre rendez-vous avec elle et lui demander tout ce que vous voulez ! »

Voilà sûrement la dernière chose que j'aurais voulu faire, pensai-je, mais en même temps j'entendais Jerry, mon mari, dire : « Oui, nous pouvons fixer un tel rendez-vous. »

Cela se passait en 1984, et durant les quatre années qui s'étaient écoulées depuis notre mariage, nous n'avions jamais eu de disputes ni même haussé le ton. Nous étions deux personnes joyeuses et heureuses de vivre ensemble, et nous avions des points de vue compatibles sur presque tous les sujets possibles. La seule gêne qu'il m'est arrivé d'éprouver survenait lorsque Jerry s'amusait à divertir ses amis avec une de ses histoires remontant à une vingtaine d'années. Il leur racontait alors ses expériences avec une table de Oui-ja. Si nous étions au restaurant ou en quelque autre endroit public et que je pressentais qu'une de ces histoires s'en venait, je prenais congé, poliment ou sans grande politesse, et j'allais me réfugier dans les toilettes pour dames, ou m'asseoir au bar. Ou encore, je marchais en direction de la voiture, jusqu'au moment où j'avais le sentiment qu'assez de temps s'était écoulé et que son récit était sans doute terminé. Heureusement, Jerry finit pas cesser de raconter ces histoires en ma présence.

Je n'étais pas ce que l'on peut qualifier, à proprement parler, de personne religieuse, mais j'avais assisté à suffisamment de classes de catéchisme pour développer une très forte peur du mal et du diable. Quand j'y repense, je ne sais trop si nos professeurs de catéchisme ont vraiment consacré une partie importante de leurs cours à nous enseigner à redouter le diable, ou si c'est simplement ce qui m'a le plus frappée à l'époque. Chose certaine, c'est essentiellement le souvenir que j'ai de ces années.

Ainsi, comme on me l'avait appris, j'évitais soigneusement tout ce qui pouvait être lié de près ou de loin au diable. Un jour — j'étais alors une jeune femme —, alors que je regardais un film au cinéparc, je jetai un coup d'œil par la fenêtre arrière de la voiture, en direction de l'autre écran, et j'aperçus une scène horrible de L'exorciste (un film que j'avais délibérément choisi d'éviter de voir). Ce que je vis alors, sans même entendre la trame sonore, me marqua si fortement que j'en fis des cauchemars durant des semaines.

« Son nom est Sheila », avait dit notre ami à Jerry. « Je vais prendre un rendez-vous pour vous et je vous communiquerai les détails. »

Jerry passa les jours suivants à noter ses questions par écrit. Il me confia que certaines remontaient au temps où il était tout jeune enfant. Pour ma part, je ne dressai aucune liste de questions. Je n'aimais pas tellement l'idée de me rendre à ce rendez-vous.

Alors que nous entrions dans l'allée d'accès au garage d'une belle demeure située près du centre-ville de Phoenix, en Arizona, je me rappelle avoir pensé : « Dans quoi suis-je en train de m'embarquer ? » Nous nous sommes approchés de la porte d'entrée, et une très belle femme nous a accueillis et invités à entrer dans un ravissant salon, où nous avons pu attendre l'heure fixée pour notre rendez-vous.

La maison était grande, meublée avec simplicité mais avec beauté, et très calme. Je me rappelle avoir éprouvé une sorte de sentiment de révérence, comme si j'étais dans une église.

Puis, une grande porte s'ouvrit et deux jolies femmes vêtues de blouses et de jupes en coton aux couleurs vives et fraîches entrèrent dans la pièce. Apparemment, notre rendez-vous était le premier de l'après-midi ; elles avaient toutes deux l'air heureuses et revigorées. Je sentis que je me détendais quelque peu. Peut-être cela n'allait-il pas être trop bizarre, après tout.

On nous invita bientôt à entrer dans une élégante chambre dans laquelle trois chaises étaient placées près du pied du lit. Sheila était assise au bord du lit, son assistante était installée sur une des chaises, et un petit magnétophone se trouvait sur une table à côté d'elle. Jerry et moi prîmes place sur les deux autres chaises, et je me préparai mentalement à ce qui allait se passer.

L'assistante expliqua que Sheila allait se détendre et libérer sa conscience, et qu'ensuite Theo, une entité non physique, s'adresserait à nous. Cela fait, nous serions libres de parler de tout ce que nous désirions.

Sheila s'étendit en travers du pied de lit, à un peu plus d'un mètre d'où nous étions assis, et se mit à prendre de profondes respirations. Bientôt, une voix insolite lança abruptement : « C'est le début, n'est-ce pas ? Vous avez des questions ? »

Je tournai les yeux vers Jerry, espérant qu'il était prêt à commencer, car je n'étais absolument pas prête à parler avec qui que ce fût qui s'adressait maintenant à nous. Jerry se pencha vers l'avant ; il était impatient de poser sa première question.

Je me détendis pendant que les paroles de Theo sortaient lentement de la bouche de Sheila. Même si je savais que c'était la voix de Sheila que nous entendions, j'avais aussi la certitude confuse que quelque chose de très différent d'elle était la source de ces merveilleuses réponses.

Jerry expliqua qu'il avait accumulé ses questions depuis l'âge de cinq ans, et il les lui posa le plus rapidement possible. Les trente minutes qui nous étaient réservées s'écoulèrent très vite. Néanmoins, durant ce temps, pour une raison que j'ignore, sans que je dise un seul mot, ma peur de cette étrange expérience se dissipa et je fus emplie d'une sensation de bien-être qui surpassait tout ce que j'avais pu ressentir auparavant.

Une fois revenue dans la voiture avec Jerry, je lui dis : « J'aimerais vraiment revenir demain. Il y a certaines choses que je voudrais maintenant demander. » Jerry était ravi de prendre un autre rendez-vous, ayant lui-même encore de nombreuses questions sur sa liste.

Le lendemain, une fois écoulée environ la moitié du temps qui nous était imparti, Jerry me céda un peu à regret les minutes restantes, et je demandai à Theo : « Comment pouvons-nous atteindre plus efficacement nos objectifs ? »

La réponse fut simple : « Par la méditation et des affirmations. »

L'idée de méditer ne me tentait pas du tout, et je ne connaissais personne qui s'adonnait à cela. En fait, ce mot évoquait pour moi l'image de gens étendus sur des lits cloutés, marchant pieds nus sur des charbons ardents, restant plantés debout sur un seul pied pendant des années, ou mendiant à l'aéroport. Je demandai donc : « Qu'entendez-vous par méditation ? »

La réponse fut brève, et ce que j'entendis produisit en moi une agréable impression. « Assieds-toi dans une pièce tranquille, porte des vêtements confortables et concentre-toi sur ta respiration. Dès que des pensées s'agiteront en toi, et il y en aura, ne t'y attarde pas et concentre-toi plutôt sur ta respiration. Il serait bon pour vous de faire cela ensemble. Ce serait plus puissant. »

« Pourriez-vous nous donner une affirmation qui pourrait nous être utile ? » avons-nous demandé.

« Moi, [prononcez votre nom], je vois et j'attire à moi, grâce à l'amour divin, les êtres qui cherchent l'illumination au moyen de mon processus. Cette quête partagée m'élèvera maintenant. »

À mesure que les paroles sortaient de la bouche de Sheila/Theo, je sentais qu'elles pénétraient jusqu'au cœur de mon être. Un tel sentiment d'amour afflua en moi et me traversa que rien de ce que j'avais ressenti auparavant ne pouvait s'y comparer. Ma peur était disparue. Jerry et moi éprouvions une merveilleuse sensation de bien-être.

« Devrions-nous amener ma fille Tracy pour qu'elle vous rencontre ? » demandai-je.

« Si elle-même le demande, mais ce n'est pas nécessaire, car toi aussi, Esther, tu es un canal médiumnique. »

Cette affirmation n'avait absolument aucun sens à mes yeux. Je ne pouvais croire que j'étais déjà dans la trentaine (à cette époque) et que je n'avais pas encore pris conscience d'une telle chose, en admettant qu'elle était vraie.

Le magnétophone s'arrêta de lui-même, et c'est quelque peu déçus que nous dûmes constater que notre extraordinaire expérience était terminée. L'assistante de Sheila nous demanda si nous avions une dernière question. « Aimeriez-vous savoir le nom de votre guide spirituel ? » demanda-t-elle.

Il ne me serait jamais venu à l'idée de demander cela, n'ayant jamais entendu l'expression guide spirituel, mais ça me semblait une bonne question à lui soumettre. J'aimais bien l'idée que des anges gardiens puissent exister. Je répondis donc : « Oui, s'il vous plaît, pourriez-vous me dire le nom de mon guide spirituel ? »

Theo répondit alors : « On nous dit que ce nom te sera communiqué directement. Tu vivras une expérience de clairaudience et tu le connaîtras alors. »

Qu'est-ce qu'une expérience de clairaudience? Je me le demandais bien, mais avant de pouvoir poser ma question, Theo conclut d'un ton ferme : « Que l'amour de Dieu soit avec vous ! » Puis Sheila ouvrit les yeux et s'assit; notre extraordinaire conversation avec Theo était terminée.

Après notre départ, Jerry et moi sommes allés jusqu'à un endroit élevé, sur le flanc d'une des montagnes surplombant Phoenix. Là, appuyés contre la voiture, nous avons contemplé en silence le spectacle du soleil couchant. Nous n'avions pas la moindre idée de la profonde transformation qui s'était opérée en nous ce jour-là. Nous savions seulement que nous nous sentions merveilleusement bien.

De retour à la maison, j'avais la ferme intention de faire deux choses : tenter de méditer, peu importe ce que cela voulait dire au juste, et m'arranger pour découvrir le nom de mon guide spirituel.

Nous avons donc changé de vêtements, chacun mettant son peignoir, puis nous avons fermé les rideaux du salon et pris place chacun dans un confortable fauteuil, une étagère disposée entre nous. On nous avait encouragés à faire cela ensemble, mais cela nous faisait tout drôle, et la présence de l'étagère aidait à masquer l'étrangeté de la situation.

J'avais en mémoire les instructions de Theo : « Assieds-toi dans une pièce tranquille, porte des vêtements confortables, et concentre-toi sur ta respiration. » Nous avons donc réglé une minuterie à quinze minutes, et j'ai fermé les yeux et commencé à respirer consciemment. Dans mon esprit, je posai la question « Qui est mon guide spirituel ? » puis je comptai mes respirations. En peu de temps, je ne pouvais plus distinguer mon nez de mes orteils. C'était une sensation étrange, mais rassurante, et j'y prenais plaisir. J'avais l'impression que mon corps tournoyait lentement même si je savais que j'étais assise dans un fauteuil. La minuterie sonna et nous fit sursauter. Je proposai alors de répéter l'expérience.

Une fois de plus, je fermai les yeux, comptai mes respirations et sentis un engourdissement me gagner de la tête aux pieds. Encore une fois, la sonnerie de la minuterie retentit et nous fit sursauter. « Essayons une autre fois », dis-je à Jerry.

Après avoir de nouveau réglé la minuterie à quinze minutes, je sentis encore l'engourdissement envahir mon corps tout entier. Mais cette fois, quelque chose, ou quelqu'un, se mit en quelque sorte à faire respirer mon corps, comme si une énergie extatique d'amour s'irradiait dans toutes les directions, depuis le tréfonds de mon être. Quelle sublime sensation ! Jerry entendit mes doux murmures de plaisir et me confia plus tard que je semblais alors parcourue de tressaillements d'extase.

Lorsque la minuterie retentit et que j'émergeai de cette méditation, mes dents claquaient comme jamais auparavant. Dire qu'elles bourdonnaient décrirait mieux la sensation. Durant presque une heure, mes dents émirent un bourdonnement tandis que je m'efforçais de me détendre pour retrouver un état de conscience normal.

À cette époque, je ne réalisais pas ce qui m'arrivait, mais je sais aujourd'hui que je venais de vivre mon premier contact avec Abraham. Même si je n'avais aucune idée alors de ce qui s'était produit, je savais néanmoins que quoi que ce fût, c'était bon ! Et je voulais que cela se reproduise.

Jerry et moi avons donc pris la décision de méditer tous les jours durant quinze minutes. Je ne pense pas que nous ayons manqué une seule journée au cours des neuf mois suivants. Chaque fois, je sentais un engourdissement, ou une impression de détachement, mais aucun autre phénomène extraordinaire ne survint durant ces méditations. Et puis, juste avant la fête de l'Action de grâce de 1985, alors que nous méditions, ma tête commença à remuer doucement d'un côté à l'autre. Au cours des jours suivants, toujours pendant la méditation, ma tête continua à bouger ainsi en un mouvement doux et fluide. C'était pour moi une sensation fort agréable qui me donnait l'impression de voler. Et puis, alors qu'il y avait environ trois jours que ce nouveau mouvement était apparu, je pris conscience que ma tête ne se déplaçait pas au hasard, comme si mon nez traçait la forme de lettres dans l'air. Je me rendis soudain compte qu'il s'agissait des lettres M, N, O et P.

« Jerry, m'écriai-je, j'épelle des lettres avec mon nez ! » Et en disant cela, une sublime sensation d'extase m'envahit de nouveau. Mes poils se hérissèrent sur toute la surface de mon corps pendant que cette merveilleuse énergie non physique ondoyait par vagues dans tout mon être.

Jerry s'empara rapidement de son carnet et se mit en devoir d'écrire les lettres à mesure que mon nez les dessinait dans l'air : « JE SUIS ABRAHAM. JE SUIS TON GUIDE SPIRITUEL. »

Depuis lors, Abraham nous a expliqué qu'ils sont plusieurs assemblés là, référant ainsi à eux-mêmes au pluriel en tant que conscience collective. Il nous a également expliqué qu'au début, les mots « Je suis Abraham » ont été prononcés par mon entremise uniquement parce que je m'attendais à ce que mon guide spirituel ne soit qu'un seul être, alors qu'ils sont en réalité plusieurs à s'exprimer d'une voix commune, ou d'une seule pensée consensuelle.

Pour les citer textuellement : « Abraham n'est pas une seule conscience comparable à ce que chacun de vous ressent dans son corps. Nous formons un courant de conscience non physique, et en réponse à une question posée par l'un d'entre vous, de nombreux points de conscience convergent vers ce qui donne l'impression de n'être qu'une seule perspective, et ce, parce qu'il se trouve en ce cas précis qu'un seul humain, Esther, l'interprète et l'articule, de sorte qu'une seule conscience semble s'exprimer. Nous sommes multidimensionnels, nous possédons maintes facettes et nous formons certainement un amalgame de multiples consciences. »

Abraham ajouta qu'ils ne me murmurent pas à l'oreille les mots que je répète ensuite aux autres, mais qu'ils m'envoient plutôt des blocs de pensées en une sorte de signaux radio que je reçois à un niveau inconscient et que je traduis ensuite en leurs mots équivalents dans notre langage. J'entends les mots à mesure qu'ils s'expriment par moi, mais pendant le processus de réception et de traduction, je n'ai aucunement conscience de ce qui me vient ni le temps de me rappeler ce qui m'est venu précédemment.

Abraham nous révéla aussi qu'ils me transmettaient déjà depuis un bon moment des blocs de pensées. Cependant, comme je m'efforçais de suivre à la lettre les instructions de Theo — « Dès que des pensées s'agiteront en toi, et il y en aura, ne t'y attarde pas et concentre-toi plutôt sur ta respiration » —, chaque fois qu'une de ces pensées surgissait, je m'en détachais le plus vite possible et me concentrais de nouveau sur ma respiration. Je suppose que le seul moyen dont ils disposaient pour réussir à établir le contact avec moi consistait à épeler des lettres dans l'air avec mon nez. Abraham me précisa que ces merveilleuses sensations qui ondoyèrent à travers mon corps lorsque je réalisai que j'étais en train d'épeler des mots représentaient la joie qu'ils éprouvèrent dès l'instant de ma reconnaissance de notre connexion consciente.

Notre processus de communication évolua rapidement au fil des semaines suivantes. La méthode consistant à épeler des lettres dans l'air avec mon nez était très lente, mais Jerry était tellement emballé de disposer de cette source d'information claire et fiable qu'il lui arrivait fréquemment de me réveiller au milieu de la nuit pour poser des questions à Abraham.

Un soir, j'éprouvai une très forte sensation à travers mes bras, mes mains et mes doigts, et l'une de mes mains commença à frapper la poitrine de Jerry alors que nous étions étendus ensemble dans le lit, à regarder la télévision. Tandis que ma main continuait ainsi, je fus prise d'une très forte impulsion subite d'aller m'installer devant ma machine à écrire électrique, et dès que je déposai mes doigts sur le clavier, mes mains se mirent à bouger rapidement au-dessus des touches, comme si quelqu'un cherchait à découvrir comment utiliser cette machine à écrire et où se trouvait chaque lettre. Puis mes mains tapèrent chaque lettre et chaque chiffre de façon répétitive et, petit à petit, des mots prirent forme sur le papier :« Je suis Abraham. Je suis ton guide spirituel. Je suis ici pour travailler avec toi. Je t'aime. Nous allons écrire un livre ensemble. »

Nous avons ensuite constaté que je pouvais placer mes mains sur le clavier et me détendre, exactement comme je le faisais durant chaque méditation, et que les êtres constituant la conscience collective d'Abraham allaient pouvoir répondre à toutes les questions que Jerry voudrait leur soumettre, et ce, à propos de n'importe quoi. C'était une expérience ahurissante. Ils étaient si intelligents, si débordants d'amour et disponibles ! À toute heure du jour ou de la nuit, ils étaient prêts à nous parler du sujet de notre choix.

Puis, un après-midi, alors que nous roulions sur une autoroute de Phoenix, j'éprouvai dans ma bouche, mon menton et mon cou l'impression familière d'être sur le point de bâiller. C'était une très forte impulsion, si forte en fait que je n'arrivais pas à l'étouffer. Nous étions dans une courbe, entre deux gros camions qui semblaient s'apprêter à franchir en même temps la ligne médiane pour venir dans notre voie, et je crus un instant qu'ils allaient nous passer dessus. C'est à ce moment précis que jaillirent les premières paroles qu'Abraham exprima par ma bouche : « Prenez la sortie suivante ! »

Nous sommes donc sortis de l'autoroute, nous avons stationné notre voiture sur un terrain vacant au-dessous d'un pont autoroutier, et Jerry put alors s'entretenir des heures durant avec Abraham. J'avais les yeux hermétiquement clos, et ma tête oscillait de manière rythmique de haut en bas tandis qu'Abraham répondait aux questions de Jerry.

Comment se fait-il que cette chose merveilleuse me soit arrivée ? Parfois, lorsque j'y pense, j'ai peine à croire que c'est vrai. C'est presque le genre de chose que l'on retrouve dans les contes — comme faire un vœu en frottant une lanterne magique. D'autres fois, ça me semble l'expérience la plus naturelle et la plus logique du monde.

Quelquefois, je parviens à peine à me souvenir de ce à quoi la vie ressemblait avant la venue d'Abraham dans nos vies. Sauf en de rares occasions, j'ai toujours été ce que la plupart des gens qualifieraient de personne heureuse. J'ai vécu une enfance merveilleuse, sans aucun traumatisme de jeunesse important, et j'ai eu la chance, avec mes deux sœurs, d'avoir de bons parents aimants. Comme je l'ai mentionné, Jerry et moi étions alors mariés depuis quatre ans, et l'avenir s'annonçait rempli de bonheur. Je ne me serais pas décrite comme une personne à l'esprit embourbé de questions sans réponses. En fait, il m'arrivait plutôt rarement de me poser des questions, et je n'avais pas de convictions bien arrêtées sur quoi que ce soit.

Pour sa part, Jerry débordait de questions passionnées. Il était un lecteur vorace, toujours en quête d'outils et de techniques qu'il allait pouvoir ensuite transmettre aux autres afin de les aider à mener une vie plus heureuse. Je n'ai jamais connu personne qui désirait autant que lui aider les autres à vivre une existence heureuse et épanouie.

Abraham nous a expliqué que la raison pour laquelle Jerry et moi formions la combinaison parfaite pour accomplir ensemble ce genre de travail tenait du désir puissant de Jerry, qui avait fait venir à nous la conscience collective d'Abraham, tandis que mon absence d'opinion ou d'angoisse faisait de moi un bon instrument de réception pour l'information que Jerry désirait tant connaître.

Jerry était animé d'un véritable enthousiasme, même lors de ses premières interactions avec Abraham, car il comprenait la profondeur de la sagesse et de la clarté offertes par ce groupe d'êtres. Durant toutes ces années, son enthousiasme pour les messages d'Abraham ne s'est jamais atténué. Personne, dans une salle, ne prend davantage de plaisir que lui à entendre ce que Abraham a à dire.

Au début de nos échanges avec Abraham, nous ne comprenions pas réellement ce qui se passait et il nous était impossible de savoir avec qui Jerry s'entretenait. Néanmoins, c'était une expérience à la fois palpitante, stupéfiante et merveilleuse, voire bizarre. Cela me paraissait si étrange que j'étais certaine d'une chose : la plupart des gens que je connaissais ne pourraient saisir de quoi il s'agissait et ne voudraient sans doute même pas chercher à comprendre. En conséquence, je fis promettre à Jerry de ne pas révéler notre étonnant secret à qui que ce soit.

Je suppose qu'il est désormais évident que Jerry n'a pas tenu cette promesse, mais je ne m'en plains pas du tout. Il n'y a rien que ni l'un ni l'autre n'aimerions mieux que d'être dans une salle remplie de gens ayant des choses dont ils aimeraient parler avec Abraham. Les commentaires le plus souvent reçus de la part des gens qui découvrent Abraham dans nos livres, nos vidéos, nos collections de cassettes audio, nos ateliers ou le site Web sont les suivants : « Merci de m'aider à me souvenir de ce que j'ai toujours su au fond de moi » et « Cela m'a aidé à relier ensemble tous les morceaux de vérité que j'avais trouvés au fil des ans. J'arrive enfin à tout comprendre ! »

Les êtres du collectif Abraham ne semblent pas intéressés à prédire notre avenir comme le ferait par exemple une cartomancienne, même si je suis convaincue qu'ils savent toujours ce que notre avenir nous réserve. Ils jouent plutôt le rôle d'un professeur qui nous guide vers où nous désirons nous rendre. Ils nous ont expliqué qu'il ne leur revient pas de décider de ce que nous voulons, que leur but est plutôt de nous aider à réaliser nos désirs. Ainsi qu'ils nous l'ont dit : « L'objectif d'Abraham n'est pas de guider quiconque vers quoi que ce soit, ni de l'éloigner de quoi que ce soit. Nous voulons que vous preniez toutes vos décisions à l'égard de vos désirs. Notre seul souhait est que vous puissiez découvrir comment réaliser vos désirs. »

Mon commentaire favori parmi tout ceux que j'ai entendus à propos d'Abraham nous est venu d'un adolescent qui venait d'écouter un enregistrement dans lequel Abraham répondait à des questions que d'autres adolescents lui avaient adressées. Le jeune garçon nous a confié ceci : « Au début, je ne croyais pas qu'Esther parlait vraiment au nom d'Abraham. Mais quand j'ai entendu sur la cassette les réponses d'Abraham à ces questions, j'ai alors su qu'il était réel parce qu'il n'y avait aucun jugement dans ses paroles. Je ne crois pas que personne puisse être aussi sage, aussi juste, et sans aucun jugement. »

Pour moi, ce voyage en compagnie d'Abraham a été plus merveilleux que je ne saurais l'exprimer. J'adore le sentiment de profond bien-être que j'ai atteint grâce à tout ce que j'ai appris de ces êtres. J'aime le fait que leurs bienveillants conseils me laissent toujours le sentiment d'avoir renforcé mon pouvoir personnel. Je suis ravie de voir comment la vie de tant de nos chers amis (et de nos nouveaux amis) s'améliore grâce à la mise en pratique des enseignements d'Abraham. Je trouve fabuleux que ces êtres brillants et affectueux manifestent tout à coup leur présence dans ma tête chaque fois que je le demande, qu'ils soient toujours prêts et disposés à nous aider à mieux comprendre les choses.

À propos, mentionnons que plusieurs années après notre rencontre avec Sheila et Theo, Jerry a consulté notre dictionnaire afin de vérifier le sens du mot « theo ». « Sa signification, m'annonça-t-il avec un large sourire, est Dieu ! » [NDÉ : Du grec theos, « dieu ».] Comme c'est parfait ! Je souris en repensant à cette merveilleuse journée, un si extraordinaire point tournant dans notre vie. Voilà que je m'inquiétais d'avoir affaire au diable alors qu'en fait j'étais sur le point d'avoir une conversation avec Dieu !

Au début de notre travail avec Abraham, les gens qui venaient nous voir souhaitaient que nous leur expliquions notre relation avec Abraham. Ils nous demandaient de quelle manière nous étions entrés en contact, comment nous faisions pour rester en lien avec ces êtres, pourquoi ils nous avaient choisis, et quelle impression cela me faisait d'être celle par qui s'exprimait une si profonde sagesse. Jerry et moi passions alors quelques minutes, au début de chaque séance ou de chaque entrevue à la radio ou à la télévision, à tenter de répondre de notre mieux à ces questions. J'éprouvais toujours une certaine impatience durant cette partie de notre présentation. La seule chose que je voulais, c'était me détendre, laisser à la conscience d'Abraham la chance de s'exprimer, et passer à ce que Jerry et moi sentions être la véritable raison de notre présence en ces lieux.

Nous avons finalement créé un enregistrement gratuit intitulé *Introduction to Abraham* [Présentation d'Abraham] que les gens peuvent écouter à leur convenance et qui raconte en détail comment notre expérience avec Abraham a débuté, puis évolué. (Cet enregistrement de 74 minutes — uniquement en version anglaise — est maintenant disponible sur notre site interactif, à l'adresse wwwabraham-hicks.com. Il explique qui nous sommes et ce que nous faisions avant qu'Abraham n'apparaisse dans notre vie.) Il nous fait extrêmement plaisir de pouvoir jouer ce rôle dans la diffusion des messages d'Abraham, de sorte qu'ils puissent être entendus et utilisés par d'autres, mais nous avons toujours eu le sentiment que les messages d'Abraham constituaient l'événement principal.

Ce matin, Abraham m'a dit : « Esther, nous sommes conscients des questions qui émanent de la conscience collective de votre planète, et ici, par ton entremise, nous allons avec joie pouvoir offrir les réponses. Détends-toi et savoure chaque instant de l'évolution de ce livre. »

Je vais donc à présent me détendre et permettre à Abraham de commencer immédiatement à écrire ce livre à votre intention. J'imagine qu'il vous expliquera qui ils sont, selon leur perspective. Mais plus important encore, je crois qu'ils vous aideront à comprendre qui vous êtes. Mon vœu le plus cher est que votre rencontre avec Abraham soit aussi significative pour vous qu'elle continue à l'être pour nous.

Avec tout notre amour,

Esther

PREMIÈRE PARTIE

Les choses que nous savons,

que vous avez peut-être oubliées,

et qu'il est important de se souvenir.

Chapitre 1

L'importance de se sentir bien à chaque instant

On nous appelle Abraham et nous nous adressons à vous à partir de la dimension non physique. Vous devez, bien sûr, comprendre que vous provenez également de la dimension non physique et que, de ce fait, nous ne sommes pas si différents les uns des autres. Votre monde physique est le résultat d'une projection émanant de la dimension non physique. En fait, vous êtes des extensions de l'Énergie Source non physique, tout comme l'est d'ailleurs votre monde physique.

Dans ce royaume non physique, nous n'avons aucunement recours aux mots, car nous n'avons pas besoin d'un langage pour nous exprimer. Nous ne disposons pas non plus d'une langue avec laquelle parler ni d'oreilles avec lesquelles entendre, ce qui ne nous empêche nullement de communiquer parfaitement les uns avec les autres. Notre langage est de nature vibratoire, et nos communautés ou familles non physiques sont le fruit de nos intentions communes. Autrement dit, nous rayonnons sur le plan vibratoire ce que nous sommes, et d'autres êtres aux intentions similaires se joignent alors à nous. Cela est également vrai en ce qui concerne votre monde physique, bien que la plupart d'entre vous aient oublié qu'il en est ainsi.

Abraham est le nom d'une famille d'êtres non physiques qui se sont naturellement rassemblés du fait de notre intention puissante de vous rappeler les lois de l'univers gouvernant toutes choses. Nous voulons vous aider à vous souvenir que vous êtes des extensions de l'Énergie Source, des êtres bénis et aimés, et que vous êtes venus vous incarner dans cette réalité spatiotemporelle physique en ayant pour but de créer dans la joie.

Tous ceux qui sont physiquement focalisés ont des contreparties non physiques. Il n'y a aucune exception à ce fait. Tous ceux dont la conscience est centrée sur le plan physique ont accès à la perspective plus vaste de ce qui est non physique en eux. Là encore, il n'y a aucune exception à la règle. Néanmoins, la plupart d'entre vous ont été tellement distraits par la nature physique de leur planète qu'ils ont acquis une forte tendance à la résistance, laquelle entrave leur claire connexion à leur propre Source. Il est dans notre intention d'aider ceux qui le demandent à se souvenir de cette connexion.

Bien que tous les humains soient en principe capables d'établir une communication claire avec la dimension non physique, la plupart n'en ont pas conscience. Et bien souvent, même lorsqu'ils ont conscience de cette possibilité, leurs habitudes de pensée ont pour effet de créer une résistance intérieure qui fait obstacle à leur aptitude à interagir consciemment avec cette réalité.

Cependant, il arrive parfois qu'un canal médiumnique s'ouvre et que nous soyons alors capables de communiquer vibratoirement notre compréhension à une personne pouvant la recevoir et l'interpréter avec clarté. C'est précisément ce qui se produit dans le cas d'Esther. Nous partageons vibratoirement avec elle ce que nous savons, et ce, d'une manière semblable à ce que vous appelez des signaux radio. De son côté, elle reçoit ces vibrations et les traduit en des mots correspondant au sens qu'elles ont. Toutefois, il n'existe pas de mots permettant de communiquer notre satisfaction et notre joie d'être capables de vous offrir ainsi notre savoir. Nous désirons avant tout que vous soyez heureux là où vous en êtes en ce moment dans votre existence, et nous comprenons que ces paroles puissent vous paraître étranges si les circonstances de votre vie vous semblent éloignées de celles que vous désirez. Nous vous promettons solennellement que lorsque vous aurez saisi l'importance de vous sentir bien à chaque instant, peu importe ce qui survient, vous détiendrez alors la clé vous permettant d'atteindre n'importe quel état d'être ou de santé, n'importe quel état concordant avec ce que vous désirez.

Ce livre vise essentiellement à vous donner une meilleure compréhension de vous-même et de tous ceux qui vous entourent, et il est possible que cela vous soit utile, mais ce n'est pas grâce à ces mots que vous apprendrez quoi que ce soit, car le véritable savoir se fonde sur votre propre expérience de la vie. Et bien que vous ne cessiez d'accumuler constamment de l'expérience et des connaissances, votre vie ne se réduit pas à cela — elle a aussi pour but le contentement, la satisfaction et la joie. Elle vous offre la possibilité d'exprimer toujours davantage qui vous êtes véritablement.

Vous n'entendez bien que ce que vous êtes disposés à entendre

Nous nous adressons simultanément à plusieurs niveaux de votre conscience, mais vous ne recevrez que ce que vous êtes maintenant prêts à recevoir. Tout le monde ne retiendra pas la même chose de ces pages, mais chaque lecture vous apportera quelque chose de plus. Cet ouvrage sera lu à plusieurs reprises par ceux qui en comprennent le pouvoir. Il aidera les êtres physiques à comprendre leur relation avec Dieu et avec Tout ce qu'ils sont réellement.

Ce livre vous aidera à comprendre qui vous êtes vraiment, qui vous avez été, où vous allez, et tout ce que vous continuez à être.

Il vous permettra de comprendre que vous n'en avez jamais terminé avec l'évolution. Il vous aidera à saisir la nature de votre relation avec votre histoire et avec votre avenir. Plus important encore, il éveillera en vous la conscience de toute la puissance de l'instant présent.

Vous apprendrez comment chacun de vous est le créateur de sa propre expérience et pourquoi tout son pouvoir se trouve dans le moment présent. Finalement, ce livre vous amènera à comprendre votre Système de guidance émotionnelle ainsi que le mode de réglage de votre taux vibratoire.

Vous y découvrirez une série de processus grâce auxquels vous pourrez plus facilement vous reconnecter avec la partie non physique de votre être et réaliser ainsi tous vos désirs. À mesure que vous mettrez en pratique ces processus et que vous vous souviendrez des puissantes lois de l'univers, votre joie de vivre reviendra.

Chapitre 2

Nous tenons notre promesse envers vous, nous vous rappelons qui vous êtes

Savez-vous ce que vous voulez ? Savez-vous que vous êtes les créateurs de votre propre expérience ? Aimez-vous comment vos désirs évoluent ? Sentez-vous la fraîcheur d'un nouveau désir frémir en vous ?

Si vous comptez parmi les rares humains qui ont répondu : « Oui, j'aime comment mes désirs évoluent. Je me sens merveilleusement bien, tout en sachant que nombre de mes désirs ne se sont pas encore réalisés », alors vous comprenez qui vous êtes et quel est le véritable but de cette expérience de vie sur le plan physique. Mais si, comme la plupart des humains, vous êtes malheureux que certains de vos désirs ne soient pas comblés — par exemple, vous aimeriez avoir davantage d'argent, mais vous avez toujours l'impression d'en manquer ; vous n'êtes pas satisfait de votre emploi actuel, mais vous vous sentez obligé de le conserver et vous n'arrivez pas à voir comment améliorer votre situation ; vous êtes insatisfait de vos rapports avec les autres, ou la relation de vos rêves tant désirée depuis toujours continue à demeurer hors d'atteinte ; vous ne vous sentez pas bien dans votre corps, ou vous n'aimez pas votre apparence actuelle —, alors il y a des choses très importantes et assez faciles à comprendre dont nous aimerions vous faire part dans ce livre.

Nous voulons vous donner cette information pour que vous trouviez comment obtenir tout ce que vous désirez. Mais cela ne constitue en fait qu'une très petite partie de nos motifs de le faire, car nous avons parfaitement conscience que même si vous obteniez tout ce que vous désirez en ce moment, une liste encore plus longue et détaillée de choses désirées prendrait bientôt la place de la première. Ce livre n'est donc pas écrit pour vous aider à cocher de votre liste les items obtenus, car nous comprenons l'impossibilité d'une telle entreprise.

Nous l'écrivons dans le but de raviver en vous le souvenir de la puissance et de l'inévitable réussite qui pulse à travers le cœur de ce que vous êtes réellement. Nous le faisons aussi pour vous aider à retrouver votre optimisme, à avoir des attentes positives et une joie accrue. Nous désirons également vous rappeler qu'il n'y a rien que vous ne puissiez être, faire ou avoir. Nous vous avions promis que nous l'écririons. Et maintenant, en tenant cet ouvrage dans vos mains, vous remplissez une promesse que vous aviez également faite.

Vous avez dit : « Je vais vivre dans la joie ! »

Vous avez affirmé :« Je vais entrer dans la réalité spatiotemporelle physique en compagnie d'autres êtres et y assumer une identité ayant une perspective claire et précise. J'apprendrai à me voir à partir de ce point de vue et je serai ravi d'être perçu comme étant identifié à ce dernier. »

Vous avez également dit : « Je vais observer ce qui m'entoure, et ma réaction à ces observations donnera naissance à des préférences personnelles valables. Je saurai apprécier la valeur de ces préférences et de ma perspective. »

Et puis vous avez exprimé ce qui suit, qui est la partie la plus importante de toutes : « Je sentirai toujours la force et la valeur de ma propre perspective personnelle, puisque l'énergie non physique qui crée les mondes affluera à travers mes décisions, mes intentions et chacune de mes pensées, pour la création de ce que je mets en mouvement à partir de ma perspective. »

Vous saviez alors, avant même votre naissance physique, que vous étiez l'Énergie Source spécifiquement focalisée dans ce corps physique et que la personne que vous deviendriez ne pourrait jamais être séparée de la dimension d'où vous venez. Vous compreniez alors parfaitement la nature de votre lien éternel avec l'Énergie Source.

Vous avez ensuite déclaré : « Je vais aimer m'investir dans ce corps physique, dans cette réalité spatiotemporelle, car cet environnement m'amènera à focaliser la puissante Énergie que je suis dans quelque chose de plus précis. Et parmi les éléments précis de cette focalisation, il y aura un puissant mouvement vers l'avant — et de la joie. »

Nous savons qui vous êtes

Vous êtes donc entré dans ce merveilleux corps, conservant à l'esprit le souvenir de la nature joyeuse et puissante que vous êtes, sachant que vous parviendriez toujours à vous souvenir de la splendeur de la Source d'où vous provenez et que la connexion vous reliant à la Source ne serait jamais rompue.

À présent, nous sommes là, en train de vous aider à vous souvenir que peu importe comment vous vous sentez en ce moment précis, vous ne pouvez perdre cette connexion avec la Source.

Nous sommes également là pour que vous puissiez vous rappeler la nature puissante de votre véritable identité et que vous retrouviez votre assurance, votre joyeuse spontanéité et votre aptitude naturelle à toujours être en quête de quelque chose de merveilleux vers lequel tourner votre attention.

Comme nous savons qui vous êtes, nous vous aiderons sans peine à vous en souvenir.

Comme nous sommes dans la dimension d'où vous provenez, rien ne sera plus facile que de vous rappeler d'où vous venez.

Comme nous savons ce que vous désirez, nous pourrons facilement vous guider afin que vous puissiez vous-même l'obtenir.

Il n'y a rien que vous ne puissiez être, faire, ou avoir

Nous voulons que vous vous rappeliez ceci : il n'y a rien que vous ne puissiez être, faire, ou avoir, et nous pouvons vous aider à le réaliser. Et contrairement à vous, nous sommes enchantés de constater où vous en êtes dans votre vie en ce moment, car nous comprenons à quel point votre voyage (de l'endroit où vous êtes jusqu'à celui où vous voulez aller) sera joyeux.

Nous voulons vous aider à laisser derrière vous toutes les perceptions acquises au fil de votre vie physique qui entravent l'expression de votre joie et de votre pouvoir, afin que vous puissiez ainsi réactiver le savoir puissant qui pulse au cœur même de ce que vous êtes.

Nous vous invitons donc à vous détendre et à profiter de ce voyage grâce auquel vous redécouvrirez qui vous êtes réellement. Nous croyons sincèrement qu'au terme de la lecture de ces pages, vous vous connaîtrez aussi bien que nous vous connaissons, vous vous aimerez autant que nous vous aimons, et vous apprécierez votre vie autant que nous apprécions la vôtre.

Chapitre 3

Vous créez vraiment votre propre réalité

Il n'y a pas si longtemps, nos amis Jerry et Esther ont lu la phrase suivante dans un des livres de Seth écrits par Jane Roberts : « Vous êtes les créateurs de votre propre réalité. » Cette perspective s'avéra pour eux une possibilité à la fois excitante et troublante, car, à l'instar de tant de nos amis vivant sur le plan physique, ils ne désiraient pas avoir le contrôle créatif de leur propre expérience de vie, mais demeuraient tourmentés par certaines questions fondamentales : « Est-ce vraiment correct pour nous de choisir la réalité que nous créons ? Et s'il est acceptable d'agir ainsi, comment s'y prend-on pour faire cela ? »

Le fondement de votre vie est la liberté absolue

Vous êtes venu au monde avec une connaissance innée du pouvoir que vous avez de créer votre propre réalité. Et cette connaissance est si profondément gravée en vous que lorsque quelqu'un tente de freiner votre propre élan créateur, un sentiment de discorde s'empare immédiatement de vous. Dès votre naissance, vous saviez d'instinct que vous étiez le créateur de votre propre destin. Toutefois, même en étant constamment habité du puissant désir d'agir en ce sens, dès que vous avez commencé à vous intégrer dans votre société, vous avez accepté d'emblée l'image que les autres se font de la manière dont la vie devrait se dérouler. Pourtant, le sentiment d'être vraiment le créateur de votre propre expérience de vie survit toujours en vous, de même que celui selon lequel le fondement de votre vie est la liberté absolue et qu'en bout de ligne c'est à vous seul qu'il revient de créer les conditions dans lesquelles se déroulera votre existence.

Vous n'avez jamais aimé que d'autres vous dictent quoi faire, ni que l'on cherche à vous dissuader de suivre vos propres impulsions. Mais avec le temps, et suffisamment de pression de la part des gens autour de vous qui semblaient convaincus que leur façon de faire était plus valide que la vôtre (et, par conséquent, meilleure), votre détermination à guider le cours de votre vie a graduellement commencé à faiblir. Vous avez souvent trouvé qu'il était dès lors plus facile de simplement vous adapter à leurs idées de ce qui était mieux pour vous au lieu d'essayer de le découvrir par vous-même. Mais par tous ces efforts d'adaptation pour vous conformer aux attentes de votre société, sans compter vos propres tentatives pour minimiser les ennuis, vous avez involontairement renoncé à votre assise la plus fondamentale : votre liberté totale et absolue de créer.

Toutefois, vous n'y avez pas renoncé facilement. En réalité, vous ne pouvez jamais vraiment vous en défaire, car elle est le principe le plus fondamental de votre être. Néanmoins, dans votre tentative de l'abdiquer afin de mieux vous intégrer, ou dans votre résignation désespérée à l'idée que vous n'avez pas d'autre choix que de renoncer à votre droit inaliénable de choisir, vous vous êtes mis en travers de votre courant naturel et vous êtes allé contre la volonté même de votre âme.

Personne d'autre ne peut créer ce que vous vivez

Ce livre est consacré à votre réalignement avec l'Énergie Source. Il traite de votre éveil à la clarté, à la bonté et au pouvoir que vous incarnez véritablement. Il est écrit dans le but de vous aider à retrouver la pleine conscience du fait que vous êtes libre d'effectuer vos propres choix, que vous l'avez toujours été et le serez toujours. Permettre à quelqu'un d'autre de tenter de créer votre propre réalité ne vous apportera jamais aucune satisfaction. En fait, personne d'autre que vous ne peut créer votre réalité.

Dès que vous aurez rétabli votre alignement avec les forces éternelles et les lois de l'univers, ainsi qu'avec la véritable Source de votre identité profonde, de joyeuses créations, défiant toute description physique, vous attendront, car vous êtes le créateur de votre propre expérience et rien ne saurait être plus satisfaisant que de guider délibérément le cours de sa propre existence.

Vous êtes des êtres éternels ayant une forme physique

Vous êtes des êtres éternels qui ont choisi, pour un certain nombre de merveilleuses raisons, de participer à cette expérience précise de vie physique. Cette réalité spatiotemporelle sur la planète Terre vous sert de plate-forme sur laquelle vous êtes capable de vous focaliser afin de créer des choses particulières.

Vous êtes une Conscience éternelle résidant présentement dans ce merveilleux corps physique pour l'émotion et le plaisir intenses que procure ce que vous êtes venu créer. L'être physique auquel vous vous identifiez est à la fine pointe de la pensée créatrice, alors que se déverse à travers vous la Conscience qui est la Source même de votre existence. C'est dans ces moments d'indicible extase que vous êtes complètement ouvert et que vous permettez véritablement à cette Source de s'exprimer à travers vous.

Il vous arrive parfois de laisser la vraie nature de votre être affluer en vous ; mais à d'autres moments, vous ne lui permettez pas de le faire. Ce livre a pour but de vous aider à comprendre votre aptitude à toujours accorder à votre vraie nature le droit de rayonner à travers vous. En apprenant à laisser consciemment se faire votre connexion pleine et entière avec votre Source, votre vie sera remplie d'une joie absolue. En choisissant consciemment la direction suivie par vos pensées, vous pouvez être en lien constant avec l'Énergie Source, avec Dieu, avec la joie, et avec tout ce que vous considérez comme bon.

Le Bien-être absolu est la base de votre univers

Le Bien-être est la base de cet univers et le fondement de Tout Ce Qui Est. Il afflue à vous et coule à travers vous. Il vous suffit de lui permettre d'agir. À l'exemple de l'air que vous respirez, vous n'avez qu'à vous ouvrir, à vous détendre et à l'aspirer en votre Être.

Ce livre vous expliquera comment consentir consciemment à l'établissement de votre connexion naturelle avec le flux universel de Bien-être et comment vous rappeler qui vous êtes réellement. Ainsi, vous pourrez mieux vous consacrer à la création des circonstances de votre vie que vous aviez prévu de réunir avant de prendre possession de ce corps physique et de venir vivre cette magnifique expérience... dans laquelle vous aviez pleinement l'intention d'exprimer votre liberté en une infinité de voies cocréatives et joyeuses.

Pouvez-vous ressentir tout le Bien-être qui afflue vers vous. Pouvez-vous concevoir toute l'orchestration de circonstances et d'événements effectuée en votre faveur ? Pouvez-vous imaginer à quel point vous êtes aimés ? Arrivez-vous à saisir de quelle façon la création de cette planète et celle de cet univers se conjuguent ensemble pour contribuer à la perfection de votre expérience de vie ? À quel point également vous êtes une partie intégrante de ce processus de création ? Tel est notre vœu le plus cher. Nous aimerions que vous compreniez petit à petit la nature réelle de votre être et que vous en cherchiez les preuves, car nous vous le montrons chaque fois que vous vous autorisez à le voir. Ceci peut se faire par le biais de relations amoureuses, de l'argent, d'expériences enrichissantes et de la beauté dans votre vie. Pensez aussi aux circonstances et aux événements favorables se succédant, aux extraordinaires expériences cocréatives lors de rencontres n'ayant pour seuls motifs, importants entre tous, que de vous combler, de vous satisfaire, de vous gratifier, et de faire éclore la joie à chaque instant.

Votre avancement spirituel est inévitable—il doit l'être. Vous ne pouvez vous empêcher d'aller de l'avant. Toutefois, vous n'êtes pas engagé dans une quête ayant pour seul but de cheminer toujours plus loin, le but de votre présence en ce monde étant de vivre dans la joie absolue. Voilà pourquoi vous y êtes.

Chapitre 4

Comment réussir à atteindre mes objectifs

La question qui revient sans doute le plus souvent dans tout ce que nous demandent nos amis sur le plan physique est celle-ci : Pourquoi est-ce si long avant d'obtenir ce que je désire ?

Ce n'est pas parce que vous ne le désirez pas suffisamment.
Ce n'est pas parce que vous n'êtes pas assez intelligent.
Ce n'est pas parce que vous ne le méritez pas.
Ce n'est pas parce que le sort s'acharne contre vous.
Ce n'est pas parce que quelqu'un d'autre a déjà remporté votre prix.

La raison pour laquelle vous n'avez pas déjà obtenu ce que vous désirez, c'est que vous vous maintenez dans un état vibratoire incompatible avec la vibration correspondant à votre désir. C'est vraiment l'unique raison ! Il vous faut à présent comprendre une chose importante : si vous prenez quelques instants pour y réfléchir ou, plus important encore, si vous vous arrêtez pour bien ressentir ce qui se passe en vous, vous pourrez identifier la discordance résultant de cette incompatibilité.

La seule chose à faire maintenant consiste à vous libérer doucement, petit à petit, de vos résistances, conscientes ou inconscientes, les seuls facteurs d'empêchement en cause. Le sentiment de soulagement grandissant que vous éprouverez alors sera un bon indicateur que vous êtes en voie d'éliminer vos résistances, tout comme vos sentiments de tension accrue, de colère, de frustration, et d'autres encore ont été les indicateurs révélant que vous étiez en train d'amplifier vos résistances intérieures.

Votre Bien-être est à portée de main

Nous voulons vous rappeler ici la prémisse qui doit être comprise avant que tout ceci ne devienne clair pour vous. Le Bien-être circule autour de vous, désireux de s'installer en vous ! Votre Bien-être est à portée de main. Tout ce que vous avez jamais désiré, que vous l'ayez exprimé ou non, a été transmis par vous de façon vibratoire. Chaque désir a été entendu et compris par la Source, qui a répondu à votre requête, et maintenant vous allez devoir sentir de quelle manière pour allez pouvoir vous autoriser à recevoir ce que vous avez désiré, une inspiration à la fois.

Vous êtes une extension physique de l'Énergie Source

En tant qu'extension physique de l'Énergie Source, vous êtes à la fine pointe de la pensée créatrice. Votre réalité spatiotemporelle a été mise en place par le pouvoir de la pensée longtemps avant qu'elle ne se manifeste sous la forme physique dans laquelle vous la voyez maintenant. Tout ce qui existe dans votre environnement physique a été créé à partir de la dimension non physique, par ce que vous appelez la Source. Et tout comme la Source a créé votre monde et vous-même par la force de la pensée focalisée, vous continuez à créer votre univers immédiat à partir de l'endroit où vous êtes dans cette réalité spatiotemporelle.

> La nature même de votre être est identique à celle de ce que vous appelez la Source.

Vous ne pouvez être séparé de la Source.
Celle-ci ne l'est jamais de vous.
Quand nous pensons à vous, nous pensons à la Source.
Quand nous pensons à la Source, nous pensons à vous.
La Source ne forme jamais de pensées pouvant la séparer de vous.

Vous ne pouvez concevoir de pensées qui entraîneraient une séparation totale (le mot séparation est en réalité beaucoup trop fort), mais vous pouvez entretenir des pensées d'une nature vibratoire suffisamment différente pour entraver votre connexion naturelle avec la Source. Nous qualifions cet état d'être de résistance.

La seule forme de résistance ou d'obstacle à votre connexion avec la Source provient de vous. La Source est toujours à votre entière disposition, et le Bien-être vous est constamment offert. Il arrive souvent que vous soyez dans un état d'esprit réceptif à l'égard de ce Bien-être, mais parfois vous ne l'êtes pas. Nous voulons vous aider à accueillir consciemment votre connexion avec la Source.

Comme extension de l'Énergie non physique, vous développez la pensée au-delà de ce qu'elle était auparavant, et par voie de comparaison et de contraste, vous parviendrez à des conclusions et à des décisions. Quand vous serez aligné sur ce que vous désirez, l'Énergie non physique affluera en vous... ce qui fera naître en vous un sentiment d'enthousiasme, de passion et de triomphe. Telle est votre destinée.

Vous avez créé votre forme actuelle à partir de la dimension non physique ; maintenant, vous continuez à créer à partir de la réalité physique. Nous avons tous besoin de choses sur lesquelles focaliser notre attention et de désirs suscitant notre intérêt, afin de sentir la plénitude de qui nous sommes circuler en nous pour la continuation de Tout Ce Qui Est. Ce désir est ce qui rend l'éternité perpétuelle.

La valeur évolutive de vos préférences personnelles

Ne sous-estimez pas la valeur de vos préférences personnelles, car l'évolution de votre planète dépend de la poursuite de l'affinage des désirs de ceux parmi vous qui sont à la fine pointe de la pensée créatrice. Les contrastes et la variété propres à votre milieu de vie constituent l'environnement parfait pour la formation de vos préférences personnelles. Grâce aux stimulations apportées par tous ces contrastes environnants, de nouveaux désirs irradient constamment de vous sous forme de signaux vibratoires que la Source reçoit et auxquels elle répond, favorisant ainsi l'expansion de l'univers.

Ce livre ne porte pas sur l'expansion de l'univers ni sur les réponses de la Source à chacune de vos requêtes, pas plus que sur votre valeur personnelle, car tout cela est déjà un fait établi. Il explique simplement comment vous pouvez vous mettre dans un état vibratoire vous permettant de recevoir tout ce que vous demandez.

La science de la création délibérée

Nous voulons vous aider dans la réalisation délibérée des choses que votre environnement a inspirées en vous, car nous aimerions que vous puissiez connaître l'euphorie de créer consciemment et dans la joie votre propre réalité. Vous êtes vraiment le créateur de votre réalité. Personne d'autre ne l'est. Et vous créez votre propre réalité même si vous ne comprenez pas qu'elle ne dépend que de vous. Pour cette raison, il vous arrive souvent de la créer par défaut. Lorsque vous êtes pleinement conscient de vos pensées et que vous les offrez délibérément, vous êtes alors le créateur délibéré de votre propre réalité—et c'était justement là votre intention quand vous avez décidé d'entrer dans votre corps actuel.

Vos désirs et vos croyances sont des stimulis donnant corps au « Demandez et vous recevrez. » Vous demandez par le biais de votre attention, de votre volonté, de votre désir. C'est ainsi dans les faits que s'exprime votre demande—que vous désiriez ou non qu'elle soit satisfaite, c'est ainsi que vous la formulez. Il n'est pas nécessaire d'employer des mots. Il vous suffit de la sentir dans votre être : je désire ceci ; j'adore cela ; j'apprécie cela, et ainsi de suite. Ce désir que vous exprimez est le début de toute attraction.

Vous ne vous lassez jamais de l'expansion ou de la création, car de nouvelles idées de désirs à formuler ne cessent d'affluer en vous. À chaque nouvelle idée de quelque chose que vous aimeriez vivre, posséder, ou savoir correspondra sa réalisation ou sa manifestation, et cette manifestation s'accompagnera d'une nouvelle perspective à partir de laquelle de nouveaux désirs surgiront. Comme les contrastes ou la variété ne manqueront jamais, l'émergence de nouveaux désirs ne cessera donc jamais. Et puisque cette expression de nouvelles « demandes » ne s'interrompra jamais, les « réponses » ne cesseront jamais d'affluer. Par conséquent, vous disposerez toujours de nouvelles perspectives. De nouveaux contrastes et de nouveaux désirs inspirants s'offriront éternellement à vous.

Une fois que vous aurez bien accepté l'idée que vous ne cesserez jamais d'exister et que de nouveaux désirs naîtront constamment en vous, la Source ne cessera jamais de répondre à vos désirs. De même, en acceptant que votre expansion se fera éternellement, vous pourrez alors commencer à vous détendre si, en ce moment, il y a quelque chose que vous désirez qui ne s'est pas encore réalisé.

Nous voulons que vous soyez heureux d'être qui vous êtes et satisfait de ce que vous possédez — tout en ayant grandement envie d'évoluer et d'en avoir davantage. Telle est l'optique de création optimale : vous considérez ce qui vient avec un sentiment d'enthousiasme et d'anticipation optimiste, sans qu'aucun sentiment d'impatience, de doute ou d'en être indigne ne vienne faire obstacle à ce que vous allez recevoir. Telle est la science de la création délibérée à son meilleur.

Chapitre 5

Cette simple base de compréhension fait en sorte que tout se tient

Un courant d'énergie circule en toute chose. Il existe d'un bout à l'autre de l'univers, et au cœur même de Tout Ce Qui Est. Il constitue le fondement de l'univers, ainsi que celui de votre monde physique. Certains sont conscients de l'existence de cette Énergie, mais la plupart des humains n'en ont pas conscience. Toutefois, chacun est touché par sa présence.

Mieux vous comprendrez ce sur quoi repose l'existence de votre monde et plus vous sentirez grandir en vous votre conscience de l'Énergie Source à l'origine de toutes choses, plus le sens de tout ce que vous vivez sera clair pour vous. Vous discernerez aussi plus nettement la signification de ce que vivent les gens autour de vous.

Une formule fiable donne des résultats uniformes.

À l'image d'une personne qui apprend les principes de base des mathématiques et parvient ensuite à comprendre les résultats de leur emploi, vous disposerez désormais d'une formule pour comprendre votre monde dont la fiabilité ne se démentira pas et qui vous donnera des résultats uniformes. Ces derniers seront si constants que vous serez capable de prédire la nature de vos expériences à venir avec une précision absolue, et en mesure de comprendre vos expériences passées avec une clarté inatteignable auparavant.

Plus jamais vous n'aurez le sentiment d'être une victime tremblant à l'idée des choses indésirables survenant dans sa vie. Vous comprendrez enfin le contrôle créatif absolu que vous avez sur les circonstances de votre existence. Ainsi, vous pourrez accorder toute votre attention à votre propre pouvoir créateur et savourer le bonheur de voir toutes sortes de choses converger pour vous aider dans la réalisation de vos désirs. Tous ont ce potentiel... seuls quelques-uns le réalisent.

Ce sera pour vous une expérience extrêmement satisfaisante que de pouvoir identifier vos désirs, qui se formeront à partir des choses contrastées que vous vivez, et de savoir que chacun de ces désirs peut être pleinement concrétisé. Grâce à la conviction née de cette compréhension, vous pourrez dorénavant réduire chaque fois le temps entre l'apparition d'un désir et sa manifestation pleine et entière.

Vous saurez que toutes les choses désirées pourront venir à vous facilement et rapidement.

Vous êtes un être vibratoire vivant dans un environnement vibratoire

Vous pouvez sentir si vous permettez ou non votre complète connexion à l'Énergie Source. En d'autres termes, mieux vous vous sentirez, plus vous consentirez à votre connexion ; moins vous vous sentirez bien, moins vous lui ferez une place en vous. Bien se sentir, c'est autoriser la connexion ; mal se sentir, c'est l'interdire, puisque cela revient à résister à la connexion avec votre Source.

Même sous votre expression physique actuelle faite de chair, de sang et d'os, vous êtes un être vibratoire, et tout ce que vous ressentez dans votre environnement physique est de nature vibratoire. Et ce n'est que grâce à votre aptitude à interpréter les vibrations que vous parvenez à comprendre votre univers physique. En d'autres termes, vos yeux vous permettent d'interpréter les vibrations que vous voyez. Vos oreilles traduisent en sons les vibrations que vous entendez. De même, votre nez, votre langue et le bout de vos doigts traduisent les vibrations perçues par le biais des odeurs, des goûts et des touchers qui vous aident à comprendre le monde où vous vivez. Mais vos émotions sont de loin le plus élaboré de vos moyens d'interpréter les vibrations perçues.

Vos émotions sont des interprètes vibratoires

En prêtant attention aux signaux lancés par vos émotions, vous pouvez comprendre avec une précision absolue tout ce que vous vivez maintenant ou avez pu vivre un jour. Vous pouvez en outre vous servir de cette nouvelle compréhension de vos émotions pour orchestrer, avec une exactitude et une facilité que vous n'avez peut-être jamais connues, une expérience future qui sera satisfaisante pour vous à tous égards.

En étant attentif à la manière dont vous vous sentez, il vous est possible d'accomplir ce pour quoi vous êtes ici et de poursuivre l'expansion désirée de la façon joyeuse que vous souhaitiez. En saisissant bien le lien entre vos émotions et qui vous êtes réellement, vous en viendrez à bien saisir non seulement ce qui se passe dans votre monde et pourquoi les choses surviennent ainsi, mais également tous les autres êtres vivants avec lesquels vous êtes en relation. Plus jamais vous n'aurez de questions laissées sans réponse à propos de votre monde. Vous comprendrez — sur un plan très profond, à partir d'une perspective non physique plus vaste, et grâce à vos propres expériences physiques — tout ce qui concerne qui vous êtes, qui vous avez été, et qui vous devenez.

Chapitre 6

La Loi d'attraction, la plus puissante loi de l'univers

Chaque pensée dégage une vibration et émet un signal, lequel attire à lui un signal correspondant. Nous appelons ce processus la Loi d'attraction.

En vertu de cette loi, ce qui se ressemble s'assemble. Vous pourriez donc considérer cette puissante Loi d'attraction comme une sorte de système de gestion universel faisant en sorte que toutes les pensées de nature similaire s'alignent ensemble.

Vous avez une démonstration de ce principe lorsque vous allumez la radio et syntonisez un poste dont le signal est émis à partir d'une tour de transmission. Bien sûr, vous ne vous attendez pas à entendre la musique émise sur la fréquence FM 101 lorsque votre récepteur radio est réglé sur le FM 98,6. Vous comprenez que la fréquence radio émise doit correspondre à la fréquence radio syntonisée, ce qui est conforme à la Loi d'attraction.

Par conséquent, lorsque vous vivez une chose qui vous amène à émettre les vibrations d'un quelconque désir, vous devez ensuite trouver le moyen de vous maintenir constamment en harmonie vibratoire avec ce désir afin de pouvoir en récolter les résultats.

À quoi accordez-vous votre attention ?

Tout ce à quoi vous accordez votre attention vous amène à émettre une vibration, et comme celle-ci équivaut à une requête, elle devient votre point d'attraction.

S'il y a une chose que vous désirez, il vous suffit de concentrer votre attention sur celle-ci. En vertu de la Loi d'attraction, elle se manifestera à vous, car en y pensant ou en ressentant ce désir, vous émettez une vibration à partir de laquelle cette chose doit forcément venir à vous.

Cependant, si votre attention porte essentiellement sur le fait que vous n'avez pas la chose désirée, alors la Loi d'attraction fera en sorte que le résultat corresponde à cette vibration de manque et vous continuerez à ne pas obtenir ce que vous désirez. Telle est cette loi.

Comment savoir ce que j'attire ?

La clé pour obtenir ce que vous désirez est d'établir une harmonie vibratoire avec ce que vous voulez. Et le moyen le plus simple d'y parvenir est d'imaginer que vous l'avez obtenu, de prétendre que l'objet de votre désir fait déjà partie de votre réalité, de visualiser que vous en profitez pleinement. En vous exerçant à conserver de telles pensées et à émettre constamment cette vibration, vous établirez ainsi en vous l'état d'être nécessaire pour en assurer la manifestation.

Par ailleurs, en observant comment vous vous sentez, vous pouvez aisément savoir si vous accordez votre attention à votre désir ou si vous ne pensez qu'à son absence. Lorsque vos pensées correspondent parfaitement à votre désir, vous vous sentez bien, votre gamme émotionnelle passe alors du contentement à l'espérance, du désir ardent à la joie. Si, par contre, votre attention est centrée sur le manque ou l'absence, vos émotions sont alors dominées par le pessimisme, l'inquiétude, le découragement, la colère, l'insécurité et la dépression.

En prenant conscience de vos émotions, vous saurez toujours si vous vous en tirez bien en ce qui a trait à l'aspect permission de votre processus créatif et il ne vous arrivera plus jamais de mal comprendre pourquoi les choses se produisent ainsi qu'elles le font. Vos émotions constituent pour vous un merveilleux Système de guidance. Si vous leur prêtez attention, vous serez en mesure de vous guider jusqu'à l'obtention de tout ce que vous désirez.

Vous obtenez ce à quoi vous pensez, que vous le vouliez ou non

En vertu de la puissante Loi d'attraction universelle, vous attirez à vous l'essence de tout ce qui prédomine dans vos pensées. Par conséquent, si vous pensez avant tout aux choses désirées, votre expérience de vie en sera le reflet. De la même façon, si vous pensez surtout à ce que vous ne voulez pas, cela se reflétera également dans votre vie.

Quand vous pensez à quelque chose, cela peut se comparer à planifier un événement futur, tout comme lorsque vous appréciez quelque chose ou que vous vous inquiétez d'une chose. Vous faire du souci pour quoi que ce soit revient à utiliser votre imagination pour créer cette chose non voulue.

Chaque pensée, chaque idée, chaque chose émet une vibration. Ainsi, quand vous focalisez votre attention sur quelque chose, ne serait-ce que quelques instants, la vibration émanant de votre Être commence à refléter la chose à laquelle vous accordez votre attention. Plus vous y pensez, plus vous vibrez en phase avec cette chose, et plus votre vibration s'y harmonise, plus vous attirez à vous ce qui est de même nature que celle-ci. Cette attraction continuera de s'accroître jusqu'au moment où vous émettrez une vibration différente, et alors les choses correspondant à cette nouvelle vibration seront attirées à vous.

Quand vous aurez bien saisi comment fonctionne la Loi d'attraction, vous ne serez jamais surpris de ce qui survient dans votre vie, car vous comprendrez que vous avez invité par vos propres pensées tout ce qui se produit.

Comme il n'y a pas d'exceptions à cette puissante loi universelle, il est facile d'en comprendre parfaitement le mode de fonctionnement. Une fois que vous avez bien saisi que vous obtenez ce à quoi vous pensez et, tout aussi important, que vous demeurez vigilant à l'égard de ce que vous pensez, vous êtes alors en mesure d'exercer un contrôle absolu sur votre propre vie.

Vos différences vibratoires sont de quelle amplitude ?

Voici quelques exemples. Il y a dans vos pensées d'appréciation à l'égard de votre partenaire d'importantes différences vibratoires, ainsi que dans celles liées aux choses que vous aimeriez voir changer en lui ou en elle. Les rapports que vous entretenez avec votre partenaire reflètent inévitablement vos pensées prédominantes à son sujet. En effet, même si ce n'est pas conscient, c'est littéralement la force de votre pensée qui a fait éclore et s'épanouir votre relation.

Votre désir d'améliorer votre situation financière ne peut se réaliser si vous éprouvez souvent de la jalousie à l'égard de la bonne fortune de votre voisin, car la vibration de votre désir et celle de votre sentiment de jalousie sont très différentes l'une de l'autre.

Une bonne compréhension de votre nature vibratoire vous amènera à créer facilement et délibérément votre propre réalité. Par la suite, avec le temps et la pratique, vous découvrirez que tous vos désirs peuvent se concrétiser, car il n'y a rien que vous ne puissiez être, faire ou avoir.

Vous êtes un rassembleur d'énergie vibratoire

Vous êtes conscience, énergie, vibration, électricité, source d'énergie et créateur. Vous êtes à la fine pointe de la pensée. Vous êtes des plus précis et actif pour faire venir à vous et utiliser l'Énergie qui crée les mondes, qui existe partout dans cet univers en perpétuelle évolution et en éternel devenir.

Vous êtes un génie créatif exprimant sa présence en cette réalité spatiotemporelle, dans le but d'amener la pensée au-delà de ce qu'elle a pu être auparavant.

Même si cela peut vous paraître étrange au début, il sera utile que vous acceptiez peu à peu le fait que vous êtes un être de nature vibratoire, puisque vous vivez dans un univers où tout est vibration, où les lois qui le gouvernent se fondent sur la maîtrise des vibrations.

Dès que, en toute conscience, vous serez devenu un avec les lois universelles, dès que vous aurez acquis une parfaite compréhension de la raison pour laquelle les choses réagissent ainsi qu'elles le font, tout ce qui est source de mystère et de confusion en votre esprit fera place à la clarté et à la compréhension. Le doute et la peur seront remplacés par la connaissance et la confiance, l'incertitude deviendra certitude, et la joie sera de nouveau le fondement premier de votre existence.

Quand vos désirs et vos croyances sont en harmonie vibratoire

Conformément à la Loi d'attraction selon laquelle ce qui se ressemble s'assemble, la vibration de votre Être doit s'harmoniser avec celle de votre désir afin que vous puissiez pleinement recevoir ce qui en résultera. Vous ne pouvez désirer obtenir une chose, n'avoir pour seule préoccupation que l'absence de cette chose, et espérer ensuite la recevoir, car la fréquence vibratoire de son absence est à des lieux de celle de sa présence. Autrement dit, pour recevoir ce que vous désirez obtenir, la vibration de votre désir et celle de votre croyance doivent parfaitement concorder.

Voici un aperçu plus général de ce qui vous attend. Grâce à toutes les expériences que vous vivez ici dans votre perspective divinement unique, vous parvenez à identifier, consciemment ou inconsciemment, vos préférences personnelles. Or, à mesure que cela se produit, la Source, qui vous entend et vous adore, répond sur-le-champ à vos requêtes vibratoires, que vous les ayez verbalisées ou non.

De ce fait, quelle que soit votre demande, que vous l'ayez faite de vive voix ou seulement par l'expression subtile de votre désir, votre requête est entendue et reçoit chaque fois une réponse, sans exception. Quoi que vous demandiez, cela vous est toujours accordé.

Tout Ce Qui Est... profite de votre existence

Du fait de tout ce que vous avez vécu, ce qui vous a amené à formuler certains désirs précis, et puisque la Source exauce vos demandes, l'univers où nous existons tous prend de l'expansion. Quelle merveilleuse chose!

Votre réalité spatiotemporelle actuelle, votre culture, votre façon de voir les choses—tout ce qui contribue à former votre perspective—ont évolué depuis d'innombrables générations. En fait, il serait impossible de retracer tous les désirs, toutes les conclusions et perceptions qui ont engendré le point de vue unique que vous avez sur les choses ici et maintenant. Mais nous voulons insister sur un élément : peu importe ce qui est à l'origine de votre point de vue unique, il existe bel et bien. Vous existez! Vous pensez, percevez et demandez—et recevez des réponses. La Conscience universelle de Tout Ce Qui Est tire avantage de votre existence et de votre perspective sur les choses.

Votre importance ne saurait donc être remise en question, pas à nos yeux du moins. Nous sommes parfaitement conscients de votre immense valeur. Nous savons que vous méritez de disposer de l'Énergie à l'origine de la création des mondes en réponse au moindre de vos désirs. Et nous savons aussi que tel est bien le cas mais que nombre d'entre vous, pour une multitude de raisons, font en sorte de s'empêcher de recevoir les choses demandées.

Redécouvrez l'art d'accepter votre bien-être naturel

Nous voulons vous aider à redécouvrir votre aptitude innée à permettre au Bien-être de cet univers d'affluer constamment et sans restriction dans votre vie. Nous appelons cette discipline l'Art de permettre. C'est grâce à cela que le Bien-être—constituant chaque particule de votre Être et de la Source—peut continuer d'affluer en vous. L'Art de permettre est avant tout une attitude par laquelle vous cessez de résister au bien-être mérité. Ce bien-être est tout à fait naturel ; il est votre héritage, votre Source et votre Être même.

Aucun cours préliminaire n'est requis en vue d'assimiler ce qui est présenté ici. Ce livre est écrit afin que vous puissiez commencer à recevoir sans plus tarder ce à quoi vous avez droit. Vous êtes prêt pour cette information, qui est déjà à votre disposition.

Chapitre 7

Vous êtes à la fine pointe de la pensée créatrice

Nous aimons qualifier votre situation présente comme étant celle d'un être à la fine pointe de la pensée, car là où vous êtes en ce moment — dans votre corps et votre environnement physiques, plongé dans une expérience physique —, vous êtes l'extension la plus avancée de ce que nous sommes.

Tout ce qui a existé auparavant a mené à ce que vous êtes à ce jour. Et tout comme l'ensemble de ce que vous avez vécu depuis votre naissance jusqu'à cet instant présent atteint son apogée dans l'être que vous êtes maintenant, tout ce qui a été vécu et ressenti par Tout Ce Qui Est atteint son zénith dans ce qui est vécu et ressenti en ce moment dans l'expérience de la vie physique sur terre.

Tandis que chaque personne sur votre planète vit des choses grâce auxquelles ses désirs ont pris forme, ce qui représente une sorte d'appel évolutif massif, l'ensemble de votre planète évolue. Par conséquent, plus vos rapports les uns avec les autres sont nombreux et plus vos préférences personnelles sont mises en lumière et rayonnées tous azimuts, plus l'univers y répond. Dans les faits, un puissant courant d'Énergie Source s'offre présentement à vous, prêt à recevoir le signal émis par vos préférences. En d'autres termes, en raison de ce que vous avez vécu et de tout ce que vous vivez présentement, et par suite du pouvoir d'attraction ainsi exercé par tous ces désirs, votre Bien-être futur est assuré. De la même façon, vos désirs actuels généreront à leur tour un courant d'Énergie dont les générations à venir pourront bénéficier.

Si vous pouvez le désirer, l'univers peut le produire

Si votre participation à cette réalité spatiotemporelle vous inspire de sincères désirs, l'univers disposera alors d'un moyen de vous fournir les résultats recherchés. Comme votre aptitude à désirer davantage de choses grandit avec chaque réalisation précédemment obtenue, cet accroissement peut sembler époustouflant à ceux qui viennent à peine d'en comprendre la puissance. Cependant, il peut aussi paraître tout à fait normal pour ceux qui en sont venus à anticiper un afflux constant de Bien-être dans leur vie. Le courant de Bien-être afflue, même si vous ne comprenez pas comment cela s'effectue. Toutefois, lorsque vous vous alignez consciemment sur celui-ci, vos activités créatrices deviennent beaucoup plus satisfaisantes, car vous découvrez alors qu'il n'y a absolument rien que vous ne puissiez obtenir.

Cela fonctionne, que vous compreniez ou non comment

Il n'est pas nécessaire de comprendre entièrement les complexités de cet environnement en éternelle expansion pour en bénéficier. Cependant, il est nécessaire de trouver le moyen de vous abandonner au courant de Bien-être qui s'étire devant vous. Ce faisant, rappelez-vous qu'un seul courant de Bien-être s'écoule et continuera de la sorte, peu importe que vous lui opposiez ou non de la résistance.

En entrant dans une pièce vivement éclairée, il ne vous viendrait pas à l'idée de chercher l'interrupteur d'obscurité. En d'autres termes, vous ne vous attendriez pas à trouver un interrupteur permettant d'inonder la pièce d'un noir d'encre pour ainsi occulter l'éclat de la lumière. Vous trouveriez plutôt un interrupteur de contrôle d'intensité de la lumière, car l'obscurité n'apparaît qu'en l'absence de lumière. De la même manière, il n'existe pas de source du « mal », mais il pourrait y avoir une résistance à ce que vous estimez être bon, tout comme il n'existe pas de source de maladies, mais il pourrait y avoir une résistance au Bien-être naturel.

Si vous ne demandez rien, vous ne recevrez aucune réponse

Les gens complimentent parfois Esther en raison de son aptitude à recevoir la sagesse d'Abraham et de sa capacité à transposer par écrit ou en paroles ce qu'elle reçoit afin que les autres puissent également en profiter — et nous ajoutons certainement notre appréciation à cet égard. Mais nous aimerions également souligner le fait que la réception et la transcription par Esther de notre vibration ne constituent qu'une partie de l'équation. Si ce n'était de l'expression d'une demande précédant tout cela, il ne pourrait y avoir de réponse.

Les gens qui vivent à votre époque profitent grandement de l'expérience des générations qui les ont précédés. En effet, c'est grâce à tout ce que ces générations ont vécu et aux désirs générés par tous ces gens que l'appel évolutif à pu s'amorcer.

Vous récoltez aujourd'hui les fruits des demandes des générations passées et vous continuez à en demander à votre tour et même à en appeler davantage, perpétuant ainsi le mouvement. Pouvez-vous voir maintenant que si vous parvenez à le permettre, une avalanche de Bien-être se trouvera au bout de vos doigts, prêt à être cueilli, pourvu que vous soyez en alignement vibratoire avec celui-ci ?

Ces jours-ci, certaines personnes éprouvent des difficultés ou des traumatismes intenses. Et à cause de leur manière de vivre en ce moment, leurs demandes sont exprimées avec une insistance accrue. Du fait de cette intensité, la Source répond donc de la même façon. Et bien que les personnes à l'origine de ces demandes soient en général si obnubilées par leurs traumatismes qu'elles ne sont pas en mesure d'en retirer les bénéfices, les générations futures — ou même les générations actuelles qui ne font pas entrave en ce moment à la manifestation des résultats—pourront, elles, en bénéficier.

Nous vous communiquons ceci afin de vous aider à comprendre qu'un flux illimité de Bien-être et une abondance de toutes sortes de choses sont constamment à votre disposition, mais que vous devez vous aligner intérieurement afin de pouvoir les recevoir. Il est impossible de leur opposer de la résistance et de les recevoir en même temps.

Ouvrez les vannes et laissez votre Bien-être affluer vers vous

Visualisez-vous, là où vous êtes en ce moment, comme le bénéficiaire du puissant courant de Bien-être affluant à vous. Imaginez que vous jouissez pleinement de l'afflux de toute cette énergie. Efforcez-vous de sentir que vous êtes en train de bénéficier de cette abondance illimitée de Bien-être, souriez et essayez d'accepter que vous la méritez.

Votre capacité à sentir que vous y avez pleinement droit dépendra sans doute de ce qui se passe dans votre vie présentement. Dans certaines circonstances, vous avez le sentiment d'être totalement béni, mais à d'autres occasions c'est tout le contraire. Nous souhaitons qu'à la lecture de ce livre vous comprendrez enfin que le degré auquel vous êtes disposé à accueillir le Bien-être universel, ou à y résister, dépend directement du degré auquel vous vous sentez béni et vous vous attendez à ce que de bonnes choses affluent à vous ou, inversement, du degré auquel vous n'avez pas le sentiment d'être béni et vous ne vous attendez pas à ce que de bonnes choses affluent à vous, ce qui indique bien votre degré de résistance. Nous espérons également qu'au fil de votre lecture vous vous sentirez capable de vous libérer de toute habitude de pensée ayant entraîné votre rejet de ce flux.

Nous désirons vous faire comprendre que si ce n'était des pensées de résistance que vous avez adoptées au fil de votre cheminement physique, et qui ne sont pas en alignement vibratoire avec le flux de Bien-être, vous seriez en mesure de recevoir l'intégralité de ce courant, car vous en êtes littéralement une extension.

Votre état d'être est l'unique facteur servant à déterminer si vous acceptez sciemment ou non de recevoir votre héritage de Bien-être. Et bien que votre entourage puisse, dans une certaine mesure, tenter de vous influencer quant à votre volonté de permettre ou non l'afflux de ce courant, en bout de ligne la décision est entièrement entre vos mains. Vous pouvez ouvrir les vannes et laissez votre Bien-être affluer en vous, ou choisir des pensées qui vous priveront encore de ce qui vous revient. Toutefois, que vous le permettiez ou l'interdisiez, le courant afflue constamment à vous sans jamais se tarir ni se fatiguer, toujours disponible pour votre réexamen.

Vous êtes en parfaite position pour atteindre vos objectifs

Il n'est pas nécessaire de changer quoi que ce soit dans votre environnement ou les circonstances actuelles de votre vie pour permettre peu à peu votre propre connexion avec le courant de Bien-être. Vous pourriez être en prison ou atteint d'une maladie mortelle et incurable, faire face à la faillite, ou encore être engagé dans une procédure de divorce. Quoi qu'il en soit, vous êtes dans une situation parfaite pour commencer dès cet instant. Nous aimerions aussi vous amener à comprendre que cela n'exige que très peu de temps, puisqu'il suffit de bien saisir les lois universelles et d'être déterminé à atteindre un état de consentement.

Quand vous circulez en voiture, vous avez conscience de l'endroit d'où vous êtes parti, ainsi que du lieu où vous allez. Vous acceptez de ne pouvoir y arriver instantanément, de ne parvenir à destination qu'après avoir parcouru la distance nécessaire. Et bien que vous puissiez être impatient d'être à bon port et que vous soyez peut-être même fatigué du voyage, vous ne laissez pas le découragement s'emparer de vous à mi-parcours, au point de faire demi-tour et de revenir à votre point de départ. Vous ne faites pas une série d'allers-retours entre ces deux points pour finalement vous effondrer de fatigue à cause de ces déplacements sans fin.

Vous ne vous déclarez pas incapable de faire votre voyage. Vous acceptez qu'il faille parcourir une certaine distance avant de parvenir à destination et vous poursuivez simplement dans cette direction. Vous comprenez ce qui est requis et vous le faites. Eh bien, sachez que le voyage qui vous mène de là où vous êtes à là où vous voulez être — sur tous les plans — peut être aussi aisément compris.

Chapitre 8

Vous êtes un émetteur-récepteur de vibrations

À présent, vous êtes prêt à comprendre la partie la plus essentielle à la maîtrise de votre expérience de vie physique, à sa création et à sa jouissance.

Encore bien davantage que l'être matériel auquel vous en êtes venu à vous identifier, vous êtes un Être vibratoire. Lorsque les autres vous regardent, ils vous voient avec leurs yeux et vous entendent avec leurs oreilles, mais vous vous présentez à eux et à l'univers entier d'une manière beaucoup plus énergique que ce qui peut être vu ou entendu. Vous êtes un transmetteur de vibrations et, à ce titre, vous diffusez votre signal à chaque instant de votre existence.

Tandis que votre conscience est focalisée dans ce corps physique et que vous êtes éveillé, vous projetez constamment un signal très spécifique et facilement identifiable qui est instantanément reçu et compris. En outre, ce signal suscite une réponse immédiate. Dès lors, les circonstances de votre vie présente et future commencent à changer sur-le-champ, en réponse au signal que vous émettez maintenant. Par conséquent, ce que vous dégagez en cet instant même a un effet sur l'univers entier.

Vous êtes un Être éternel focalisé dans le moment présent

Votre monde actuel et le monde à venir sont directement et spécifiquement influencés par le signal que vous transmettez présentement. Votre véritable nature est réellement celle d'un Être éternel, mais la personne que vous êtes et ce que vous pensez en ce moment occasionnent une très puissante focalisation d'Énergie. Cette Énergie se manifestant en vous est celle-là même qui crée les mondes. Et elle crée votre propre monde en cet instant précis.

Vous avez en vous un Système de guidance intégré qu'il est très facile de comprendre, avec des indicateurs révélant la puissance du signal que vous émettez ainsi que la direction de votre attention. Et plus important encore, c'est ce même Système de guidance qui vous aide à comprendre comment aligner les pensées de votre choix avec le Courant d'énergie.

Les émotions que vous éprouvez sont les indicateurs de votre Système de guidance. En d'autres termes, ce que vous ressentez constitue le véritable indicateur de votre alignement avec votre Source et vos propres intentions—à la fois celles que vous aviez formées avant de naître et celles que vous avez présentement.

Vos puissantes convictions ont été jadis d'inoffensives pensées

Toutes les pensées déjà émises existent toujours, et chaque fois que vous focalisez votre attention sur une pensée, vous activez la vibration correspondant à cette pensée en vous. Quel que soit l'objet de votre attention en ce moment, il s'agit inévitablement d'une pensée activée. Toutefois, dès que vous dirigez votre attention ailleurs, cette pensée redevient inactive. Le seul moyen de désactiver consciemment une pensée est d'en activer une autre. Autrement dit, la seule manière de retirer délibérément votre attention d'une pensée est de porter votre attention vers une autre.

Quand vous accordez votre attention à quelque chose, la vibration émise n'est pas très forte au début, mais si vous continuez d'y penser ou d'en parler, cette vibration devient plus forte. Par conséquent, en concentrant suffisamment d'attention sur n'importe quel sujet, il peut devenir votre pensée dominante. En accordant de plus en plus d'attention à une quelconque pensée, et en vous concentrant sur celle-ci pour pratiquer à en émettre la vibration, cette pensée devient une part plus importante de votre vibration, et vous pourriez alors qualifier cette pensée de croyance.

Plus longtemps une pensée habite votre esprit, plus forte elle devient

Puisque la Loi d'attraction est derrière l'expansion de vos pensées, il est impossible de diriger votre attention sur quelque chose sans également réaliser un certain degré d'alignement avec celle-ci.

Par conséquent, plus longtemps vous réfléchissez à une pensée, plus votre alignement vibratoire avec celle-ci s'amplifie.

Ce faisant, vous éprouvez petit à petit des émotions qui indiquent votre degré d'alignement plus ou moins grand avec votre propre Source. Autrement dit, en accordant votre attention à un sujet donné, votre perception émotionnelle d'harmonie ou de disharmonie avec qui vous êtes réellement devient plus claire. Si le sujet de votre attention est en alignement avec ce que sait la Source de votre Être, vous pourrez alors sentir l'harmonie de vos pensées sous la forme d'impressions agréables. Dans le cas contraire, vous pourrez sentir la discordance de vos pensées sous la forme de mauvaises impressions.

Prêter attention à une chose, c'est l'inviter en soi

Chaque pensée à laquelle vous accordez votre attention prend de l'importance et contribue davantage à votre mélange vibratoire. Qu'il s'agisse d'une pensée à propos d'une chose que vous désirez ou que vous ne voulez pas, le fait de lui accorder votre attention l'invite en quelque sorte à se manifester dans votre existence.

Puisque tout dans l'univers est fondé sur la Loi d'attraction, rien ne peut être exclu. Tout est inclus. Ainsi, lorsque vous voyez quelque chose dont vous aimeriez faire l'expérience et que vous lui accordez toute votre attention, il vous suffit d'affirmer votre désir de le vivre pour que cela se réalise. Si, au contraire, vous voyez quelque chose dont vous ne voulez pas faire l'expérience et que vous focalisez votre attention sur celle-ci en lui criant que vous n'en voulez pas, vous l'incluez tout de même dans ce que vous allez vivre. Vous ne l'invitez pas en affirmant la désirer et ne l'excluez pas en la refusant, car il n'y a pas d'exclusion dans cet univers régi par la Loi d'attraction. Le simple fait de focaliser votre attention sur une chose suffit à l'inviter à se manifester.

Ceux qui se contentent d'observer ce qui se passe prospèrent donc lorsque les choses vont bien. Cependant, ils souffrent lorsqu'elles vont mal, car ce qu'ils observent vibre déjà et il leur suffit alors de l'observer pour l'inclure dans leur bilan vibratoire. Ce faisant, l'univers accepte cela comme leur point d'attraction et leur envoie davantage de cette même essence. Par conséquent, pour un observateur, meilleures sont les choses, plus elles s'améliorent pour lui, tandis que pires elles sont, plus elles le sont aussi pour lui. Toutefois, celui qui est visionnaire réussit bien dans toutes les situations.

En vous exerçant à concentrer votre attention sur un quelconque sujet, la Loi d'attraction fait apparaître les circonstances, les conditions, les expériences, les personnes et toutes les choses qui correspondent à votre vibration dominante. À mesure que les choses concordant avec vos pensées se manifestent autour de vous, vous développez des habitudes ou des penchants vibratoires de plus en plus intenses. Il s'ensuivra que votre pensée auparavant petite et banale aura évolué jusqu'à devenir une puissante croyance — et vos puissantes convictions finiront toujours par se manifester dans votre existence.

Chapitre 9

La valeur cachée de vos réactions émotionnelles

Votre sens de la vue diffère de celui de l'ouïe, et votre sens de l'odorat est également différent de celui du toucher, mais en dépit de ces différences, ils servent tous à interpréter les vibrations que vous percevez. Ainsi, quand vous vous approchez d'un poêle brûlant, votre sens de la vue ne vous permet pas nécessairement de savoir que sa surface est chaude. En outre, votre sens de l'ouïe ainsi que ceux du goût et de l'odorat ne sont pas non plus, du moins habituellement, ceux grâce auxquels vous prendrez conscience de sa température élevée. Toutefois, en vous approchant de ce poêle, les senseurs répartis dans votre épiderme vous indiqueront qu'il est chaud.

Votre corps est doté de systèmes complexes et évolués d'une grande sensibilité permettant d'interpréter les vibrations qui vous entourent et de mieux comprendre et définir les expériences que vous vivez. De la même façon que vos cinq sens physiques servent à discerner la nature des vibrations que vous percevez, d'autres senseurs — vos émotions — reçus à la naissance s'avèrent des moyens complémentaires d'interpréter les vibrations ambiantes afin de mieux comprendre encore, d'instant en instant, les expériences vécues.

Les émotions sont des indicateurs de votre point d'attraction

Vos émotions sont des indicateurs de la fréquence vibratoire de votre Être. En prenant conscience des impressions que suscitent en vous vos émotions, il vous est donc possible d'évaluer la nature des vibrations que vous émettez. En combinant ce que vous savez sur la Loi d'attraction avec votre conscience de la vibration émanant de vous, vous pourrez avoir le plein contrôle du puissant point d'attraction que vous êtes. Grâce à ces informations, vous serez désormais à même d'orienter votre vie dans la direction de votre choix.

Vos émotions concernent avant tout la nature de vos rapports avec votre Source. Et comme elles vous révèlent tout ce que vous souhaitez savoir, ou avez besoin de connaître, à propos de votre relation avec votre Source, nous les qualifions souvent de Système de guidance émotionnelle.

Quand vous avez pris la décision de vous incarner dans ce corps physique, vous aviez une parfaite connaissance de votre connexion éternelle avec l'Énergie Source. En outre, vous saviez que vos émotions seraient des indicateurs fidèles grâce auxquels vous auriez chaque instant conscience de l'état de votre relation avec l'Énergie Source. Par conséquent, bien au fait du puissant Système de guidance auquel vous avez éternellement accès, vous n'éprouviez aucune crainte d'un quelconque risque ni aucune confusion. Vous ne sentiez qu'une aspiration à l'aventure et une véritable euphorie.

Les émotions sont des indicateurs de votre alignement avec l'Énergie Source

Vos émotions indiquent votre degré d'alignement avec la Source. Bien qu'il soit impossible d'être si peu aligné avec la Source que votre connexion en vienne à être entièrement rompue, les pensées auxquelles vous choisissez d'accorder votre attention peuvent entraîner un alignement, ou désalignement, plus ou moins important avec l'Énergie non physique constituant votre véritable nature. Vous en viendrez donc avec le temps et suffisamment de pratique à discerner, à chaque instant, votre degré d'alignement avec qui vous êtes réellement, car lorsque vous accueillez pleinement l'Énergie de votre Source, vous vous épanouissez, alors qu'un refus de cet alignement risque d'entraîner de graves difficultés.

Vous êtes des Êtres doués de grands pouvoirs et totalement libres de créer. Cette connaissance et le fait de vous focaliser sur des choses qui sont en harmonie vibratoire avec qui vous êtes feront naître une joie absolue en vous. Néanmoins, si vous accordez votre attention à des pensées contraires à cette vérité, vous éprouverez alors des émotions opposées, comme le sentiment de ne pas maîtriser votre destinée et celui d'être asservi. Tous les types d'émotion se situent quelque part entre ces deux extrêmes, entre la joie et l'affaiblissement de son pouvoir.

Servez-vous de vos émotions pour retrouver intuitivement votre bien-être

Lorsque vous avez une pensée qui s'accorde bien avec qui vous êtes réellement, vous sentez un élan d'harmonie parcourir votre corps. La joie, l'amour et un profond sentiment de liberté sont des exemples du genre d'émotions que suscite un tel alignement intérieur. Cependant, lorsque surgit en votre esprit une pensée qui ne s'accorde pas avec la véritable nature de votre Être, vous sentez au contraire la disharmonie s'emparer de votre corps physique. La dépression, la peur et le sentiment d'être asservi sont des exemples de ce qu'un tel désalignement peut créer en vous.

Tout comme un sculpteur modèle l'argile afin de créer la forme qui lui plaît, vous créez en façonnant l'Énergie. Vous la façonnez grâce à votre pouvoir de focalisation—en pensant à des choses, en vous souvenant de choses, et en imaginant des choses. Vous focalisez l'Énergie lorsque vous parlez, lorsque vous écrivez, lorsque vous écoutez, lorsque vous êtes silencieux, quand vous évoquez un souvenir et employez votre imagination. Vous faites tout cela par la projection de votre pensée.

À l'instar du sculpteur qui, avec le temps et de la pratique, apprend à modeler l'argile pour qu'elle ait exactement la forme désirée, vous êtes en mesure d'apprendre à façonner l'Énergie qui crée les mondes grâce au pouvoir de focalisation de votre esprit. Et comme le sculpteur qui se sert intuitivement de ses mains pour recréer la vision qu'il a eue, vous vous servirez de vos émotions pour trouver intuitivement comment atteindre le Bien-être intérieur.

Chapitre 10

Les trois étapes pour réussir tout ce que vous voulez être, faire ou avoir

Le processus créatif est relativement simple sur le plan conceptuel. Il consiste en seulement trois étapes :

- Première étape (votre travail) : Vous demandez.
- Deuxième étape (le travail de l'univers) : Les réponses vous sont données.
- Troisième étape (votre travail) : Ces réponses doivent être reçues ; leur réception doit être permise (vous devez les accueillir en vous).

Première étape : Vous demandez

En raison de l'environnement merveilleux et diversifié dans lequel vous vivez, la première étape s'effectue facilement et automatiquement, car c'est ainsi que naissent vos préférences naturelles. Tous vos désirs — subtils ou même inconscients, et ceux qui sont vifs, clairs et précis — résultent des expériences contrastantes de votre vie quotidienne. Les désirs (ou demandes) sont une conséquence naturelle de votre exposition à cet environnement si incroyablement varié et contrasté qui est le vôtre. De ce fait, cette première étape se manifeste naturellement.

Deuxième étape : Les réponses de l'univers

Cette deuxième étape est fort simple, car vous n'avez alors absolument rien à faire. Elle est l'œuvre de la dimension non physique, de la Force divine. Toutes les choses grandes et petites que vous demandez sont instantanément comprises et vous sont intégralement offertes, sans exception. Chaque parcelle de Conscience a le droit et la possibilité de demander, et toutes ces requêtes reçoivent une réponse immédiate. Quand vous demandez, c'est chaque fois accordé.

Vous exprimez parfois votre demande de vive voix, mais, le plus souvent, elle émane de vous sous forme vibratoire, tel un flux constant de préférences personnellement formulées, et chacune est respectée et suscite une réponse.

Une réponse est apportée à chaque question. Chaque désir est comblé. Chaque prière est exaucée. Chaque souhait est accordé. Mais la raison pour laquelle beaucoup contesteraient cette vérité, citant en exemple des désirs insatisfaits tirés de leur propre vie, tient au fait qu'ils n'ont pas encore compris et mis en pratique la très importante troisième étape. Et à défaut de réaliser cette étape, les demandes soumises sembleront sans réponse.

Troisième étape : Vous consentez à accueillir les réponses

Cette troisième étape consiste en la mise en pratique de l'Art de pemettre, de consentir. C'est la raison même de l'existence de votre Système de guidance. C'est là où vous accordez la fréquence vibratoire de votre Être afin qu'elle corresponde à celle de votre désir. Tout comme votre récepteur radio doit être précisément réglé pour syntoniser la fréquence de diffusion de la station que vous désirez entendre, la fréquence vibratoire de votre Être doit être celle de votre désir. C'est ce que nous appelons l'Art du consentement, c'est-à-dire que vous devez consentir à recevoir ce que vous demandez. À moins que vous ne soyez en mode de réception, vos questions vous sembleront toujours sans réponse, même si elles en ont tout de même suscité une. Vos prières ne seront pas exaucées et vos désirs ne seront pas comblés, non pas parce que vos souhaits n'ont pas été entendus, mais parce que vos vibrations ne concordent pas et que, de ce fait, vous ne les accueillez pas en vous.

Chaque sujet comporte un aspect désirable et un aspect indésirable

Chaque sujet comporte en réalité deux aspects : la chose désirée et l'absence de celle-ci. Souvent, alors même que vous croyez penser à l'objet de votre désir, vous pensez plutôt à son contraire. Par exemple, vous croyez vouloir être en bonne santé, mais vous pensez à votre désir de ne pas être malade. Vous voulez la sécurité financière, mais vous affirmez ne pas vouloir manquer d'argent. Vous souhaitez qu'une relation amoureuse parfaite vienne à vous, alors qu'en fait vous ne voulez simplement pas vivre dans la solitude.

Les choses auxquelles vous pensez et celles que vous obtenez sont toujours en parfaite concordance vibratoire. Il peut donc s'avérer très utile d'établir une corrélation consciente entre ce que vous pensez et ce qui se manifeste dans votre vie. Cependant, il est encore plus utile d'être capable de discerner la direction prise, et ce, avant même d'y arriver. Quand vous aurez compris que vos émotions vous révèlent d'importants messages, vous n'aurez plus à attendre qu'une chose se manifeste pour bien saisir la nature des vibrations que vous émettiez. Selon comment vous vous sentez, vous êtes à même de déterminer exactement dans quelle direction vous allez.

Votre attention doit être centrée sur ce que vous désirez et non sur l'absence de cette chose

Le processus créatif se produit que vous en ayez conscience ou non. En raison de la variété et des contrastes auxquels vous êtes exposé, de nouvelles préférences ne cessent de prendre forme en vous, devenant autant de requêtes que vous diffusez sans même le savoir. Dès l'instant où vous transmettez une préférence, l'Énergie Source reçoit cette demande vibratoire et, en vertu de la Loi d'attraction, offre immédiatement une réponse avec laquelle vous devez ensuite vous aligner sur le plan vibratoire.

La raison pour laquelle vous n'avez pas toujours conscience que vos désirs ont été exaucés tient au fait qu'il y a souvent un délai entre votre demande (la première étape) et votre consentement (la troisième). Même si un désir clairement exprimé a émané de vous par suite du contraste que vous avez considéré, il vous arrive fréquemment de reporter votre attention sur la situation de manque ayant donné naissance au désir, au lieu de conserver votre attention uniquement sur le désir formulé. Ce faisant, votre vibration reflète davantage ce qui est à l'origine de votre désir, et non l'essence même de votre désir.

Par exemple, votre voiture prend de l'âge et requiert de plus en plus de réparations. Alors que vous remarquez que son apparence se dégrade, le désir d'avoir une nouvelle automobile se forme en vous. Comme vous aimeriez bien éprouver de nouveau le sentiment de fiabilité inspiré par une voiture neuve, la vibration du désir émane de vous et la Source ne manque pas de le capter et d'y répondre aussitôt avec la même intensité.

Mais comme vous n'avez pas vraiment conscience de l'existence des lois universelles et du processus de création en trois étapes mentionné ci-dessus, ce sentiment stimulant se dissipe bientôt en vous. Ainsi, au lieu de tourner immédiatement votre attention vers votre tout nouveau désir et de continuer à réfléchir à l'idée délicieuse d'un nouveau véhicule (créant ainsi une harmonie vibratoire avec ce projet que vous venez de concevoir), vous repensez à la voiture que vous possédez présentement, énumérant les divers motifs pour lesquels vous en désirez une nouvelle. « Cette vieille guimbarde ne me plaît plus du tout », estimez-vous, ne réalisant pas qu'en repensant ainsi à votre vieille voiture, vous mettez votre vibration en phase avec celle-ci, et non avec la nouvelle automobile désirée. « J'ai vraiment besoin d'une nouvelle voiture », vous dites-vous en examinant les bosses et la peinture craquelée de votre vieille voiture et en songeant à son fonctionnement peu fiable.

Avec chaque affirmation de votre besoin et chaque justification pour une nouvelle voiture, vous renforcez sans le savoir la vibration de votre situation désagréable actuelle. Ce faisant, vous continuez de vous maintenir hors de l'alignement vibratoire nécessaire à votre nouveau désir et vous vous empêchez d'être en mode de réception par rapport à ce que vous demandez.

Tant et aussi longtemps que vous serez davantage conscient de ce que vous ne voulez pas dans cette situation, ce que vous désirez ne pourra se manifester à vous. Autrement dit, si vous pensez principalement à cette magnifique nouvelle automobile si désirée, le moment où vous l'obtiendrez s'approchera sans cesse ; mais si vous pensez surtout à votre voiture actuelle peu fiable, vous repoussez le moment où vous pourrez avoir votre nouveau véhicule.

Il peut vous paraître difficile de faire la distinction entre le fait de penser réellement à votre nouvelle voiture et celui de ressasser ce que vous n'aimez pas de votre vieille automobile. Néanmoins, une fois que vous aurez pris conscience de votre Système de guidance émotionnelle, cette distinction sera très facile à établir.

Vous détenez maintenant la clé pour créer tout ce que vous désirez

Dès que vous aurez bien saisi que le sujet de vos pensées équivaut à votre point d'attraction et que ce que vous ressentez indique dans quelle mesure vous consentez ou résistez à la manifestation de votre désir, vous détiendrez alors la clé nécessaire pour créer tout ce que vous désirez.

Il n'est pas possible que vous éprouviez régulièrement une émotion positive à propos d'une certaine chose et que celle-ci tourne mal, tout comme il est impossible d'éprouver constamment un malaise au sujet d'une chose et que celle-ci s'améliore, car ce que vous ressentez vous indiquera si vous consentez ou non à bénéficier de votre Bien-être naturel.

Bien qu'il n'existe pas de source de maladie, vous pouvez entretenir des pensées qui feront obstacle au flux naturel de votre Bien-être, tout comme vous pouvez avoir des pensées qui auront pour effet de refuser votre flux naturel d'abondance. Le Bien-être universel afflue constamment vers vous ; si vous n'avez pas appris de pensées qui le ralentissent ou le restreignent, il se manifestera dans tous les domaines de votre vie.

Où vous en êtes par rapport à tout désir importe peu. En prêtant simplement attention à ce que vous ressentez et en dirigeant vos pensées de façon à éprouver de meilleurs sentiments, vous êtes à même d'accéder à l'harmonie vibratoire avec le Bien-être auquel vous avez naturellement droit.

Souvenez-vous qu'à titre d'extension d'une Énergie non physique pure et positive, plus vous serez en harmonie vibratoire avec votre Être intérieur, mieux vous vous sentirez. Lorsque vous appréciez quelque chose, par exemple, vous êtes en phase vibratoire avec qui vous êtes réellement. Si, au contraire, vous avez une attitude critique à votre égard ou à l'égard de quelqu'un d'autre, vous émettez une vibration qui n'est pas en phase avec qui vous êtes réellement. Dès lors, l'émotion négative éprouvée indique que vous avez créé une vibration de résistance et que vous n'êtes plus dans l'état de consentement rendant possible votre pure connexion entre vos aspects physiques et non physiques.

Il nous arrive souvent de qualifier votre moi non physique d'Être intérieur, de Source d'Énergie, ou de Force de Vie. Cependant, il est important que vous ayez conscience des moments où vous acceptez d'avoir une connexion complète avec celui-ci et des moments où vous lui imposez une certaine limite. Vos émotions sont alors les indicateurs infaillibles vous permettant de déterminer dans quelle mesure vous consentez à cette connexion, ou vous vous y opposez.

Chapitre 11

Avec la pratique, vous deviendrez un joyeux créateur délibéré

En faisant régulièrement un examen conscient de la façon dont vous vous sentez, vous aurez de plus en plus de facilité à diriger l'Énergie Source et vous deviendrez un *créateur délibéré* discipliné et joyeux. Avec la pratique, vous réussirez à exercer un contrôle étroit de cette Énergie créatrice. Tel un habile sculpteur, vous prendrez un réel plaisir à modeler cette Énergie — celle-là même qui sert à créer les mondes — et à l'appliquer dans vos activités créatrices personnelles.

Deux facteurs doivent être pris en considération lorsque vous focalisez l'*Énergie créatrice* : en premier lieu, l'intensité de l'Énergie ; en second lieu, dans quelle mesure vous l'accueillez ou lui résistez. Le premier facteur porte sur le temps consacré à considérer votre désir et sur la précision avec laquelle vous l'avez formulé. En d'autres termes, quand vous désirez quelque chose depuis longtemps, vous l'appelez à vous avec beaucoup plus de force que si vous veniez tout juste de former un désir pour la première fois. Par ailleurs, quand il y a déjà un certain temps qu'un désir occupe votre esprit et que, de ce fait, vous avez pu mieux en préciser la nature par contraste avec autre chose, l'intensité de votre désir a une force d'appel encore plus puissante. Une fois qu'un désir a atteint ce degré de puissance, il est alors relativement aisé pour vous de *sentir* comment vous vous en tirez avec le deuxième facteur, soit la partie du problème ayant trait à l'autorisation ou à la résistance.

Lorsque vous pensez à une chose que vous désirez depuis très longtemps et que vous prenez conscience du fait qu'elle ne s'est pas encore manifestée, une forte émotion négative est susceptible de naître en vous, car vous pensez alors à une chose possédant un niveau élevé d'énergie et avec laquelle vous n'êtes pas en alignement vibratoire. Toutefois, si vous songez à une chose que vous désirez depuis longtemps et que vous vous imaginez qu'elle se produit, votre émotion dominante pourrait bien en être une d'anticipation ou de désir ardent.

Il vous est donc possible de déterminer, selon ce que vous ressentez, si votre état d'être correspond alors à votre désir ou à l'absence de sa réalisation, si vous accueillez votre désir ou lui résistez, ou encore si vous aidez à sa manifestation ou l'entravez.

Il ne s'agit pas de contrôler vos pensées, mais de les guider

Dans votre société très évoluée sur le plan technologique, où vous avez un accès immédiat à presque tout ce qui se produit sur la planète, vous êtes bombardé de pensées et d'idées qui peuvent parfois vous donner l'impression d'envahir votre espace personnel. Par conséquent, l'idée de contrôler vos pensées lorsque tant d'autres s'imposent à vous semble impossible à réaliser. Dès lors, il vous paraît plutôt normal d'accorder tout simplement votre attention à tout ce qui se trouve devant vous.

Nous ne vous encourageons pas à fournir un effort dans le but de contrôler vos pensées; nous vous suggérons plutôt de vous efforcer de les *guider* en quelque sorte. En réalité, il ne s'agit pas tant de les guider que de vous appliquer à discerner ce que vous éprouvez, puisqu'il est beaucoup plus facile d'aspirer à l'état dans lequel vous aimeriez vous sentir que de maintenir vos pensées alignées sur la vibration de ce que vous estimez être bon.

La Loi d'attraction attire d'ores et déjà magnifiquement vos pensées et les organise. Partant, il est donc extrêmement utile de la comprendre et de l'employer délibérément dans un effort conscient pour guider vos propres pensées.

Rappelez-vous ceci : chaque fois que vous accordez votre attention à une pensée, celle-ci est immédiatement activée en vous, de sorte que la Loi d'attraction entre aussitôt en action. Ce faisant, d'autres pensées en harmonie vibratoire avec celle que vous venez tout juste d'activer se joignent alors à elle pour la rendre davantage perceptible, plus puissante et plus attirante. Et tandis que se poursuit votre focalisation et que vos pensées prennent de l'expansion, cette pensée plus puissante que vous venez tout juste d'activer est jointe par d'autres semblables à elle... et ainsi de suite.

Quand ce que vous vous exercez à penser devient une pensée dominante

Chaque fois que vous avez assidûment concentré votre attention sur un sujet, suscitant ainsi une activation vibratoire uniforme de ce dernier en vous, il devient une pensée dominante. Et dès que cela se produit, les choses qui y correspondent commencent à se manifester autour de cette pensée. De la même façon que votre pensée précédente fut jointe par d'autres pensées en harmonie avec elle, des choses s'apparentant à votre pensée dominante apparaissent cette fois dans votre vie, tels des articles de magazine, des conversations avec des amis, des observations personnelles. Vous ne manquerez pas alors de constater l'effet du processus d'attraction. *Lorsque votre attention focalisée aura suffisamment activé une vibration dominante en vous, des choses désirées ou non commenceront à se manifester dans votre expérience personnelle. Ainsi l'exige la loi.*

Comment devenir un créateur délibéré

Rappelez-vous qu'avant de pouvoir bénéficier réellement du fait de prêter attention à vos émotions, vous devez d'abord accepter que le Bien-être est le seul courant universel qui afflue vers vous. Vous avez la possibilité d'accepter ou de refuser d'accueillir ce courant, mais lorsque vous consentez à le recevoir, vous êtes bien, et lorsque vous le rejetez, vous êtes malade. En d'autres termes, il n'existe qu'un seul courant de Bien-être, auquel vous consentez ou résistez, et vous pouvez discerner votre choix par la façon dont vous vous sentez.

Vous êtes censé prospérer et vous sentir bien. Vous *êtes* bien. Vous *êtes* aimé, et le Bien-être ne cesse d'affluer vers vous. Si vous le lui permettez, il se manifestera de toutes sortes de manières dans votre vie.

Tout ce à quoi vous accordez votre attention pulse déjà d'une certaine vibration d'Énergie. Et tandis que vous accordez votre attention à cela, vous vibrez peu à peu à l'unisson avec cette Énergie. Chaque fois que vous focalisez sur elle et que vous émettez cette vibration, il vous semble plus facile de le faire la fois suivante, jusqu'à ce que vous développiez avec le temps une sorte de penchant vibratoire en ce sens. Comme la pratique répétée de toute chose, cela peut devenir de plus en plus facile. Et avec suffisamment de concentration sur cette pensée et, par conséquent, de pratique de cette vibration, vous formez ce que vous appelez une croyance.

Une croyance n'est rien de plus qu'une vibration maintes fois répétée. Autrement dit, quand vous avez pratiqué assez longtemps la répétition d'une pensée, chaque fois que vous abordez par la suite un sujet se rattachant à cette pensée, la Loi d'attraction vous entraîne sans difficulté dans la pleine vibration de votre croyance et accepte cette dernière comme votre point d'attraction, ce qui amènera jusqu'à vous les choses correspondant à cette vibration. Vivant ensuite des expériences concordant avec ces pensées auxquelles vous aviez consacré votre attention, vous en venez à la conclusion que cette croyance est bel et bien vraie. Et bien qu'il soit exact de considérer qu'il s'agit de la « vérité », nous préférerions la voir comme le résultat de votre attraction ou de votre création.

Tout ce à quoi vous accordez votre attention deviendra votre « vérité ». En vertu de la Loi d'attraction, il doit en être ainsi. Votre vie et celle des autres ne sont qu'un reflet de vos pensées prédominantes. Il ne saurait y avoir d'exception à cette règle.

Avez-vous pris la ferme décision d'orienter le cours de vos pensées ?

Pour être le *créateur délibéré* de votre propre vécu, vous devez décider d'orienter sciemment le cours de vos pensées, car ce n'est que lorsque vous choisissez délibérément la direction de vos pensées qu'il vous est possible d'exercer une influence directe sur la nature de votre point d'attraction.

Vous ne pouvez continuer à discuter, à observer et à croire des choses de la manière que vous l'avez toujours fait, puis réussir à changer votre point d'attraction, pas plus (tel qu'il a été mentionné précédemment) que vous ne pouvez régler votre radio sur le AM 630 et recevoir ce qui est diffusé sur la bande FM 101. Vos fréquences vibratoires doivent concorder.

Chaque émotion éprouvée révèle si vous êtes en harmonie ou non avec l'Énergie de votre Source. Vos émotions sont les indicateurs du degré de divergence entre votre être physique et votre Être intérieur. Lorsque vous prêtez attention à ces émotions et essayez de vous focaliser sur des pensées suscitant de bons sentiments en vous, vous employez alors votre système de guidance émotionnelle ainsi que vous en aviez l'intention quand vous avez décidé de vous incarner dans ce corps physique.

Votre système de guidance émotionnelle est la clé susceptible de vous aider à comprendre la nature de vos vibrations et, partant, en quoi consiste au juste votre point d'attraction actuel. Il est facile d'établir une claire distinction entre votre réaction émotionnelle à la pensée de votre désir et celle relative à la pensée suscitée par l'absence de l'objet de votre désir. De fait, lorsque toute votre attention se porte sur votre désir (ce que reflètent vos vibrations), vous vous sentez merveilleusement bien. Mais lorsque votre attention est focalisée sur l'absence d'une chose ardemment désirée, vous vous sentez affreusement mal. Vos émotions vous révèlent toujours quel type de vibration vous émettez ; ainsi, vous pouvez savoir quel est précisément votre point d'attraction. Par conséquent, en demeurant attentif à vos émotions et en entretenant délibérément des pensées ayant un effet sur votre état d'être habituel, vous pouvez vous guider consciemment de manière à émettre la fréquence vibratoire qui assurera la satisfaction de tous vos désirs.

Pouvez-vous vous accepter en tant qu'Être vibratoire ?

La plupart de vos amis n'ont pas l'habitude de percevoir l'importance des vibrations dans leur existence, pas plus qu'ils ne se considèrent comme des transmetteurs et récepteurs radio. Pourtant, c'est un fait, vous vivez dans un univers vibratoire et votre nature réelle est — plus que vous n'en avez conscience — de nature énergétique, vibratoire et électrique. Quant vous aurez admis l'existence de cette nouvelle réalité et mieux accepté l'idée selon laquelle vous êtes un Être vibratoire attirant à lui toutes les choses qu'il vit, vous entreprendrez le fabuleux voyage vers la *création délibérée.* Une fois bien comprise la corrélation entre ce que vous pensez, ce que vous sentez et ce que vous recevez, vous disposerez des clés nécessaires pour obtenir tout ce que vous désirez, et ce, dans tous les domaines.

Chapitre 12

Vous pouvez réussir à contrôler le seuil de déclenchement de vos émotions

La plupart des gens ne s'imaginent pas capables de demeurer maîtres de ce qu'ils croient. Ils observent les choses se produire autour d'eux et les évaluent, mais ils ont habituellement l'impression de n'avoir absolument aucun contrôle sur les croyances prenant forme en eux-mêmes. Ils passent leur existence à trier les événements selon qu'ils les considèrent comme bons ou mauvais, désirés ou non désirés, corrects ou incorrects, mais il leur arrive rarement de comprendre qu'ils peuvent exercer un contrôle sur leur relation personnelle avec ces événements.

Il est impossible de contrôler les conditions créées par les autres

Comme bien des gens approuvent des circonstances de leur vie créées par d'autres, mais ne sont pas d'accord avec certaines autres, ils entreprennent la mission impossible visant à contrôler ces conditions. Par leurs efforts personnels, ou en s'assemblant en groupes afin d'accroître leur sentiment de pouvoir et de contrôle, ils cherchent à préserver leur propre Bien-être en essayant d'éliminer tout ce qui pourrait, selon eux, constituer une menace pour celui-ci. Mais dans cet univers où tout repose sur la Loi d'attraction et dans lequel rien n'est exclu, plus ils s'évertuent à repousser les choses indésirables, plus ils alignent leur vibration sur ces dernières et, ce faisant, plus ils les invitent dans leur vie. Et comme davantage de choses indésirables se manifestent dans leur existence, cela affermit leur conviction, et leur prouve en quelque sorte, qu'ils avaient raison depuis le début de croire qu'elles étaient mauvaises et envahissantes. En d'autres mots, plus vous défendez la validité de vos croyances, plus la Loi d'attraction vous aidera à les percevoir comme réelles.

Mais qui possède la « vérité » absolue ?

En accordant suffisamment d'attention à quoi que ce soit, l'essence de la chose à laquelle vous avez pensé finira par se manifester sur le plan physique. Puis, grâce à l'attention que cette manifestation reçoit de la part des autres qui l'observent, elle prend de l'expansion et, avec le temps, qu'elle soit désirée ou non, elle finit par être qualifiée de « vérité ».

Nous tenons à vous rappeler que vous êtes absolument libre de créer les « vérités » de votre choix dans votre vie. Une fois que vous avez compris que tout ce que vous vivez est dû à l'attention donnée à certaines choses plutôt qu'à d'autres, il est alors facile de prendre conscience que toute « vérité » existe uniquement parce que quelqu'un lui a accordé son attention.

Vous décidez de considérer comme des vérités de nombreuses choses merveilleuses, mais vous en faites autant avec de nombreuses autres qui ne le sont pas vraiment. Faire un acte de *création délibérée,* c'est choisir expressément les expériences que vous estimez être vos vérités.

Votre point d'attraction est affecté

Lorsque vos pensées activées sont de nature générale et pas vraiment focalisées, ces vibrations initiales sont encore très faibles et ne possèdent pour ainsi dire que peu de pouvoir d'attraction. Il est donc peu probable, lors de ces premières étapes, de voir des preuves manifestées de l'attention que vous leur avez ainsi accordée. Cependant, même si aucune preuve visible n'existe encore, d'autres pensées aux vibrations concordantes sont néanmoins attirées. Autrement dit, plus une pensée devient forte, plus son pouvoir d'attraction se renforce et plus il sera facile pour d'autres pensées aux vibrations similaires de s'y rattacher. Ainsi, comme elles occupent toujours davantage de place dans votre esprit, vous commencez à pouvoir évaluer dans quelle mesure les émotions que ces pensées suscitent en vous s'harmonisent ou non avec l'Énergie de votre Source. Si ces pensées correspondent à votre identité profonde, les émotions positives que vous éprouverez l'indiqueront clairement. Dans le cas contraire, les émotions négatives que vous ressentirez révéleront la véritable nature de ces pensées.

Par exemple, supposons que lorsque vous étiez un tout jeune enfant, votre grand-mère vous aurait dit ceci : « Tu es un enfant si merveilleux... Je t'aime tellement ! Tu auras une vie profondément satisfaisante et heureuse. Tu possèdes tant de talents que ta présence en ce monde sera une bénédiction pour tous. » Ces paroles vous auraient rempli de bonheur parce qu'elles auraient concordé avec ce qui se trouvait au cœur même de votre être. Mais si quelqu'un vous avait plutôt dit : « Tu es une mauvaise personne. Tu devrais avoir honte de toi. Tu me dégoûtes ! », ces paroles vous auraient laissé un terrible sentiment négatif parce qu'en leur accordant votre attention, vous seriez devenu différent sur le plan vibratoire de l'Être que vous êtes réellement au tréfonds de vous-même.

Votre état d'esprit est un indicateur clair et précis de votre bon ou mauvais alignement avec votre Énergie Source. En d'autres termes, vos émotions vous permettent de savoir si vous consentez à vous connecter à la Source ou si vous résistez à cette expérience.

Vos humeurs révèlent vos états d'être émotionnels

Lorsque vous pensez continuellement à une chose, il devient de plus en plus facile de maintenir votre attention sur celle-ci, car la Loi d'attraction fait naître en vous d'autres pensées de même nature. On pourrait alors dire, d'un point de vue émotionnel, qu'une humeur ou une attitude apparentée s'installe en vous. On pourrait également affirmer que vous établissez en quelque sorte un état vibratoire routinier — un *état d'être habituel.*

Le sentiment général que vous éprouvez à l'égard de quelque chose est un indice clair de la vibration que vous émettez. Autrement dit, chaque fois que votre attention est sollicitée par un quelconque sujet à la suite d'une stimulation présente dans votre environnement immédiat, votre fréquence vibratoire s'ajuste immédiatement à la vibration la plus souvent émise, ce qui correspond à votre état d'être habituel.

À titre d'exemple, supposons qu'à l'époque où vous étiez un jeune enfant, vos parents éprouvaient de graves difficultés financières. Ils parlaient donc souvent entre eux du manque d'argent et de leur incapacité à se procurer les choses désirées, et vous aviez conscience des émotions d'inquiétude et de crainte que ces soucis leur causaient. Lorsque vous demandiez à avoir quelque chose, on vous donnait souvent comme réponse que l'argent ne tombe pas du ciel, qu'il ne suffit pas de vouloir quelque chose pour l'obtenir, et que vous alliez devoir apprendre à vous en passer comme les autres membres de votre famille. « C'est comme cela », vous rappelait-on. Après avoir été exposé durant plusieurs années à de telles pensées de « manque », vous en êtes venu à ne plus croire à la possibilité de réussite financière — ce qui constitue votre état d'être émotionnel en cette matière. Par conséquent, chaque fois que vous avez pensé à l'argent ou à l'abondance, votre humeur ou votre attitude se transformait aussitôt alors que vous éprouviez de la déception, de l'inquiétude, ou de la colère.

Autre exemple. Lorsque vous étiez enfant, la mère de votre ami est décédée des suites d'un accident de voiture. Le fait de fréquenter une personne ayant subi un si grave traumatisme psychique dans son enfance fit naître en vous de la crainte pour le bien-être de vos propres parents. Chaque fois que ceux-ci se rendaient quelque part en voiture, vous étiez paralysé par l'angoisse jusqu'à leur retour. Peu à peu, vous avez donc développé l'habitude de vous faire du souci pour le bien-être de vos proches. L'insécurité est devenue une autre composante de votre état d'être émotionnel.

Imaginons encore que, durant votre adolescence, votre grand-mère est morte d'une crise cardiaque. Des années après sa mort, vous avez entendu votre mère s'inquiéter du fait que, selon elle, il était très probable que la même chose lui arrive et frappe également ses enfants — vous y compris ! Pratiquement chaque fois que la conversation portait sur votre grand-mère, le sujet de son décès prématuré était ramené et suscitait une atmosphère émotionnelle chargée de peur. Même si vous étiez en bonne santé et que vous vous sentiez parfaitement bien, une sourde inquiétude vous étreignait relativement à votre propre vulnérabilité physique. Pour cette raison vous avez, avec le temps, intégré dans votre état d'être un élément de vulnérabilité physique.

Votre état d'être émotionnel peut être changé

Tout comme vous pouvez changer votre état d'être émotionnel et passer d'un bon sentiment de sécurité à un mauvais sentiment d'insécurité, il est également possible de passer d'une impression négative à une impression positive simplement en focalisant votre attention sur un sujet précis et en vous entraînant à contrôler vos pensées.

Toutefois, la plupart des gens ne choisissent pas délibérément ce à quoi ils pensent et laissent plutôt leurs pensées graviter en fonction de ce qui se passe autour d'eux. Quelque chose se produit, ils l'observent, puis ils ont une réaction émotionnelle par rapport à ce qu'ils voient.

Nous voulons vous faire prendre conscience que vous pouvez totalement contrôler vos états d'être futurs. Et vous amener à réaliser à quel point il est important de les choisir en pleine connaissance de cause, car dès lors que vous vous attendez à ce qu'une chose survienne, celle-ci finira par se manifester. Les détails sur la manière dont elle viendra à vous peuvent être différents de vos attentes, mais son essence vibratoire correspondra toujours exactement à ces attentes.

Chapitre 13

Laissez-vous guider par ce que vous ressentez

Une autre importante prémisse dont il est utile de se souvenir est le fait que vous êtes un prolongement physique de l'Énergie Source, qu'un courant éternel de cette Énergie afflue constamment vers vous et à travers vous — et que celui-ci est *Un* avec vous. Ce courant existait avant votre naissance et continuera à couler bien après ce que vous appelez la « mort ».

Tout ce qui vit — chaque plante, chaque animal, chaque humain — fait l'expérience de cette même mort. L'Esprit, auquel nous participons tous par essence, est éternel. La mort ne saurait donc être autre chose qu'un simple changement de perspective de cet Esprit éternel. Si, alors que vous habitez votre corps physique, vous prenez pleinement conscience d'être éternel, vous aurez l'intime conviction qu'il n'est nul besoin d'éprouver une quelconque peur de mourir puisque, selon cette perspective, il n'existe pas de fin à votre existence. Vous ne cesserez jamais d'être, car vous êtes une Conscience éternelle.

En vertu du désir que vous entretenez en ce moment, vos émotions vous révèlent avec quelle intensité vous appelez l'Énergie Source à vous. Elles vous indiquent également si votre pensée prépondérante correspond à votre désir ou si elle porte davantage sur l'absence de l'objet de votre désir. Par exemple, si vous éprouvez de la passion ou de l'enthousiasme, cela dénote l'existence d'un très fort désir ; si de la rage ou un désir de vengeance vous habitent, cela révèle aussi la présence en vous d'un intense désir. Toutefois, si vous sentez de la léthargie ou un profond ennui vous envahir, vous saurez qu'aucun désir précis ne germe alors en vous.

Lorsque vous désirez ardemment quelque chose, que ce désir occupe entièrement votre esprit et que vous éprouvez du plaisir à cette seule pensée, la vibration que vous émettez alors est en phase avec votre désir et le courant émanant de votre Source afflue sans entraves ni résistance à travers vous en soutien à la manifestation de votre désir. Nous appelons cela un *état de consentement.* Par contre, quand vous désirez absolument obtenir quelque chose, mais que vous éprouvez de la colère, de la peur ou du désappointement, cela démontre que votre attention est centrée sur ce qui se trouve à l'opposé de votre désir et que, ce faisant, vous émettez une vibration discordante qui ne correspond pas à votre désir. L'intensité de l'émotion négative que vous ressentez alors montre bien dans quelle mesure vous opposez de la résistance à la satisfaction de ce même désir.

Apprenez à prêter attention à vos émotions

Toute émotion forte, qu'elle suscite ou non un sentiment agréable en vous, est provoquée par un désir tout aussi intense. Lorsqu'une émotion est de faible intensité, votre désir est de même nature.

Si vos émotions, intenses ou non, vous laissent un bon *feeling,* vous consentez manifestement à la réalisation de votre désir.

Mais si elles vous laissent un mauvais *feeling,* vous êtes dans un état ne permettant pas la satisfaction de votre désir.

Vos émotions sont des indicateurs infaillibles de votre état d'être vibratoire. Elles sont donc un reflet parfait de votre point d'attraction actuel. À tout moment, elles vous aident à savoir si vous consentez ou non à la satisfaction d'un quelconque désir.

Vous croyez peut-être ne pas pouvoir arriver à maîtriser vos émotions, ou que vous devriez pouvoir les contrôler, mais nous aimerions que vous les abordiez sous un angle différent. Nous souhaitons vous encourager à prêter attention à ce que vous ressentez et à reconnaître à quel point vos émotions sont des indicateurs utiles et fiables de votre état d'être.

Éprouver une impression de vide est un signe très révélateur

Lorsque la jauge à essence de votre véhicule signale que le réservoir est vide, vous ne critiquez pas l'indicateur. Vous recevez l'information s'offrant à vous et faites en sorte de rajouter de l'essence dans votre réservoir. De la même manière, éprouver un sentiment négatif est le signe qu'en raison de vos pensées actuelles vous émettez une vibration tellement en disharmonie avec votre Énergie Source qu'elle interdit votre pleine connexion à ce courant d'Énergie. Vous pourriez dire que votre réservoir est presque vide.

Vos émotions ne créent pas directement cette situation, mais dénotent la nature même de ce que vous attirez à vous. Si vos émotions vous aident à vous rendre compte que vos pensées ne vous mènent pas dans la direction voulue, alors faites quelque chose à ce sujet : *Ravivez votre connexion en choisissant des pensées suscitant de meilleures émotions.*

Suivre sa félicité est une pensée positive, n'est-ce pas ?

Ainsi que nous l'avons précédemment mentionné, on a beaucoup écrit à propos du pouvoir de la pensée positive, et nous sommes assurément des partisans de cette notion. Nos amis sur le plan physique n'ont jamais reçu meilleur conseil que de vous encourager à suivre votre félicité, car en vous appliquant constamment à parvenir à cet état, vous ne pouvez faire autrement que de vous aligner sur l'Énergie de votre Source. Par cet alignement constant, votre Bien-être est assuré. Mais lorsque vous êtes aux prises avec des circonstances qui vous poussent à dégager une vibration bien éloignée de celle associée à la félicité, il devient alors quasi impossible d'atteindre cet état. En effet, la Loi d'attraction ne vous permet pas alors d'effectuer ce saut vibratoire, pas plus que vous ne pourriez syntoniser le FM101 et espérer entendre une chanson au AM630.

Vous avez le pouvoir de diriger vos propres pensées

Vous avez le pouvoir de diriger vos propres pensées. Il vous est possible d'observer les choses telles qu'elles sont ou de les imaginer ainsi que vous aimeriez qu'elles soient. En outre, quel que soit votre choix — les observer ou les imaginer —, il sera d'une même puissance. L'option s'offre à vous de vous rappeler d'une chose telle qu'elle s'est réellement produite ou de l'imaginer telle que vous auriez préféré qu'elle se passe. De même, vous pouvez choisir de vous souvenir d'une chose qui vous a plu ou, au contraire, qui vous a déplu. Vous pourriez également vous attendre à une chose que vous désirez ou, à l'inverse, que vous ne voulez pas. Dans chaque cas, vos pensées créent en vous une vibration qui équivaut à votre point d'attraction et, par la suite, les circonstances et les événements se conjuguent en réponse à la vibration émise.

Vous avez la capacité de porter votre attention là où vous le décidez. Ainsi, vous pouvez vous distraire vous-même d'une chose non désirée et diriger votre attention vers une chose que vous voulez obtenir. Toutefois, quand vous êtes habité d'une vibration que vous avez émise maintes fois, il est fréquent pour vous d'avoir tendance à répéter le même schéma vibratoire, peu importe à quel point vous aimeriez agir autrement.

Il n'est pas difficile de changer cela, tout particulièrement quand vous comprenez qu'il vous est possible de le faire petit à petit. Quand vous avez compris comment fonctionnent les vibrations et, plus important encore, ce que vos émotions vous révèlent à propos des vibrations que vous dégagez, vous êtes alors à même d'accomplir de rapides progrès dans la réalisation de tout ce que vous désirez.

Vous ne pouvez réprimer vos désirs naturels

Il ne vous revient pas de faire survenir quoi que ce soit ; les Forces universelles s'en chargeront. Il vous suffit simplement de déterminer ce que vous voulez. Votre liste de préférences ne cesse de s'allonger, de sorte que votre vécu quotidien vous aide à clarifier, tant sur le plan conscient qu'inconscient, ce que vous préférez et de quelle manière la vie, de votre point de vue personnel, pourrait dorénavant être meilleure. Dès lors, chacune de vos demandes conscientes ou inconscientes suscitera une réponse de la part de la Source.

Après avoir vécu une expérience qui vous aide à comprendre la chose dont vous ne voulez pas, vous comprenez également, d'une manière plutôt dramatique, ce que vous voulez vraiment. Quand vous désirez quelque chose qui vous semble impossible à obtenir, vous n'êtes pas en alignement. Lorsque vous souhaitez obtenir quelque chose et que vous êtes mécontent de ne pas l'avoir, encore là, vous n'êtes pas en alignement. Quand vous voyez quelqu'un posséder déjà la chose tant désirée et que la jalousie s'empare de vous, vous n'êtes évidemment pas en alignement.

Si nous étions à votre place, nous ferions tout pour être en harmonie avec les désirs et les préférences que nous aurions exprimés ; en somme, nous serions à l'affût de tout ce qui favoriserait notre alignement.

Vos désirs naturels ne peuvent être réprimés

Tous vos désirs et toutes vos préférences émanent naturellement et constamment de vous, car vous êtes à l'avant-garde d'un univers qui rend cela possible. Vous ne pouvez donc vous empêcher d'éprouver des désirs, puisque la nature éternelle de cet univers insiste pour que vos désirs se forment et s'expriment.

Telle est la base toute simple de cet univers en éternelle expansion :

- La diversité suscite la contemplation.
- La contemplation donne lieu à des préférences.

- Préférer une chose, c'est la demander.
- Toute demande exprimée attire une réponse.

En ce qui a trait à la création des circonstances de votre vie, une seule question importante mérite vraiment d'être posée : *Comment puis-je aligner mes fréquences vibratoires avec les désirs que mes expériences vécues ont suscités ?*

Et la réponse est toute simple : Soyez attentif à ce vous éprouvez et choisissez délibérément des pensées qui vous procurent une impression agréable lorsque vous leur accordez votre attention.

Chapitre 14

Certaines choses que vous saviez avant d'arriver

Il est utile de rappeler que vous êtes un créateur venu vivre au sein de cette réalité spatiotemporelle afin de connaître la joie de canaliser l'Énergie Source dans les divers aspects de votre existence physique.

En décidant d'entrer dans ce corps, vous saviez que vous étiez un créateur, que l'environnement de la Terre vous inspirerait certaines créations précises et que chaque chose demandée vous serait accordée. En outre, vous étiez ravi de la possibilité d'être inspiré dans vos efforts pour atteindre vos objectifs, conscient que l'Énergie Source affluerait en vous afin de vous aider à les réaliser.

Vous saviez également ce qui suit :

- En aspirant toujours à vous sentir habité par le bonheur ou le Bien-être, vous alliez réussir à obtenir ce que vous vouliez.
- Ce faisant, vous éprouveriez de la joie.
- Dans cet environnement terrestre, vous disposeriez de suffisamment de marge de manœuvre pour faire en sorte que votre vibration soit de nature à vous attirer une merveilleuse expérience de vie.

- Comme le Bien-être est le fondement de cet univers merveilleux, vous auriez amplement l'occasion, grâce à une continuelle stimulation intellectuelle, de façonner vos pensées afin de mener une vie agréable.
- Puisque le Bien-être existe en abondance, l'environnement contrastant dans lequel vous arriveriez ne susciterait aucune crainte ni inquiétude en vous.
- La profusion d'expériences possibles allait vous aider à choisir le type particulier d'existence que vous souhaitiez vivre.
- Il vous incomberait de diriger le cours de vos pensées, et ainsi votre vie s'écoulerait selon vos désirs.
- Vous alliez être un prolongement de l'Énergie Source, et le fondement même de votre être serait bon.
- Vous alliez pouvoir facilement permettre au Bien-être de votre origine, et de votre Source, d'affluer constamment en vous.
- Vous ne pourriez jamais vous éloigner de votre Source et ne réussiriez jamais à rompre votre connexion avec elle.
- Vous alliez ressentir instantanément des émotions qui vous amèneraient à comprendre la direction prise par vos pensées et vous sauriez aussitôt, grâce à ces émotions, si vous vous approchez, ou si vous vous éloignez, de ce que vous désirez.
- Ce que vous alliez ressentir à chaque instant vous révélerait dans quelle mesure vous consentez à vous brancher sur votre courant de Bien-être. Vous êtes donc venu vivre sur terre en sachant que vous alliez vivre une existence merveilleuse.
- Vous saviez aussi que vos pensées ne se manifesteraient pas spontanément, de sorte que vous alliez disposer de tout le temps nécessaire pour façonner, évaluer, décider et profiter à plein du processus créatif.

Nous appelons « période tampon » la période de temps écoulée entre le moment où une pensée émane de votre esprit et celui où elle se manifeste sur le plan physique. Il s'agit de cet instant merveilleux où une pensée se forme, où vous observez son effet en vous, où vous la modifiez subtilement afin de vous sentir encore mieux et où ensuite, adoptant une attitude d'expectative absolue, vous savourez l'émergence graduelle et ordonnée de tout ce que vous avez souhaité voir se manifester.

« Si je connais tant de choses, comment se fait-il que la réussite m'échappe ? »

Il ne saurait y avoir de raison pour que vous n'obteniez pas ce que vous désirez, pas plus qu'il ne saurait y avoir de raison pour que vous subissiez une chose que vous ne désirez pas, car vous détenez le contrôle absolu de tout ce qui vous arrive.

Nos amis sur le plan physique sont parfois en désaccord avec cette puissante affirmation, puisqu'il est fréquent qu'ils ne puissent obtenir ce qu'ils désirent ou qu'ils soient aux prises avec une chose non désirée. Dès lors, ils soutiennent donc ne pouvoir être vraiment les créateurs de ce qu'ils vivent, car ils ne se seraient certainement pas infligé cela à eux-mêmes. Les choses seraient fort différentes, prétendent-ils, s'ils exerçaient un véritable contrôle sur celles-ci.

Nous tenons à vous assurer que vous avez toujours le plein contrôle de votre propre expérience de vie. La seule et unique raison pour laquelle vous pourriez vivre autre chose que ce que vous désirez tient au fait que vous accordez l'essentiel de votre attention à autre chose que ce que vous désirez réellement.

« Puis-je vraiment compter sur la Loi d'attraction ? »

La Loi d'attraction vous livre toujours l'essence de l'équilibre de vos pensées. Il ne peut y avoir aucune exception. Vous obtenez ce à quoi vous pensez, que vous le vouliez ou non. Avec le temps et de la pratique, vous parviendrez à vous souvenir que la Loi d'attraction s'applique toujours de façon uniforme dans tous les cas. Elle ne vous jouera jamais de mauvais tour et ne vous trompera jamais. Elle ne sèmera jamais la confusion en vous, car cette loi répond précisément à la vibration que vous émettez. Néanmoins, plusieurs éprouvent une certaine confusion parce qu'ils émettent des vibrations dont ils n'ont pas conscience. Ils savent qu'ils entretiennent certains désirs précis qui n'ont pas encore été comblés, mais, souvent, ils ne se rendent pas compte que la majorité de leurs pensées sont en opposition avec ces désirs.

Quand vous aurez compris le fonctionnement de votre système de guidance émotionnelle, vous n'émettrez plus jamais de vibrations sans en connaître les conséquences. Vous finirez par avoir tellement conscience de vos émotions et de leur importance que vous saurez, d'instant en instant, si la pensée sur laquelle se focalise votre attention vous rapproche, ou vous éloigne, de l'objet de votre désir. Vous apprendrez littéralement à *sentir* comment obtenir les choses désirées, quelle qu'en soit la nature.

Le Bien-être constitue le fondement de votre monde. Vous pouvez consentir ou non à l'accueillir, mais le fait demeure que tout repose sur cette Énergie. En vertu de la Loi d'attraction, les semblables s'attirent. Par conséquent, l'essence de ce sur quoi se focalise votre attention finit par faire partie de votre vécu journalier. Il n'y a donc rien que vous ne puissiez être, faire ou avoir. Telle est la loi.

« Mais je ne peux me rendre à San Diego depuis Phoenix ! »

Si tout cela est vrai (et vous pouvez nous croire, ça l'est !), comment se fait-il que tant de gens subissent tant de choses qu'ils ne veulent pas vivre ?

Examinez cette question : Si vous êtes à Phoenix, en Arizona, et que vous désirez être à San Diego, en Californie, comment allez-vous faire pour vous y rendre ? La réponse est fort simple : Quel que soit le mode de transport choisi — en avion, en auto ou même à pied —, si vous vous tournez vers San Diego et que vous avancez constamment dans cette direction, alors vous allez forcément y arriver.

Si vous vous mettez en route vers San Diego, mais que vous perdez votre chemin et revenez finalement sur vos pas vers Phoenix, pour ensuite changer à nouveau de direction et repartir vers San Diego, pour encore une fois être envahi par la confusion et vous remettre en route pour Phoenix... il n'est pas impossible d'imaginer que vous pourriez passer le reste de votre vie à changer ainsi constamment de direction, de sorte que vous ne vous rendrez jamais à San Diego. Mais comme vous savez pertinemment dans quelle direction aller, grâce aux indications fournies par les panneaux routiers et les autres voyageurs, il n'est pas logique de croire que vous demeuriez à jamais perdu au milieu du désert du Nevada, incapable de retrouver votre chemin pour vous rendre jusqu'à San Diego. Le trajet de plus de 600 kilomètres entre les deux villes est aisément compris, et l'idée de faire un tel voyage est parfaitement vraisemblable. En outre, si vous aviez réellement l'intention de le faire, vous trouveriez le moyen de réaliser votre désir.

Nous souhaitons vous faire comprendre que le parcours entre où que vous soyez par rapport à quoi que ce soit et où vous désirez être est aussi aisément réalisable que le voyage à partir de Phoenix jusqu'à San Diego, et ce, une fois que vous avez compris comment discerner où vous en êtes rendu.

Par exemple, la chose qui rend plus difficile le chemin à parcourir entre l'insolvabilité financière et l'abondance financière est liée au fait que vous n'en avez pas eu conscience lorsque vous avez fait demi-tour et que vous avez pris la direction opposée. Et la seule raison pour laquelle votre voyage ne vous a pas fait passer d'une vie de solitaire à la relation parfaite et pleinement satisfaisante tant désirée est simple : vous n'avez pas eu conscience du pouvoir des pensées et des paroles — les vôtres — qui vous amenaient dans la direction opposée. Vous compreniez clairement tous les facteurs en cause pour atteindre votre but, mais ne saviez pas comment vous y prendre pour passer de la maladie à une santé fabuleuse, de l'absence de relation à la merveilleuse relation espérée, ou de toutes les peines du monde à vous en tirer financièrement à un état où vous avez l'entière liberté de faire les choses qui vous tiennent vraiment à cœur.

Lorsque vous aurez compris à quel point le message transmis par vos émotions est clair, vous ne serez plus jamais ignorant de l'endroit où vous mènent vos pensées actuelles. Vous aurez toujours conscience de vous rapprocher ou de vous éloigner du but poursuivi. Cette sensibilité accrue à l'égard de ce que vous ressentez vous donnera la clarté d'esprit recherchée, et vous ne serez plus jamais perdu dans le désert. Quand vous aurez acquis la certitude d'avancer dans la direction souhaitée, vous pourrez commencer à vous détendre un peu et à profiter du fantastique voyage de votre existence.

Chapitre 15

Vous êtes un être parfait en expansion dans un monde et un univers parfaits aussi en expansion

Il est important que vous sachiez ceci :

- Vous êtes vraiment un prolongement physique de l'Énergie Source.
- Le monde physique où vous vivez offre un environnement parfait dans lequel créer.
- La diversité qui existe vous aide à focaliser vos propres aspirations ou préférences personnelles.
- Lorsqu'un désir prend forme en vous, l'appel ainsi lancé à la Force de vie créatrice se met immédiatement à affluer vers celui-ci et l'univers prend alors de l'expansion, ce qui est bien.
- Une prise de conscience du processus créatif en cours n'est pas nécessaire pour que celui-ci se poursuive.
- L'environnement physique dans lequel vous évoluez continuera à éveiller de nouveaux désirs chez tous ceux qui y participent.

- Chaque désir, qu'il vous semble grand ou petit, est compris par Tout Ce Qui Est et suscite une réponse immédiate.
- La réponse apportée pour satisfaire chaque désir exprimé accroît l'expansion de l'univers.
- Grâce à cette expansion, la diversité d'expériences possibles est sans cesse plus grande.
- Cette diversité grandissante accroît votre expérience.
- L'accroissement de votre expérience entraîne l'expansion de votre désir.
- Plus votre désir se développe, plus la réponse qu'il fait naître est importante et plus l'univers s'enrichit, ce qui est parfait.
- Vous vivez dans un environnement en éternelle expansion qui provoque constamment l'émergence de nouveaux désirs en vous, des désirs auxquels la Source apporte toujours des réponses immédiates.
- Chaque fois que vous recevez ce que vous avez demandé, vous accédez à une nouvelle perspective à partir de laquelle vous formulez spontanément d'autres demandes.
- Par conséquent, l'expansion de l'univers ainsi que la vôtre se résument toujours comme suit :
  - Vous vivez dans un univers et un monde physique en expansion.
  - Vous êtes un être en expansion.
  - Cette réalité est indubitablement réelle, que vous le compreniez consciemment ou non.
  - L'expansion de l'univers et la vôtre se poursuivront éternellement.
  - Tout cela est bien.

Participez consciemment à votre propre expansion délicieuse

Si nous sommes si empressés à vous offrir notre perspective, c'est uniquement pour que vous puissiez participer consciemment à votre propre expansion. Votre expansion, celle de votre réalité spatiotemporelle, et l'expansion de cet univers sont un fait indéniable. Mais il est tellement plus satisfaisant pour vous de participer consciemment et délibérément à votre propre expansion.

Chapitre 16

Vous cocréez au sein d'un univers magnifiquement diversifié

Si vous êtes capable d'imaginer une chose ou même d'y penser, cet univers a le pouvoir et les ressources nécessaires pour vous la fournir. On peut comparer cela à une cuisine bien approvisionnée disposant de tous les ingrédients imaginables. Au sein de chaque particule de matière de cet univers se trouvent à la fois ce qui est désiré et son contraire. Cette perspective d'abondance et de pénurie est l'environnement dans lequel la focalisation est possible, et c'est justement cette focalisation qui active la Loi d'attraction.

À défaut de savoir ce que vous voulez, vous ne pourrez savoir non plus ce que vous ne voulez pas. L'inverse est également vrai. C'est donc en étant exposé aux expériences de la vie qu'apparaissent vos préférences naturelles. En fait, ces préférences exsudent de vous à chaque instant de chaque jour et à bien des niveaux de votre être. Même les cellules de votre corps ont une existence autonome et exhalent leurs propres préférences. Chacune d'elles est d'ailleurs reconnue par la Source, qui répond immédiatement à tous ses besoins, sans exception.

Il faut permettre ce qui n'est pas souhaité pour recevoir ce que l'on souhaite

Il arrive parfois à nos amis du plan physique d'exprimer leur désir d'une moins grande diversité dans cet univers. Ils rêvent d'un endroit où il n'y aurait pas autant de choses indésirables et où davantage de choses correspondraient exactement à leurs préférences. Nous leur expliquons alors toujours qu'ils ne sont pas venus vivre cette expérience physique dans le but de prendre toutes les expériences qui existent et de les distiller en une poignée de bonnes idées sur lesquelles vous vous mettriez tous d'accord, puisque cela mènerait à un cul-de-sac évolutif, ce qui ne saurait être permis. Cet univers est en constante expansion, et toutes les possibilités doivent être permises. Autrement dit, afin de comprendre et de vivre ce que vous désirez, vous devez d'abord comprendre ce que vous ne désirez pas. En effet, pour être en mesure de faire des choix éclairés et de leur accorder ensuite toute votre attention, les deux côtés de la même médaille doivent être présents et compris.

Vous n'êtes pas venu ici pour réparer un monde bousillé

Comme vous êtes une Énergie Source non physique s'exprimant grâce à votre expérience physique, il va de soi que cette dernière est vraiment à la fine pointe de la pensée. En raffinant votre expérience créatrice, vous repoussez les limites de la pensée au-delà de ce qu'elles étaient auparavant.

Quand, avec enthousiasme, vous avez pris la décision d'entrer dans ce corps physique et de créer de cette façon vous compreniez, depuis votre perspective non physique, que ce monde physique n'avait nul besoin d'être réparé. Vous n'êtes donc pas venu dans ce but.

Vous perceviez ce monde comme un environnement créatif dans lequel vous pourriez, comme tous les autres, vous exprimer de manière créative. Vous n'êtes donc pas là pour inciter les autres à cesser de faire ce qu'ils font et à accomplir autre chose, car vous compreniez déjà l'importance des contrastes et de l'équilibre dans la diversité.

Chaque être physique sur votre planète est votre partenaire dans l'œuvre commune de cocréation, et si chacun de vous acceptait ce fait et savait apprécier la diversité de croyances et de désirs qui existe, vous auriez tous une existence plus riche et plus satisfaisante.

N'ajoutez pas ces ingrédients non désirés à votre recette

Imaginez que vous êtes un chef dans une cuisine extrêmement bien approvisionnée de tous les ingrédients imaginables. Supposez d'une part que vous savez exactement quelle création culinaire vous désirez faire et, d'autre part, que vous comprenez comment combiner tous les ingrédients à votre disposition pour mener à bien votre projet. Bien sûr, de nombreux ingrédients ne conviennent pas à ce que vous désirez faire et vous ne les utilisez donc pas, mais leur existence ne crée pas le moindre malaise en vous. Vous employez uniquement les ingrédients susceptibles d'améliorer votre création, laissant de côté ceux dont vous n'avez pas besoin.

Certains des ingrédients disponibles s'intègrent donc harmonieusement dans votre recette, alors que certains autres en briseraient l'harmonie. Toutefois, même si l'ajout de ces derniers peut ruiner complètement votre recette, vous n'éprouvez pas le besoin de repousser ces ingrédients ni de les bannir de votre cuisine, car vous comprenez qu'il n'y a pas de raison de craindre qu'ils se retrouvent dans votre recette à moins que vous ne les y ajoutiez vous-même. Et comme il n'y a aucune confusion dans votre esprit entre ceux qui peuvent améliorer votre création et ceux qui sont à même de la ruiner, le fait qu'il y ait une grande diversité d'ingrédients ne suscite aucune inquiétude en vous.

Il y a suffisamment de place pour tous les types de pensées et d'expériences

Selon votre perspective non physique de l'énorme diversité d'expériences, de croyances et d'aspirations qui existe parmi les habitants de votre monde, vous n'avez éprouvé nul besoin d'omettre ou de contrôler certaines d'entre elles. *Vous compreniez qu'il y a amplement de place dans cet univers en expansion pour toutes sortes de pensées et d'expériences. Vous aviez la ferme intention d'exercer un contrôle délibéré sur votre vie et sur ce que vous alliez créer, mais vous ne vouliez aucunement tenter de contrôler les créations des autres.*

La diversité ne vous effrayait pas. Elle avait plutôt pour effet de vous inspirer, car vous saviez que chacun est le créateur des circonstances de sa vie. Par ailleurs, vous compreniez que d'être exposé aux contrastes vous inciterait à choisir certaines orientations et que les choix différents des autres ne signifieraient pas que les vôtres étaient justes et les leurs, erronés, ni que leurs choix étaient bons et les vôtres, mauvais. Vous aviez pleinement conscience de l'importance de la diversité.

Voici de quelle manière votre univers prend de l'expansion

C'est donc en étant confronté à la diversité et aux contrastes que vos préférences et vos désirs ont pris forme. Et dès l'instant où une préférence commence à exister, elle attire à elle, grâce à la Loi d'attraction, l'essence de ce qui lui correspond et entame immédiatement son expansion.

En demeurant attentif à ce que vous ressentez et en continuant à choisir des pensées suscitant des sentiments positifs à l'égard de votre toute nouvelle préférence, vous restez aligné avec celle-ci et elle prend alors doucement et aisément forme dans votre existence, créant ainsi l'objet de votre désir. Mais cette manifestation physique nouvellement réalisée de votre désir s'accompagne d'une perspective plus raffinée. Vos caractéristiques vibratoires et celles de tout ce qui vous concerne ont donc légèrement changé, et vous avez désormais accès à un nouvel ensemble de circonstances contrastantes qui auront à nouveau pour effet d'inspirer l'émergence de nouvelles préférences en vous, ce qui fera jaillir de nouveaux désirs en vous.

Dès l'instant où un nouveau désir apparaît, il se met lui aussi à exercer une attraction vibratoire et à prendre de l'expansion, de sorte que tout en continuant à prêter attention à ce que vous ressentez et à choisir des pensées positives à l'égard de cette toute nouvelle préférence, vous conservez votre alignement vibratoire avec celle-ci. Elle aussi prend donc doucement forme dans votre vie et, une fois de plus, vous parvenez à satisfaire un autre désir. De nouveau, cette réalisation fait naître en vous une puissante clarté de conscience, laquelle rejaillit autour de vous en un nouvel ensemble de facteurs contrastants qui, une fois encore, favoriseront l'éclosion d'un nouveau désir.

Voilà comment l'univers prend de l'expansion et pourquoi vous êtes à l'avant-garde de cette expansion. La richesse des contrastes autour de vous continue de donner naissance à une kyrielle de nouveaux désirs, et l'apparition de chacun d'eux entraîne une réponse correspondante de la part de la Source, nourrissant ainsi une expansion ininterrompue, fluide, pure et positive.

Vous n'en verrez jamais la fin, alors profitez de votre voyage

Quand vous prendrez conscience, selon votre propre perspective créatrice, que chaque nouvelle réalisation débouche chaque fois sur un autre désir, vous commencerez à mieux comprendre le rôle que vous jouez dans l'expansion de cet univers. Vous finirez par vous souvenir que vous n'en viendrez jamais à bout parce que votre conscience des contrastes ne cesse de faire naître en vous de nouvelles idées et de nouveaux désirs. L'univers entier est fondé sur ce même principe. Plus vous deviendrez à l'aise avec le fait que vous êtes un être éternel, que vos désirs ne cesseront jamais de jaillir et que tout nouveau désir recèle en lui le pouvoir d'attirer (en vertu de la Loi d'attraction) tout ce qui est nécessaire à son expansion et à sa pleine satisfaction, plus vous pourrez alors vous rappeler l'immense Bien-être sur lequel repose l'existence de cet univers. Il vous sera même possible de vous fondre doucement dans la nature éternelle de votre propre Être. C'est à partir de ce moment-là que vous commencerez à profiter réellement de votre voyage évolutif.

Si vous essayez une fois pour toutes de satisfaire l'ensemble de vos désirs, vous prendrez vite conscience de l'impossibilité d'atteindre un tel objectif, car la nature même de cet univers en perpétuelle expansion interdit une telle possibilité. Vous n'en verrez jamais la fin, puisque vous ne cesserez jamais d'exister, pas plus que vous ne parviendrez jamais à éteindre votre conscience, car elle donnera toujours naissance à de nouvelles demandes, lesquelles feront toujours naître d'autres réponses.

Votre nature éternelle en est une d'expansion infinie, laquelle recèle un potentiel de joie indicible.

Sentez l'équilibre et la perfection de votre environnement

Tel que mentionné déjà, les contrastes autour de vous provoquent l'apparition de nouveaux désirs en vous. Ces derniers irradient alors de vous, émettant une vibration qui déclenche bientôt une réponse de l'univers. Chaque demande ainsi exprimée est exaucée.

Contemplez un instant la perfection de ce processus au cours duquel de nouvelles idées visant à améliorer votre vie ne cessent d'émaner de vous et reçoivent constamment une réponse. Considérez aussi la perfection de cet environnement universel où chaque parcelle de conscience améliore son état d'être exactement de la même manière que vous, chaque désir étant compris et entraînant une réponse, chaque perspective étant respectée et favorablement accueillie.

Sentez l'équilibre et la perfection de votre environnement, dans lequel chaque étincelle de conscience, même la conscience d'une cellule de votre corps, peut demander et obtenir une amélioration de son état d'être.

Comme chaque souhait est accordé, il n'y a pas de compétition

Chaque point de vue est important. Chaque requête est exaucée. À mesure que cet extraordinaire univers prend lentement et sûrement de l'expansion, on peut constater que les ressources universelles grâce auxquelles ces demandes reçoivent pleine et entière satisfaction sont inépuisables. Et comme il n'y a pas de fin aux réponses faites au flot incessant de nouvelles questions, on peut aussi en conclure qu'il ne saurait y avoir de compétition.

Il est impossible qu'une autre personne reçoive les ressources qui vous étaient réservées, et vous ne pouvez égoïstement dilapider les ressources destinées à quelqu'un d'autre. Tous les désirs sont exaucés ; une réponse est donnée à chaque demande, et personne n'est laissé sans réponse, sans amour, ou insatisfait. Quand vous demeurez aligné avec votre courant d'Énergie, vous gagnez à tous coups et personne d'autre n'a à perdre quoi que ce soit pour que vous puissiez gagner. Il y a toujours suffisamment de ressources.

Nos amis physiques éprouvent parfois de la difficulté à se rappeler cette vérité, car il peut leur arriver de manquer de certaines choses dans le cours de leur vie, ou d'observer ce genre de situation dans l'existence d'une autre personne. Mais ce dont ils sont témoins, ce n'est pas de la preuve d'un manque de ressources, mais plutôt d'un refus de recevoir les ressources demandées et proposées. La première étape, celle d'exprimer une demande a bien eu lieu, ainsi que la deuxième, puisque la réponse a effectivement été donnée, mais la troisième, celle de consentir à la recevoir, a été omise.

Si quelqu'un ne reçoit pas ce qu'il a demandé, ce n'est pas à cause d'une pénurie de ressources, mais parce que la vibration émise par la personne ayant exprimé le désir en question n'est pas alignée avec sa propre requête. Il ne saurait y avoir de pénurie, pas plus qu'il n'y a de compétition en vue de contrôler les ressources. La clé de la satisfaction tient uniquement au fait de consentir ou non à recevoir ce qu'on a demandé.

Chapitre 17

Où êtes-vous et où désirez-vous être ?

Vous connaissez peut-être la méthode de navigation fondée sur le Système de positionnement global (aussi appelé GPS) aujourd'hui disponible dans certains types de véhicules. Une antenne située sur le toit de l'automobile capte un signal émis par un réseau de satellites et votre position actuelle peut ainsi être déterminée. À l'aide d'un clavier, il suffit d'indiquer la destination voulue, et l'ordinateur calcule la distance qui vous sépare de l'endroit où vous désirez vous rendre. L'écran vous informe de la distance à parcourir, indiquant même le meilleur trajet pour y parvenir. Une fois que vous êtes en route, le système vous communique (par une voix synthétique ou un texte à l'écran) des instructions précises afin de vous guider jusqu'à destination.

Ce système de navigation ne vous demande jamais où vous étiez auparavant ni pourquoi vous y êtes resté si longtemps. Sa seule mission consiste à vous aider à vous rendre de l'endroit où vous êtes à celui où vous désirez aller. Vos émotions jouent pour vous le rôle d'un tel système de guidance, car leur principale fonction est, là aussi, de vous aider à parcourir la distance entre l'endroit où vous êtes et celui où vous souhaitez être, quel qu'il soit.

Il est extrêmement important que vous sachiez où vous êtes, relativement à l'endroit où vous voulez être, afin de pouvoir effectivement vous en approcher. Discerner avec clarté où vous êtes et où vous voulez être s'avère essentiel si vous espérez prendre des décisions éclairées sur le chemin à parcourir jusqu'à destination.

Vous êtes entouré de nombreuses influences dans votre environnement physique, et il arrive souvent que d'autres personnes vous demandent, parfois avec insistance, de vous comporter différemment afin de contribuer positivement à leur propre vie. Vous êtes soumis à un déluge de lois, de règles et d'attentes toutes imposées par d'autres personnes, et presque tout le monde semble avoir une opinion quant au comportement que vous devriez adopter. Mais il vous sera impossible de suivre la bonne voie menant où vous souhaitez vous rendre si vous vous en remettez à ce genre d'influences extérieures pour vous guider.

Il arrive souvent que vous soyez entraîné à faire certaines choses dans le but de plaire à quelqu'un d'autre, pour ensuite découvrir qu'en dépit de tous vos efforts, vous ne parvenez pas à faire avancer les choses dans l'harmonie. Par conséquent, non seulement vous ne réussissez pas à plaire à l'autre, mais vous n'êtes pas non plus satisfait de vous-même. Et comme vous êtes entraîné dans plusieurs directions différentes, vous finissez par perdre de vue ce que vous aimez habituellement faire de votre existence.

Le plus beau présent à offrir est votre bonheur

Le plus beau présent que vous puissiez offrir à une autre personne est votre propre bonheur, car lorsque vous êtes dans un état d'être où dominent la joie, le bonheur et l'appréciation, vous êtes alors entièrement connecté à un courant de pure Énergie Source positive reflétant votre véritable nature. Et peu importe qui ou quoi retient votre attention à ce moment, il en profite automatiquement.

Pour se réaliser dans la vie, les autres n'ont nul besoin que vous soyez différent ou que vous fassiez des choses pour eux, puisqu'ils ont accès au même courant de Bien-être que vous. Souvent, les autres (qui ne comprennent pas qu'ils peuvent accéder au flux de Bien-être) souffrent de ne pouvoir demeurer dans un état d'être harmonieux et vous demandent de faire des choses qui, croient-ils, les rendront plus heureux. Or, non seulement sèment-ils ainsi le trouble en vous en vous rendant responsable de leur bonheur, mais ils deviennent également tributaires de vous à cet égard. De toute évidence, ils ne peuvent contrôler la manière de se comporter des autres, et si un tel contrôle est nécessaire à leur bonheur, alors ils ont vraiment un gros problème.

Votre bonheur ne dépend pas de ce que font les autres

Votre bonheur ne dépend pas de ce que font les autres ; il repose uniquement sur votre propre équilibre vibratoire. De même, le bonheur des autres ne dépend pas de vous, car ils sont les seuls à pouvoir maintenir leur équilibre vibratoire. Ce que chacun ressent est uniquement déterminé, d'instant en instant, par le type d'énergie qu'il nourrit en lui-même. Votre état d'être révèle simplement, et sans cesse, le degré d'équilibre vibratoire entre vos désirs et les vibrations qui émanent de vous.

Rien dans tout l'univers ne saurait être plus important que de bien saisir comment les vibrations émises par une personne correspondent à celles de ses désirs, et de bien comprendre que ce qu'elle ressent indique si elle consent ou non à sa connexion avec la Source. Chaque sentiment de satisfaction, chaque création positive, votre abondance, votre clarté, votre santé, votre vitalité et votre Bien-être, de même que tout ce que vous jugez être bon, dépendent de votre état d'être actuel et de la relation entre ce sentiment, cette vibration et votre véritable nature, ce que vous désirez réellement.

Chaque pensée vous rapproche ou vous éloigne de San Diego

Tout comme il est facile pour vous de contempler la possibilité d'un voyage fructueux de Phoenix à San Diego, vous n'aurez aucune peine à envisager un passage réussi de l'insécurité financière à la sécurité financière, de la maladie à la santé, de la confusion à la clarté. Durant votre voyage de Phoenix à San Diego, il n'y aura pas d'inconnues majeures, car vous connaissez la distance exacte séparant les deux villes et, une fois en route, vous savez où vous êtes rendu et vous comprenez les conséquences qui en résulteront si vous prenez la mauvaise direction. Lorsque vous aurez bien compris de quelle manière fonctionne votre propre système de guidance émotionnelle, vous ne serez plus jamais désorienté quant à l'endroit où vous êtes et celui où vous voulez vous rendre. En outre, vous saurez, avec chaque pensée émise, si vous vous rapprochez ou si vous vous éloignez du résultat souhaité.

Si vous vous fiez à une autre influence comme source de guidance, vous vous égarerez, car personne d'autre ne sait mieux que vous le cheminement à parcourir pour atteindre le but souhaité. Et même si les autres ne peuvent comprendre vos désirs, ils ne se gêneront pas pour faire constamment entrer en jeu leurs propres désirs. Par conséquent, ce n'est qu'en demeurant attentif à ce que vous ressentez que vous serez à même de vous guider dans la réalisation de vos propres objectifs.

Pourquoi le fait de dire non à cela signifie le contraire

La Loi d'attraction est le fondement de votre univers vibratoire. Autrement dit, l'inclusion est la clé de votre univers. Quand vous accordez votre attention à une chose désirée et que vous consentez à la recevoir, vous l'incluez dans votre champ vibratoire. Et lorsque vous examinez une chose dont vous ne voulez pas et que vous dites non à cette chose, vous l'incluez également dans votre champ vibratoire. Toutefois, si vous ne lui accordez aucune attention, vous ne l'incluez pas. Chose certaine, vous ne pouvez exclure une chose à laquelle vous prêtez attention, puisque le fait de lui accorder votre attention l'inclut chaque fois dans votre champ vibratoire.

Chapitre 18

Vous pouvez changer petit à petit votre fréquence vibratoire

Il ne suffit pas de décider de trouver une pensée différente pour que votre attention se fixe immédiatement sur celle-ci, car la Loi d'attraction joue un rôle dans le choix des pensées auxquelles vous avez accès selon votre état d'être du moment. Il n'y a bien sûr aucune pensée que vous ne finirez pas par avoir, tout comme il n'y a aucun endroit que vous ne réussirez pas à atteindre peu importe où vous êtes, mais votre attention ne peut sauter instantanément à une pensée qui possède une fréquence vibratoire très différente de celles que vous avez coutume d'entretenir en vous.

Il est possible qu'un de vos amis, qui se sent alors beaucoup mieux que vous, vous encourage à cesser de penser de façon aussi négative et à choisir des pensées plus positives. Mais il ne suffit pas à votre ami d'être personnellement dans de bonnes dispositions pour qu'il réussisse à vous communiquer son état d'être positif, car la Loi d'attraction ne vous permettra pas de vous ajuster à une fréquence vibratoire trop différente de celle à laquelle vous avez l'habitude de vibrer. Et même si vous voulez vous sentir dans de meilleures dispositions, il se peut que vous ne parveniez pas à trouver la pensée joyeuse que votre ami souhaiterait pour vous. Nous désirons vous faire comprendre que vous pouvez trouver cette pensée et qu'une fois que vous aurez décidé de changer peu à peu votre fréquence vibratoire, vous serez en mesure de maintenir cet état d'esprit plus positif quand vous l'aurez atteint.

Après avoir découvert qu'il vous est possible à tout moment de connaître la fréquence vibratoire de votre Être, et que vous pouvez donc avoir conscience de la nature de votre point d'attraction, vous aurez la capacité d'exercer un contrôle créatif conscient sur votre vécu. Et après avoir bien compris que vos émotions vous révèlent précisément la vibration émise, vous serez à même d'effectuer un ajustement graduel et délibéré de votre vibration.

Parmi les pensées auxquelles vous avez accès, choisissez celle qui éveille le meilleur feeling

Le fait de choisir une pensée différente donnera toujours lieu à une réponse émotionnelle différente. Vous pourriez donc envisager de choisir intentionnellement vos pensées afin qu'elles vous aident à vous sentir mieux. Ce serait certainement là une sage décision à prendre. Mieux encore, il vous serait facile d'affirmer ce qui suit : « Je veux me sentir mieux et je vais donc tenter d'y parvenir en choisissant une pensée qui m'inspire vraiment de bons sentiments. »

Si vous avez décidé de « suivre votre félicité », mais que votre attention tout entière est centrée sur une situation de vie qui est tout sauf heureuse, votre décision de chercher votre bonheur ne pourra mener à la réussite espérée, car la Loi d'attraction ne peut vous fournir une pensée teintée d'une si importante différence vibratoire. Si, toutefois, vous décidez plutôt de vous orienter vers la pensée la plus positive à laquelle vous avez accès, cela peut être aisément réalisable.

La clé vous permettant d'élever votre fréquence vibratoire consiste à être pleinement conscient de votre état d'être, voire ultrasensible par rapport à cela, car si vous n'avez pas conscience de ce que vous ressentez, vous ne pourrez comprendre dans quelle direction de l'échelle vibratoire vous mènent vos émotions. Il se pourrait même que vous fassiez demi-tour et reveniez à votre point de départ sans vous en rendre compte.

Si, au contraire, vous prenez le temps de déterminer consciemment quelle émotion vous éprouvez, alors toute amélioration perçue quant à ce que vous ressentez sera le signe des progrès accomplis dans la réalisation de votre objectif. À l'inverse, toute intensification d'une émotion négative indiquera que vous allez dans la mauvaise direction.

Par conséquent, une bonne façon de sentir votre montée dans cette échelle vibratoire de vos émotions se résume à toujours chercher à ressentir le sentiment de soulagement qui apparaît lorsque vous vous libérez d'une pensée teintée du désir de résister et que vous la remplacez par une pensée de consentement. Le courant de Bien-être afflue sans cesse à travers vous, et plus vous l'accueillerez de bon cœur, mieux vous vous sentirez. Plus vous lui résisterez, plus vous vous sentirez mal.

Chapitre 19

Vous seul pouvez savoir ce que vous éprouvez à votre sujet

Lorsque vous vous attendez à ce qu'une chose se produise, quand vous y croyez sincèrement ou que vous la craignez profondément, celle-ci finit généralement par se manifester.

Votre attitude, ou votre humeur, révèle toujours la nature de ce qui s'en vient, mais vous n'êtes jamais obligé de garder votre point d'attraction actuel. Ce n'est pas parce que vous avez acquis l'habitude d'entretenir ces pensées, ces croyances, ces attitudes ou ces humeurs au cours de votre vie physique que vous devez forcément continuer d'attirer des choses en réaction à celles-ci. Vous êtes à même d'exercer un contrôle créatif sur ce qui se passe dans votre vie. En restant attentif à ce que votre propre système de guidance émotionnelle vous communique, vous avez la possibilité de modifier votre point d'attraction.

Si des choses que vous ne désirez plus vivre surviennent, votre croyance doit changer.

De même, si vous voulez faire l'expérience de certaines choses jamais vécues encore, votre croyance doit également changer.

Il ne saurait y avoir de situation si grave que vous ne pourriez la renverser en choisissant des pensées différentes. Toutefois, choisir des pensées différentes exige de la concentration et de la pratique. Si vous continuez à vous concentrer comme vous le faisiez, à penser comme auparavant et à croire les mêmes choses, alors rien ne changera dans votre vie.

La vie étant toujours en mouvement, vous ne pouvez être « bloqué »

Nos amis physiques nous disent parfois : « Je suis bloqué! Je suis coincé au même endroit depuis très longtemps et je ne parviens pas à m'en sortir. »

Nous leur expliquons alors toujours qu'il n'est pas possible de faire du sur-place ou d'être bloqué, puisque l'Énergie est sans cesse en mouvement, tout comme la vie d'ailleurs. Les choses changent constamment.

S'il vous arrive d'avoir l'impression d'être incapable d'avancer, c'est pour une raison précise. En effet, pendant que vous persistez à penser aux mêmes choses, celles-ci *changent*—mais aboutissent à tous coups au même résultat.

Si vous voulez que votre vie prenne un tour différent, vous devez avoir des pensées différentes. Pour ce faire, il suffit simplement de trouver des façons inusitées d'aborder les sujets familiers.

Les autres ne peuvent comprendre vos désirs ou vos sentiments

Les autres ne demandent pas mieux que de pouvoir vous guider. Il y a une infinité de gens ayant une infinité d'opinions, de règles, d'exigences, de suggestions quant à la manière dont vous devriez vivre votre existence. Cependant, aucun d'eux n'est capable de prendre en considération la seule chose qui compte dans la réalisation de vos désirs, car les autres ne peuvent comprendre la teneur vibratoire de vos désirs, pas plus qu'ils ne peuvent comprendre votre état d'être, de sorte qu'ils ne sont aucunement en mesure de vous guider. Même animés des meilleures intentions du monde et ne voulant que votre plus grand bien, ils ne savent pas ce qui se passe vraiment en vous. Et même si beaucoup d'entre eux ne cherchent qu'à vous donner des conseils désintéressés, il leur est impossible de séparer leurs désirs à votre égard de ceux qu'ils caressent pour eux-mêmes.

Personne d'autre ne sait ce qui vous convient le mieux

Si vous gardez à l'esprit l'idée que lorsqu'une demande est exprimée par qui que ce soit, elle est invariablement exaucée, ne pouvez-vous aussi sentir le degré de perfection d'un environnement dans lequel chacun a la possibilité de choisir à partir de la perspective qui lui est propre?

Imaginez-vous un instant à la veille d'assister à l'un de nos ateliers. Vous savez où et quand il se tiendra, ayant même réservé le temps nécessaire dans votre emploi du temps pour y participer. Il vous est donc relativement facile de prendre toutes les décisions qui font votre affaire. Supposons maintenant que vous puissiez aussi examiner une liste comportant une cinquantaine de conférences et d'ateliers qui seront offerts au cours de l'année suivante. Vous choisissez ceux dont la date et le lieu vous conviennent le mieux. Par ailleurs, vous notez qu'un atelier se déroulera dans votre ville, mais que la date entre en conflit avec une autre activité déjà prévue, et vous essayez de trouver une solution. Vous cherchez alors un atelier dont la date correspond à un moment libre dont vous disposez et vous en trouvez un qui aura lieu dans une ville que vous avez toujours voulu visiter. Vous entrez donc en contact avec notre service de réservation et vous vous procurez un billet en vue d'y assister.

Comme vous ne vivez pas dans la ville où se donnera l'atelier, vous réalisez que vous aurez besoin d'un endroit où vous loger et d'un moyen de transport pour vous y rendre. Par conséquent, tenant compte de vos désirs et de vos besoins spécifiques, vous établissez plusieurs plans. Vous décidez finalement de voyager par avion en raison du peu de temps que vous avez. Vous choisissez un hôtel particulier situé à courte distance de l'endroit où se déroulera l'atelier, car vous avez adhéré au programme de récompense de cette chaîne hôtelière, ce qui vous donne droit à des tarifs avantageux. Vous avez également une préférence pour les matelas installés dans les hôtels de cette chaîne.

Une fois dans la ville où se tiendra l'atelier, vous louez une voiture dans votre agence de location automobile favorite. Puis, en route vers votre hôtel, vous vous arrêtez à un restaurant dont le menu convient parfaitement à vos envies et à votre budget. On peut dire que vous avez très bien pris soin de vous-même. En définitive, vous avez fait en sorte de passer un moment merveilleux.

Mais supposons cette fois que les responsables de notre agence de réservation — celle d'Abraham-Hicks —aient jugé, en raison de leur vaste expérience dans l'organisation d'ateliers et de conférences, être en meilleure position que vous pour établir de tels plans. Par conséquent, sur la base des commentaires transmis par les milliers de personnes qui ont assisté à nos ateliers, ils décident de prendre eux-mêmes tous les arrangements pour vous. À cette fin, ils présument que vous préféreriez assister à un atelier ayant lieu dans votre ville, et c'est à l'un de ceux-là qu'ils vous inscrivent. Mais comme vous leur expliquez votre conflit d'horaires, ils modifient leur décision et vous envoient plutôt un billet pour un atelier se déroulant dans la ville de votre préférence.

Et, de la même manière, pour ce qui est de toutes leurs décisions relativement à la compagnie aérienne pour laquelle vous devriez opter, à l'agence où vous feriez la location d'une voiture, à la chaîne hôtelière où vous devriez dormir, ainsi qu'à la sorte de nourriture qu'il vous faudrait manger, il y a fort à parier que leurs choix seraient loin de vous plaire. Vous êtes tout à fait la personne la mieux placée pour prendre toutes ces décisions.

Comme tout ce que vous demandez vous est accordé, il est merveilleux et plus approprié que vous-même fassiez en somme les choix qui vous concernent, d'autant que l'univers fonctionne beaucoup plus efficacement sans intermédiaires intercédant à votre place. Personne d'autre ne sait mieux que vous ce qui vous convient. Vous savez toujours à chaque instant ce qui est le mieux pour vous.

Chapitre 20

Tenter d'entraver la liberté d'un autre vous coûte toujours votre propre liberté

Toute demande est bel et bien exaucée, mais il faut être en harmonie vibratoire avec celle-ci pour en faire l'expérience. La raison pour laquelle tant de gens ne se souviennent pas, ou ne croient pas, qu'une réponse est apportée à chacune de leurs demandes tient au fait qu'ils n'ont pas conscience des vibrations qu'ils émettent. Ils n'établissent pas de lien conscient entre leurs pensées, les sentiments qu'elles évoquent ensuite, et les manifestations qui en résultent. À défaut de faire consciemment un tel lien, vous ne pouvez savoir où vous en êtes par rapport aux désirs exprimés.

Quand vous avez conscience de vouloir une chose mais de ne pas l'obtenir, vous supposez que quelque chose à l'extérieur de vous vous empêche de l'avoir. Toutefois, cela n'est jamais fondé. La seule chose qui puisse vous empêcher de recevoir ce que vous désirez, ce sont les pensées que vous avez l'habitude d'entretenir et qui diffèrent de votre désir.

Quand vous êtes pleinement conscient du pouvoir de vos pensées et de votre aptitude à recevoir les choses désirées, vous êtes alors à même d'exercer un contrôle créatif sur ce que vous vivez. Mais si votre attention est principalement centrée sur les *résultats* de vos pensées focalisées au lieu de *l'état d'être* requis pour obtenir l'objet de vos désirs, il est alors facile de vous égarer.

Chaque « réalité » est devenue ce qu'elle est à la suite de l'attention focalisée de quelqu'un

Parfois, certaines personnes soutiennent qu'elles doivent tout simplement faire face à la réalité telle qu'elle leur apparaît. Et nous leur expliquons alors qu'on leur a enseigné à affronter la réalité avant même de savoir qu'elles sont elles-mêmes les *créateurs* de cette réalité. Évitez de faire face à la réalité, à moins que cette réalité n'en soit une que vous voulez créer, car toute « réalité » n'existe que parce qu'une personne l'a fait naître en se focalisant dessus.

Aux gens qui croient que certaines choses importantes méritent toute leur attention, nous rappelons que tout ce à quoi ils accordent leur attention devient leur *vérité*. Il est donc extrêmement bon pour vous d'être très attentif à ce que vous ressentez, tout en n'accordant que très peu d'attention aux manifestations qui surviennent au fur et à mesure, car chaque fois que vous accordez l'essentiel de votre attention aux choses telles qu'elles sont, vous empêchez l'expansion de ce qui est.

Toutes ces statistiques compilées à propos de vos expériences et de celles des autres concernent uniquement la façon dont quelqu'un a déjà fait circuler l'Énergie. Elles ne se rapportent nullement à aucune réalité tangible actuelle.

Dans votre société, de nombreuses personnes recueillent des statistiques relatives à l'expérience humaine sous toutes ses formes. Elles passent le plus clair de leur temps à comparer des expériences et à les ranger par catégories, selon qu'elles les jugent convenables ou inconvenantes, correctes ou incorrectes. Elles pèsent le pour et le contre, les avantages et les désavantages d'un sujet après l'autre, mais prennent rarement conscience que les vibrations qu'elles émettent ne leur rendent nullement service. Elles ne perçoivent rien de leur pouvoir, puisqu'elles projettent leur Énergie dans des directions opposées. Elles en sont finalement venues à consacrer leur vie à étiqueter le comportement ou les expériences de ceux avec qui elles partagent la planète, au lieu de s'occuper de ce qu'elles pourraient elles-mêmes créer.

Ces personnes se retrouvent donc dans une situation inconfortable, car elles finissent par croire que leur bonheur ou leur Bien-être dépend du comportement d'autrui. Elles dénoncent les comportements ou les croyances des autres, affirmant qu'ils sont inacceptables, et les rejettent sans se rendre compte d'introduire dans leur expérience la vibration même de la chose dont elles ne veulent pas. Et c'est ainsi que sans savoir comment toutes ces choses non désirées trouvent le moyen d'apparaître dans leur existence, elles deviennent de plus en plus prudentes et craintives.

Les choses indésirables ne peuvent s'imposer à vous sans y être d'abord invitées

Vous ne parviendrez jamais à vous libérer de la peur d'expériences non désirées en tentant de contrôler le comportement ou les désirs des autres. Vous n'y arriverez qu'en ajustant la fréquence vibratoire de votre propre point d'attraction.

Sans une bonne connaissance de la Loi d'attraction, et à moins d'avoir pleinement conscience de la fréquence vibratoire émise par votre point d'attraction, il est compréhensible que vous soyez tenté d'exercer un contrôle sur les circonstances qui vous entourent. Mais il s'avère impossible de contrôler tout ce qui peut survenir autour de vous. Néanmoins, si vous apprenez comment fonctionne la Loi d'attraction et si vous prêtez attention aux sentiments suscités par vos pensées, vous n'aurez plus jamais à craindre que des choses indésirables surviennent subitement dans votre vie. Vous comprendrez que rien de tel ne peut se produire sans avoir d'abord été invité à se manifester. Comme il ne peut y avoir d'assertion dans cet univers fondé sur l'attraction, si vous n'établissez pas d'harmonie vibratoire avec celle-ci, elle ne pourra venir à vous.

Même les plus petits parmi vous, vos bébés, émettent des vibrations auxquelles l'univers répond par une chose de nature similaire. Et comme vous, ces tout-petits sont influencés par les vibrations des membres de leur entourage. Néanmoins, ils créent leur propre réalité. Comme vous également, ce n'est pas dès leur entrée dans ce corps qu'ils ont commencé à créer les circonstances de leur existence. C'est plutôt longtemps avant leur naissance physique qu'ils ont établi les conditions à l'origine de ce qu'ils vivent aujourd'hui. La question maintes fois soulevée par nos amis physiques, désireux de comprendre la nature de leur relation avec la dimension non physique et la raison pour laquelle ils sont ici, en train de vivre et de créer, est la suivante : « Comment ce petit bébé qui ne sait presque rien de notre monde physique peut-il être tenu responsable de la création de sa propre vie ? » Comprenez que ce petit être a été très bien préparé à la vie dans votre environnement, car, à l'instar de chacun de vous, il est venu au monde avec un système de guidance émotionnelle visant à l'aider à y trouver son chemin.

De la même manière que vous, ces bébés folâtrent joyeusement dans votre réalité spatiotemporelle, impatients d'avoir la possibilité de prendre continuellement de nouvelles décisions et de s'aligner avec l'Énergie de leur Source. Ne vous en faites pas à leur sujet ni au sujet de qui que ce soit. Le Bien-être amène l'ordre dans cet univers, peu importe ce qu'il y paraît depuis votre point de vue.

Rappelez-vous que vos émotions vous révèlent tout ce qu'il vous faut savoir à propos du lien qui vous unit à l'Énergie Source. Elles vous permettent de savoir combien d'Énergie vous faites venir en réponse au désir ayant capté votre attention. Elles vous révèlent en outre si vous êtes, en ce moment de réflexion et d'émotion, en alignement vibratoire avec votre désir.

Était-ce votre vitesse, ou bien l'arbre ?

Si vous conduisez votre véhicule à plus de 160 km/h et que vous entrez en collision avec un arbre, vous subirez un très sérieux accident. Cependant, si votre véhicule percutait le même arbre alors que vous circulez à moins de 10 km/h, l'effet serait tout autre. Imaginez maintenant que la vitesse de votre véhicule équivaut à la puissance de votre désir. Autrement dit, plus votre désir d'une chose est grand, ou plus il y a longtemps que vous entretenez ce désir, plus l'Énergie se meut rapidement. Dans cette analogie, l'arbre représente la résistance ou les pensées contradictoires pouvant exister.

Il n'est pas plaisant de heurter des arbres ni de nourrir d'intenses désirs en pleine résistance. Certains essaient de remédier au déséquilibre en diminuant la vitesse de leur véhicule. En d'autres termes, ils nient leur désir ou tentent de s'en libérer. Et parfois, au prix de grands efforts, ils parviennent à atténuer quelque peu la puissance de ce désir, mais ils feraient beaucoup mieux de diminuer leur résistance.

Votre désir est le résultat naturel du monde contrasté où vous vivez. L'univers entier existe pour susciter votre prochain désir. De ce fait, si vous évitez de reconnaître vos propres désirs, vous irez alors à l'encontre des forces universelles. Et même quand vous parvenez à supprimer çà et là un désir, d'autres ne cessent d'apparaître en vous, car vous êtes venu en ce corps et dans ce magnifique environnement débordant de contrastes en ayant la nette intention de focaliser l'Énergie qui crée les mondes par l'entremise de la lentille puissamment focalisée de *votre* perspective. Par conséquent, rien dans l'univers entier n'est plus naturel que votre désir soutenu.

Derrière chaque désir se trouve celui de se sentir bien

La seule raison pour laquelle une personne nourrit un désir est celle-ci : elle croit qu'elle se sentira mieux s'il est exaucé. Qu'il s'agisse d'un objet, d'un état d'être, d'une relation, d'une condition ou d'une circonstance, chaque désir recèle celui de se sentir bien. Ainsi, le critère de référence de la réussite dans la vie n'est pas le nombre de choses que vous possédez ni l'argent en votre possession ; c'est avant tout la quantité de joie ressentie.

Le fondement de la vie est la liberté, et le résultat de la vie est l'expansion, mais le but de votre vie est la joie. Voilà pourquoi le but essentiel n'a jamais été la manifestation, mais bien plutôt toujours votre état d'être du moment. Autrement dit, votre intention était de venir dans le monde physique afin de définir ce que vous voulez, de vous connecter avec l'Énergie qui crée les mondes et de la faire affluer vers les objets de votre attention, et ce, non pas parce que ces derniers sont importants, mais parce que l'acte consistant à faire circuler l'énergie est essentiel au maintien de la vie.

Dans votre appréciation, vous n'offrez aucune résistance

Rappelez-vous ! vous êtes un prolongement de votre Énergie Source. Dès lors, quand vous acceptez de vous connecter pleinement avec votre Source, vous vous sentez bien, mais dans le cas contraire, vous vous sentez moins bien. Vous êtes un être de pure Énergie positive. Vous espérez de bonnes choses. Vous faites preuve de respect et d'amour envers vous-même. Vous respectez les autres et les aimez, et il est naturel pour vous de faire montre d'appréciation en toute chose.

L'appréciation et l'amour de soi sont les plus importantes qualités que l'on puisse cultiver. L'appréciation des autres et de soi-même a la plus grande affinité avec l'Énergie Source parmi tout ce que nous avons pu observer dans l'ensemble de cet univers.

Chaque fois que vous pensez à une chose que vous appréciez, il n'y a aucune contradiction avec votre Énergie puisque ce choix de pensée est très semblable à la véritable nature de votre Source Énergie. Le fait d'apprécier quelque chose ne fait naître aucune résistance intérieure, de sorte que la fréquence émotionnelle qui en résulte en est une d'amour, de joie ou de profonde appréciation. Et vous vous sentez alors très bien.

Mais si vous critiquez quelqu'un ou si vous vous adressez des reproches, vous ne vous sentirez pas bien, car cette pensée est très différente des pensées émanant de votre Source. Autrement dit, parce que vous avez choisi une pensée qui ne correspond pas à votre véritable nature, vous pouvez alors sentir, grâce à vos émotions, la discorde suscitée par votre choix.

Si votre grand-mère, qui vous apprécie, vous dit à quel point vous êtes merveilleux, la raison pour laquelle ces paroles déclenchent en vous un effet si positif tient au fait qu'elles vous ont amené à avoir des pensées qui vous connectent avec qui vous êtes réellement. Mais si un enseignant ou un ami vous sermonne pour une chose que vous avez faite, un malaise vous envahira aussitôt parce que vous aurez été influencé par une pensée qui ne correspond pas à qui vous êtes.

Vos émotions vous font constamment savoir si vous consentez ou non à vous connecter avec votre véritable nature. Lorsque vous le faites, tout va pour le mieux ; dans le cas contraire, rien ne va plus.

Vous devez être assez égoïste pour vous aligner avec le Bien-être

Il arrive parfois que certains nous accusent de prêcher l'égoïsme, et nous nous rangeons à cette opinion. En effet, nous enseignons aux gens à l'être, car s'ils ne le sont pas assez pour s'aligner délibérément avec l'Énergie de leur Source, ils n'auront rien à donner à personne de toute manière.

Certains s'inquiètent du fait que s'ils réalisent égoïstement ce qu'ils veulent, cela équivaudra à enlever injustement quelque chose à autrui. Mais cette inquiétude est basée sur l'idée erronée qu'il y a une limite à l'abondance disponible. Ils craignent qu'en prenant une trop grande part de tarte, il ne restera plus rien pour les autres, alors qu'en réalité la tarte augmente de taille en proportion des demandes vibratoires de l'ensemble des gens.

Il ne vous viendrait jamais à l'idée de vous sentir coupable d'avoir vécu trop longtemps en bonne santé et, par conséquent, de décider d'être malade pour quelques années afin de donner la chance, à quelqu'un qui est malade, de profiter à son tour d'une bonne santé. Vous comprenez que le fait pour vous d'être bien portant ne prive aucunement qui que ce soit de faire l'expérience du même bien-être.

Certains craignent qu'une personne égoïste puisse vouloir délibérément faire du mal à une autre personne, mais il n'est pas possible pour un être connecté à son Énergie Source de souhaiter du mal à quelqu'un d'autre, car ces vibrations ne sont pas compatibles.

Une personne nous a dit avoir vu la photo d'un homme responsable de plusieurs meurtres mais qui avait un air jubilatoire et ne semblait la proie d'aucun remords. Il paraissait même avoir pris plaisir à commettre ces crimes. Nous lui avons répondu qu'elle ne dispose d'aucun moyen de savoir précisément ce que ressentait ce meurtrier. Nous avons ajouté qu'elle percevait sûrement ses propres émotions en raison du lien entre son désir et son état de pensée du moment à ce sujet, mais qu'elle n'était nullement en mesure de sentir les émotions de cet homme. Nous pouvons vous assurer qu'aucune personne connectée à l'Énergie Source ne pourrait jamais causer du mal à qui que ce soit. Les individus qui commettent des actes de violence le font pour se défendre ou parce qu'ils sont déconnectés ; ils ne feraient jamais rien de tel s'ils étaient branchés à la Source. Vous devez comprendre que l'ultime acte d'égoïsme est de se connecter au Soi. Lorsque vous le faites, vous êtes alors une Énergie pure et positive focalisée dans ce corps physique.

Si tout le monde sur votre planète était connecté à sa propre Énergie Source, il n'y aurait aucune agression physique, car il n'y aurait pas de jalousie, d'insécurité ni de désagréables sentiments de compétition. Si chacun comprenait le pouvoir présent en son Être, personne ne chercherait à contrôler les autres. Les sentiments d'insécurité et de haine apparaissent lorsque vous êtes déconnecté de votre véritable nature. Votre connexion (égoïste) avec le Bien-être ne pourra que vous apporter du Bien-être.

Plus important encore, vous devez comprendre qu'il n'est pas nécessaire que tout le monde comprenne ce que vous apprenez ici pour que *vous* puissiez vivre une merveilleuse existence. Dès que vous vous rappellerez qui vous êtes et que vous choisirez délibérément des pensées qui vous maintiendront en alignement vibratoire avec votre véritable nature, votre monde s'alignera spontanément et le Bien-être se manifestera à vous dans tous les domaines de votre vie.

Si vous ne vous y attendez pas, vous n'y consentez pas

Souvenez-vous que chaque émotion révèle avec quelle intensité vous appelez à vous l'Énergie par votre désir et dans quelle mesure vous consentez à l'accueillir selon les pensées et les croyances prédominantes que vous entretenez relativement à ce désir. Si vous éprouvez une vive émotion, qu'elle soit positive ou négative, cela signifie que votre désir est très puissant et que vous faites venir une grande quantité d'Énergie Source afin que puisse se manifester l'objet de votre désir. Lorsque des émotions intenses suscitent en vous un bon *feeling*—de la passion, de l'enthousiasme, de l'espérance ou de l'amour—, cela veut dire que vous n'offrez aucune résistance à votre désir, de sorte que vous ne refusez pas l'Énergie Source appelée par votre désir et que vous consentez à ce que se manifeste l'objet de votre désir.

Il semble donc évident que les meilleurs résultats créatifs auront lieu lorsque vous désirez de tout cœur quelque chose que vous savez réalisable. Lorsque cette combinaison de désir et de croyance est présente en vous, les choses désirées se manifestent rapidement et aisément dans votre vie. Cependant, si vous voulez quelque chose que vous croyez impossible, si vous désirez une chose que vous n'espérez pas vraiment obtenir—quoique parfois un désir assez puissant puisse l'emporter sur une faible croyance contraire—, cela ne se réalisera pas facilement, puisque vous n'acceptez pas de l'accueillir.

Le sentiment d'un désir pur est ressenti comme positif en vous

Malheureusement, bien des gens pensent que le fait de désirer une chose est rattaché au sentiment pénible de vouloir quelque chose qu'ils ne s'attendent pas vraiment à obtenir. Ces gens ne connaissent plus l'émotion que procure un désir pur, ce sentiment frais et ardent fait d'espoir et de cette impatience contenue qu'ils ressentaient plus jeunes. Éprouver un désir pur est toujours une expérience délicieuse ; ce sentiment représente les vibrations qui s'étendent devant vous, dans votre avenir, préparant la voie afin que la Loi d'attraction puisse arranger les choses conformément à vos désirs.

La création délibérée, tout autant que l'art du consentement, consiste à reconnaître la véritable nature de ses émotions et à s'efforcer ensuite *consciemment* d'entretenir des pensées qui auront pour effet d'engendrer des émotions plus positives.

Pourquoi voudriez-vous être ailleurs ?

Parfois, certains affirment ne pas être heureux là où ils sont et voudraient donc être ailleurs. Ils préféreraient ne pas être malades, ne pas souffrir d'embonpoint ou, encore, avoir plus d'argent ou de meilleures relations.

Nous leur demandons pourquoi ils aimeraient mieux vivre une situation différente, et ils répondent qu'ils ne sont tout simplement pas heureux dans la situation présente.

Nous leur expliquons alors qu'il est important de mieux définir ce qu'ils croient être la situation préférable dont ils parlent et d'essayer de trouver l'état d'être correspondant à cette situation. En réalité, aussi longtemps qu'ils se contenteront de parler de ce qu'ils désirent, et de ressentir l'inconfort de leur situation présente, il leur sera impossible d'obtenir ce qu'ils veulent.

Si vous avez pris l'habitude de penser constamment à votre situation actuelle et d'en parler sans cesse, il ne sera pas facile de changer soudain vos vibrations, de vous mettre à penser à quelque chose de très différent, et de le ressentir. En vertu de la Loi d'attraction, vous ne pourrez avoir accès aux pensées et aux sentiments dont la teneur vibratoire est très différente de la vôtre, mais avec suffisamment d'efforts de votre part, vous pourriez réussir à trouver d'autres pensées. Si vous êtes déterminé à vous sentir bien, vous pourrez changer le sujet et, par conséquent, formuler d'autres pensées ayant une fréquence vibratoire plus positive. Toutefois, un tel changement vibratoire est habituellement le fruit d'un processus graduel.

En fait, si on essaie, sans tenir compte de la Loi d'attraction, de sauter constamment d'une gamme vibratoire à une autre, cela contribuera de manière importante à faire naître des sentiments de découragement qui finiront par amener les gens à conclure qu'ils ne peuvent vraiment exercer un contrôle sur ce qui se passe dans leur vie.

Chapitre 21

Vous êtes à 17 secondes d'être à 68 secondes de la satisfaction de votre désir

En ne focalisant votre attention sur un sujet que durant quelques secondes, vous activerez la vibration de ce sujet en vous, et la Loi d'attraction commencera immédiatement à réagir à cette activation. Plus longtemps vous focaliserez votre attention sur une chose, plus il vous sera facile de demeurer concentré sur celle-ci, car vous attirerez ainsi à vous, conformément à la Loi d'attraction, d'autres pensées ou vibrations dont la teneur est l'essence même de la pensée qui vous a servi de point de départ.

Moins de 17 secondes après avoir commencé à vous concentrer sur quelque chose, une vibration correspondante s'active. Puis, à mesure que s'intensifie cette concentration et que se clarifie la vibration, la Loi d'attraction vous amène d'autres pensées de même nature. Au début, le pouvoir d'attraction de la vibration sera limité, mais si votre concentration persiste suffisamment longtemps, la puissance de la vibration émise prendra de plus en plus d'ampleur. Et si vous parvenez à maintenir la pureté de votre focalisation sur n'importe quelle pensée durant un minimum de 68 secondes, la vibration sera dès lors assez puissante pour que débute sa manifestation.

Quand vous revenez de façon répétée sur une pensée pure tout en maintenant votre attention sur celle-ci pendant au moins 68 secondes, en très peu de temps (quelques heures seulement dans certains cas, ou quelques jours dans d'autres), cette pensée occupera une place dominante dans votre esprit. Une fois qu'une pensée est parvenue à ce stade, vous serez témoin de manifestations correspondantes jusqu'à ce que vous la changiez.

Souvenez-vous de ceci :

- Les pensées que vous avez à l'esprit deviennent votre point d'attraction.
- Vous obtenez ce à quoi vous pensez, que vous le vouliez ou non.
- Vos pensées émettent une vibration qui amène ensuite une réponse en vertu de la Loi d'attraction.
- La puissance de votre vibration s'intensifiant de plus en plus, elle finit par devenir assez puissante pour qu'une manifestation se produise.
- En d'autres mots, il y a toujours une correspondance vibratoire entre ce à quoi vous pensez (et par conséquent, ce que vous ressentez) et ce qui se manifeste dans votre existence.

Il ne faut pas craindre d'avoir des pensées non contrôlées

Une fois qu'ils ont compris et accepté la Loi d'attraction (ce qui survient habituellement assez rapidement puisqu'il n'y a pas la moindre preuve dans votre environnement pour la réfuter), bien des gens éprouvent au début un certain malaise par rapport à leurs propres pensées. Lorsqu'ils saisissent bien le pouvoir de la Loi d'attraction et qu'ils se mettent à examiner le contenu de leur esprit, il leur arrive de s'inquiéter de ce qu'ils sont désormais capables d'attirer par leurs pensées incontrôlées. En réalité, il n'y a aucune raison de vous soucier de vos pensées, car elles ne sont nullement semblables à un fusil chargé susceptible, à tout instant, de semer la destruction. Bien que la Loi d'attraction soit puissante, c'est le Bien-être qui constitue le fondement de votre vie. Et même si vos pensées sont magnétiques et s'amplifient par l'attention que vous leur accordez, vous disposez d'amplement de temps—dès l'instant où vous prenez conscience de tout sentiment négatif—pour choisir d'autres pensées offrant moins de résistance et, ainsi, opter pour un résultat plus désirable.

Rappelez-vous! vous pouvez accueillir ce résultat ou lui résister à des degrés divers d'intensité, mais le courant de Bien-être ne cesse jamais d'affluer vers vous. Par conséquent, tout effort, si minime soit-il, en vue de choisir des pensées suscitant de meilleurs sentiments, donnera lieu à des résultats manifestes. Une fois cela fait, vous vous accorderez la liberté consciente de changer de situation, à quelque niveau que ce soit, pour qu'elle devienne celle de votre choix. Quand vous aurez sciemment choisi une pensée positive et pris pleinement conscience de vous sentir vraiment mieux ainsi, vous aurez réussi à vous servir de votre système de guidance émotionnelle et pourrez désormais accéder à la liberté tant désirée et méritée—car il n'y a rien que vous ne puissiez être, faire, ou avoir.

Chapitre 22

Les divers degrés de votre échelle de guidance émotionnelle

Nous pourrions dire que des émotions différentes vibrent à des fréquences différentes, mais il serait plus juste d'affirmer que vos émotions sont des indicateurs révélant la fréquence à laquelle vous vibrez. Si vous gardez à l'esprit que vos émotions indiquent dans quelle mesure vous êtes aligné avec votre Énergie Source et que mieux vous vous sentez, plus vous acceptez de vous aligner sur les choses que vous désirez, il vous sera davantage facile de comprendre comment réagir à vos émotions.

En étant parfaitement aligné avec votre Énergie Source, vous aurez conscience d'être libre, puissant et bon, vous saurez que l'amour vous habite, que votre valeur est indéniable, vous réaliserez quel est le but de votre existence et que tout est bien.

Chaque fois que vos pensées vous amènent à connaître votre véritable nature, vous découvrez qui vous êtes réellement, car vous atteignez ainsi un état d'alignement absolu. Le sentiment que ces pensées éveillent en vous constitue l'ultime émotion de connexion. Si vous référez à la jauge à essence d'une voiture, cet état d'alignement pourrait se comparer à celui d'un réservoir qui est plein.

En d'autres termes, imaginez une jauge ou une échelle graduée indiquant à une extrémité le degré de plein consentement à votre connexion avec votre Énergie Source, et à l'autre, celui de votre plus grande résistance à permettre votre alignement avec cette même Énergie Source.

Voici à quoi peut ressembler une telle échelle graduée de la gamme complète de vos émotions :

1. Joie, savoir, maîtrise personnelle, liberté, amour et appréciation
2. Passion
3. Enthousiasme, empressement et bonheur
4. Attente positive et confiance
5. Optimisme
6. Espoir
7. Contentement
8. Ennui
9. Pessimisme
10. Frustration, irritation et impatience
11. Accablement
12. Déception
13. Doute
14. Souci
15. Blâme
16. Découragement
17. Colère
18. Vengeance
19. Haine et rage
20. Jalousie
21. Insécurité, culpabilité et indignité
22. Peur, chagrin, dépression, désespoir et impuissance.

Comme les mêmes mots sont fréquemment employés pour exprimer des choses différentes, et puisque l'on recourt souvent à des mots différents pour dire la même chose, les termes énumérés ci-dessus ne s'appliquent donc pas avec une rigueur absolue à chaque personne qui éprouve ces émotions. En fait, attribuer ainsi de telles étiquettes aux émotions pourrait susciter de la confusion et détourner votre attention du véritable but de cette échelle de guidance émotionnelle.

Il importe avant tout que vous fassiez un effort conscient pour essayer de vous sentir mieux, le terme choisi pour désigner ce sentiment étant de peu d'intérêt.

Un exemple illustrant comment s'élever consciemment dans l'échelle de guidance émotionnelle

Supposons qu'il vous soit arrivé une chose qui vous a plongé dans un état épouvantable. Depuis, plus rien ne vous semble bon, vous avez l'impression de suffoquer, et le simple fait de penser vous est pénible. Le meilleur mot pour décrire votre état émotionnel quasi constant est *dépression.*

S'il vous était possible de vous lancer à corps perdu dans une activité, vous vous sentiriez peut-être mieux. S'il vous était possible d'évacuer complètement de votre esprit ce qui vous tracasse et de vous concentrer sur votre travail, vous vous sentiriez sans doute mieux. Vous pourriez aussi entretenir de nombreuses pensées susceptibles de vous libérer de votre dépression. Toutefois, en ce moment, vous n'avez pas accès à la plupart d'entre elles sur le plan vibratoire. Mais si votre intention est de trouver une pensée grâce à laquelle vous pourrez vous sentir mieux, et que vous avez déjà clairement conscience des émotions qu'elle laissera monter en vous, vous pouvez alors commencer immédiatement à vous élever dans l'échelle de guidance émotionnelle. Il vous suffit en somme de vous concentrer sur une pensée et d'évaluer ensuite consciemment si elle vous soulage comparativement à ce que vous ressentiez avant de lui accorder votre attention. Vous essayez donc successivement diverses pensées en ayant pour seule intention de sentir laquelle vous apporte un soulagement, si minime soit-il.

Supposons cette fois que l'on vous ait dit une chose qui vous a mis en colère, ou qu'une personne n'a pas tenu parole. En réfléchissant à cette question, vous remarquez que votre sentiment de dépression s'est quelque peu atténué. Autrement dit, pendant que cette pensée de colère occupait votre esprit, votre respiration n'était plus aussi tendue, ou la claustrophobie que vous éprouviez s'était dissipée, et vous vous sentiez un peu mieux.

C'est là l'étape cruciale pour bien utiliser votre système de guidance émotionnelle : arrêtez tout et prenez conscience du fait que la pensée de colère vous permet de vous sentir mieux que ce que vous éprouviez dans l'état de dépression suffocante qu'elle a remplacé. Par cette simple reconnaissance consciente de votre vibration améliorée, votre sentiment d'impuissance s'atténue et vous êtes désormais en mesure de vous élever dans votre échelle de guidance émotionnelle, jusqu'à ce que vous repreniez pleinement contact avec qui vous êtes réellement.

Pourquoi voudrait-on me décourager d'éprouver la colère grâce à laquelle je me sens mieux ?

Souvent, après avoir subi une vibration de grande résistance comme celle suscitée par la dépression ou la peur, vous aurez déjà instinctivement, ou même inconsciemment, découvert le soulagement que vous apporte alors une pensée de colère. Mais tant de gens auront tenté de vous convaincre que votre colère est inappropriée — car, bien évidemment, comme ils ne sont pas dans votre peau, ils n'auront pu sentir l'amélioration apportée par cette pensée de colère —, qu'ils vous auront déconseillé de céder à la colère... pour ensuite vous laisser retomber dans votre ancien état de dépression. Mais lorsque vous savez pertinemment avoir choisi en toute conscience une telle pensée de colère et que celle-ci vous a apporté un net soulagement, vous avez dorénavant la certitude de pouvoir passer d'une pensée de colère à une pensée éveillant moins de résistance, comme la frustration, pour ensuite remonter l'échelle de guidance émotionnelle jusqu'à retrouver votre parfait alignement avec la Source.

Pourquoi la moindre amélioration est d'une telle importance

Lorsque vous avez parfaitement conscience de votre état d'être actuel, et que vous savez lequel vous souhaitez ressentir, et qu'en plus vous disposez d'un moyen de comprendre si vous évoluez ou non dans la direction voulue, alors rien peut vous maintenir dans votre état actuel. L'apparent manque de contrôle exercé sur votre vie est principalement dû au fait que vous ne vous êtes pas encore rendu compte de la direction dans laquelle vous vous êtes engagé. À défaut de prendre conscience de vos propres émotions et de ce qu'elles signifient, votre vie évolue souvent dans une direction opposée à celle que vous désirez réellement.

De nombreux mots sont employés pour décrire les émotions, mais il n'existe en réalité que deux types d'émotions : *celles qui vous laissent une impression agréable, ou celles qui provoquent en vous une impression désagréable.* Chaque gradation sur l'échelle de toutes les émotions possibles indique à quel degré vous consentez à recevoir la puissante Énergie Source si pure et si positive. Lorsque vous êtes pleinement branché sur cette Énergie et qu'un sentiment de joie, d'amour, d'appréciation, de liberté ou de savoir vous habite, vous assumez alors réellement votre pouvoir personnel. Si, au contraire, vous êtes complètement déconnecté et qu'un sentiment de désespoir, de tristesse, de peur ou de dépression vous envahit, vous subissez alors une réelle perte de pouvoir personnel.

Il est extrêmement important de pouvoir provoquer délibérément ne serait-ce qu'une très légère amélioration dans la façon dont vous vous sentez, car vous aurez peut-être ainsi retrouvé l'exercice d'un certain contrôle sur votre état d'être. Et même si vous ne l'avez pas exercé au point de rétablir entièrement votre connexion avec votre plein pouvoir, au moins vous ne vous sentirez plus impuissant. Non seulement votre périple pour remonter plus haut dans l'échelle des émotions est-il possible, mais relativement facile à effectuer.

Vous seul savez si choisir la colère est approprié dans votre cas

Si une personne gravement déprimée pouvait prendre conscience du soulagement qu'une pensée de colère lui apporterait et, plus important encore, si elle pouvait consciemment reconnaître qu'elle a *délibérément choisi* cette même pensée, elle retrouverait sur-le-champ un sentiment de maîtrise, et sa dépression se résorberait. Il va de soi, bien sûr, qu'elle ne doit pas demeurer sous l'emprise de la colère. Néanmoins, grâce à ce sentiment, elle peut accéder à des pensées de frustration qui seront moins lourdes à porter.

Beaucoup de gens qui ne comprennent pas encore le contenu vibratoire des émotions, ni même ce qu'est une émotion, pas plus d'ailleurs que sa raison d'être, s'opposeront avec véhémence à la projection de la colère. De fait, la plupart des gens n'aiment pas être en présence d'une personne habitée par la colère. Ils préféreraient égoïstement qu'elle retombe dans son état antérieur de dépression et d'impuissance, car l'attention d'une personne dépressive est habituellement tournée vers l'intérieur, alors que la colère est souvent dirigée vers l'extérieur, en direction de quiconque se trouve près de la personne.

Les gens de votre entourage ne savent pas si la pensée de colère que vous avez choisie constitue une amélioration pour vous. Vous seul êtes en mesure de savoir — par le soulagement ressenti — si une pensée est convenable ou non pour vous. Tant que vous n'aurez pas décidé de vous guider selon ce que vous ressentez, vous ne pourrez progresser avec constance dans la direction souhaitée.

« Je fais de mon mieux pour tirer le meilleur parti possible de chaque situation. »

Les gens qui vous observent se sentiraient peut-être mieux s'ils comprenaient que vous n'avez nullement l'intention de rester en colère. S'ils savaient que vous projetez de cheminer à travers cette colère et de passer ensuite de la frustration à l'accablement, puis à l'optimisme et à la confiance, et ainsi de suite jusqu'au sentiment intime que tout est bien, ils feraient montre de davantage de patience par rapport à votre état actuel.

Bien des gens, en une sorte de réflexe de survie, passent tout naturellement de la dépression ou de la peur à la colère. Cependant, lorsqu'ils sont confrontés à la profonde désapprobation des membres de leur famille, de leurs amis ou des conseillers qui jugent leur colère déplacée et inacceptable, ils retombent dans leur sentiment d'impuissance et dans un cycle sans fin où ils passent constamment de la dépression à la colère.

La clé pour retrouver votre merveilleux sentiment de pouvoir personnel et de contrôle consiste à décider dès cet instant, peu importe comment vous vous sentez, que vous ferez toujours de votre mieux pour tirer le meilleur parti possible de chaque situation. Parmi les pensées auxquelles vous avez accès, choisissez celle qui suscite les meilleurs sentiments possibles. Si vous persistez dans cette voie, vous réaliserez rapidement que vous vous sentez merveilleusement bien. Voilà la bonne manière de faire !

« Si j'y arrive sur le plan émotionnel, je pourrai m'en sortir à coup sûr ! »

Il faut trouver la pensée qui suscite les meilleurs sentiments possibles en vous, puis chercher à ressentir toujours davantage de soulagement. Souvenez-vous de ce qui suit :

- La rage vous soulage de la dépression, de la tristesse, du désespoir, de la peur, de la culpabilité ou de l'impuissance.
- Le désir de vengeance vous soulage de la rage.
- La colère vous soulage du désir de vengeance.
- L'expression de reproches vous soulage de la colère.
- L'accablement vous soulage du désir d'exprimer des reproches.
- L'irritation vous soulage de l'accablement.

- Le pessimisme vous soulage de l'irritation.
- L'espoir vous soulage du pessimisme.
- L'optimisme vous soulage de l'espoir.
- La confiance vous soulage de l'optimisme.
- La joie vous soulage de la confiance.

Avec le temps et de la pratique, vous deviendrez très compétent pour saisir le sens de ce qui vous est communiqué par votre système de guidance émotionnelle. Dès l'instant où vous aurez pris la ferme décision d'aspirer continuellement à ressentir le soulagement apporté par une émotion améliorée, vous en viendrez à vous sentir bien la plupart du temps et vous accepterez de vivre toutes les choses que vous désirez.

Il vous faut porter attention à ce que vous ressentez afin de mieux comprendre tout ce qui survient dans votre vie. Ce que vous ressentez — dont le sentiment de soulagement découvert en choisissant les pensées faisant naître les meilleurs sentiments possibles en vous — s'avère votre seul moyen de mesurer ce que vous attirez dans votre existence.

« Mais que faire de ceux qui n'aspirent à aucun désir ? »

Nous pourrions décrire la sensation créée par un désir comme étant la conscience délicieuse de nouvelles possibilités. Le désir est un sentiment d'anticipation frais et généreux d'une merveilleuse expansion. Sentir monter en soi un désir, c'est sentir la vie couler dans ses veines. Mais pour bien des gens, ce mot évoque quelque chose de bien différent qui ressemble souvent à de l'envie. Quand ils pensent à une chose qu'ils aimeraient faire ou avoir, ils ont également conscience de son absence. Dès lors, même s'ils emploient des mots associés au désir pour décrire ce qu'ils veulent, seule une vibration de manque émane d'eux. Ils en viennent à penser que désirer quelque chose, c'est vouloir une chose qu'ils n'ont pas. Pourtant, il n'y a pas de sentiment de manque dans un pur désir.

Par conséquent, si, chaque fois que vous demandez une chose, vous gardez à l'esprit que cela vous est toujours accordé, alors chacun de vos désirs sera désormais empreint d'une pure intention non teintée d'une quelconque résistance.

Bien des gens désirent des choses auxquelles ils n'ont pas accès dans l'immédiat. Il arrive même qu'ils entretiennent de tels désirs depuis fort longtemps. Ainsi, ils pensent aux choses désirées, puis au fait qu'ils ne les ont pas, et finissent par croire que ce qu'ils éprouvent en pensant à ce qu'ils veulent — réalisant alors qu'ils ne l'ont pas sans pouvoir s'imaginer comment l'obtenir — est la seule sensation que procure un désir. Mais leur état d'être ne correspond pas à celui d'un pur désir, puisqu'ils résistent inconsciemment à ce qu'ils veulent. Souvent, leur vibration reflète davantage leur conscience de l'absence ou du manque de ce qu'ils veulent que l'objet même de leur désir. Sans même s'en rendre compte, ils se maintiennent dans un état vibratoire à l'opposé de leurs propres désirs et en viennent à croire que de ne pas obtenir ce qu'ils veulent est réellement le sentiment que procure un désir.

Certaines personnes nous ont confié ceci : « Abraham, on m'a appris qu'il était inconvenant d'entretenir quelque désir que ce soit et que d'avoir un désir à l'esprit m'empêcherait même de devenir l'Être spirituel que je suis censé être. On m'a assuré que mon bonheur dépendait de mon aptitude à me libérer de tous mes désirs. » À cela nous avons répondu que le fait de vouloir être heureux ou d'aspirer à s'épanouir spirituellement représente en soi un désir.

Nous ne sommes pas là pour vous guider vers un quelconque désir, ou vous en éloigner. Notre travail vise à amener chacun à comprendre qu'il est le créateur de ses propres expériences et qu'il est naturel que des désirs naissent de ce qu'il vit dans cet environnement et ce corps. Nous voulons aider chacun à s'aligner parfaitement avec sa Source afin qu'ainsi tous ses désirs se réalisent.

Nous comprenons pourquoi certains suggèrent qu'en se libérant de tout désir ils puissent se sentir mieux, puisque l'émotion négative qu'ils ressentent est due à la différence entre la vibration émise et celle qui correspond à leur désir. Mais tenter de se libérer de tout désir est la façon la plus difficile de se réaligner avec la Source, car l'univers entier est constamment prêt à vous aider à former d'innombrables nouveaux désirs. Un moyen beaucoup plus facile de vous aligner et, par conséquent, de vous sentir mieux, se résume à vous efforcer plutôt de vous libérer de vos résistances.

Avez-vous le sentiment que votre désir est la prochaine étape logique ?

Votre aptitude à user de votre imagination fera venir plus rapidement à vous les prochaines étapes logiques. Vous pouvez essayer d'imaginer comment éliminer les défauts d'un quelconque projet ; vous n'avez pas à fabriquer quoi que ce soit, puisque vous pouvez tout faire cela dans votre esprit. Nous ne parlons pas ici de votre prochaine action logique. Nous vous disons simplement de vous servir de votre imagination jusqu'à ce que votre grand rêve vous semble si familier que sa manifestation sera la prochaine étape logique.

Par exemple, une mère et sa fille adulte se proposent d'acheter une coquette résidence située dans une magnifique région et d'y aménager de merveilleuses chambres d'hôtes. La fille dit à sa mère : « Si seulement nous pouvions trouver un moyen de réaliser ce projet, ça me rendrait heureuse pour le reste de ma vie. Si cela pouvait se faire, ça compenserait toutes ces choses que je voulais qui ne se sont jamais réalisées. »

Nous lui avons expliqué que la vibration de son désir n'était pas encore assez pure pour permettre à cette expérience de se manifester. *Quand un désir vous paraît inatteignable, il n'est pas sur le point de se manifester. Par contre, s'il semble être la prochaine étape logique, alors il est à la toute veille de se manifester.*

Quand vous ressentirez un sentiment de maîtrise, vous prendrez plaisir à tout cela

Vous pouvez déterminer, par la façon dont vous vous sentez, si votre vibration est de nature à permettre ou non aux Forces universelles de vous livrer maintenant ce que vous désirez obtenir. Avec de la pratique, vous saurez si une manifestation est imminente ou si vous en êtes encore aux étapes préliminaires. Mais une chose est sûre : dès que vous maîtriserez votre état d'être, vous profiterez pleinement de chaque instant.

- Vous prendrez plaisir à être stimulé par les contrastes variés qui vous aideront à identifier vos désirs. Vous aimerez la sensation que procure le fait d'observer vos propres désirs émerger de votre perspective et émaner de vous.
- Vous aimerez également sentir votre perception consciente lorsqu'il n'y aura pas d'affinité vibratoire avec l'un de vos désirs. De même, vous savourerez la sensation du réalignement vibratoire avec un désir intérieur véritable.
- Vous serez soulagé de sentir vos doutes se dissiper et de constater qu'un apaisant sentiment de Bien-être les remplace.
- Vous serez ravi de voir que les choses souhaitées sont sur le point de se produire, qu'elles commencent même à se mettre en place, et vous adorerez être témoin de leur manifestation.
- Vous vous délecterez de prendre conscience d'avoir délibérément modelé la concrétisation de vos désirs, et ce, d'une manière tout aussi réelle que si vous aviez créé une statuette d'argile de vos propres mains.
- Vous trouverez tout à fait exquises les sensations que vous éprouverez quand vous vous harmoniserez, encore et encore, avec les fruits de vos propres expériences.

L'univers tout entier existe pour faire naître en vous de nouveaux désirs vivifiants. Vous vous sentirez véritablement vivant lorsque vous suivrez le mouvement enclenché par vos désirs. Et vous vivrez alors pleinement.

DEUXIÈME PARTIE

Processus grâce auxquels vous réaliserez ce dont vous vous souvenez en ce moment

Présentation de 22 processus éprouvés qui amélioreront votre point d'attraction

À cette étape de votre lecture, de nombreuses choses que vous avez toujours sues vous ont été rappelées. Vous vous souvenez désormais que vous êtes un prolongement de l'Énergie Source et que le motif de votre venue dans ce corps physique et cette réalité spatiotemporelle est de repousser les frontières de la pensée.

Vous vous souvenez également d'avoir en vous un système de guidance qui vous aide à savoir, d'instant en instant, dans quelle mesure vous acceptez ou non la connexion avec votre Source.

Vous vous rappelez que plus vous vous sentez bien, plus vous êtes aligné avec qui vous êtes réellement ; que plus vous vous sentez mal, plus vous vous opposez à cette importante connexion.

Vous vous souvenez maintenant qu'il n'y a rien que vous ne puissiez être, faire ou avoir et que si votre intention dominante est de vous sentir bien et d'essayer de tirer le meilleur parti possible de votre situation actuelle, vous retrouverez forcément votre état de joie naturel.

Vous vous rappelez une fois de plus que vous êtes libre (en fait, vous l'êtes tellement que vous pourriez choisir l'esclavage) et que tout ce qui vous arrive se produit en réponse aux choses auxquelles vous pensez.

Vous vous rappelez maintenant que peu importe que vous pensiez au passé, au présent ou au futur, la vibration que vous émettez devient votre point d'attraction.

Vous avez de nouveau conscience du fait que la Loi d'attraction est toujours juste et que l'injustice n'existe pas, puisque tout ce que vous attirez à vous se manifeste en réaction aux vibrations qui se dégagent de vous en fonction des pensées entretenues.

Et plus important encore, vous comprenez dorénavant que le Bien-être est le fondement de votre monde et qu'à moins de faire quelque chose qui s'y oppose, le Bien-être sera votre état d'être normal. Vous pouvez l'accueillir ou lui résister, mais seul un Courant de bien-être, d'abondance, de clarté et de toutes les bonnes choses désirées coule désormais.

Et vous vous rappelez enfin qu'il vous est impossible de basculer dans l'obscurité, qu'il n'existe pas de Source du « mal » ni de Source de maladie ou de manque. Vous pouvez permettre au Bien-être de vous habiter, ou lui résister, mais tout ce qui survient dans votre vie est entièrement la conséquence de vos choix.

Y a-t-il quelque chose que vous désirez améliorer ?

Si votre vie actuelle vous comble à tous égards, vous n'avez sans doute nul besoin de poursuivre la lecture de ce livre. Toutefois, s'il y a quelque chose que vous souhaitez améliorer — une chose qui vous manque et que vous aimeriez avoir, ou une chose non désirée dont vous aimeriez vous débarrasser —, les processus expliqués plus loin dans cet ouvrage vous seront d'une utilité immense.

Votre habitude d'entretenir des pensées suscitant de la résistance est la seule chose qui vous empêche de consentir à recevoir ce que vous désirez. Et même si vous n'avez certainement pas choisi consciemment d'adopter cette attitude de résistance, elle s'est néanmoins installée peu à peu en vous au fil de vos expériences. Mais une chose reste très claire : si vous ne faites rien pour modifier la nature des vibrations émanant de vous, rien non plus ne pourra vraiment changer dans votre vie.

Les techniques proposées dans les pages suivantes ont été conçues pour vous aider à vous libérer petit à petit de toute attitude de résistance. Et tout comme ce comportement ne s'est pas développé du jour au lendemain, vous ne pourrez vous en défaire d'un seul coup. Toutefois, vous y parviendrez inévitablement. Processus par processus, jeu par jeu (nous employons les mots *jeu* et *processus,* qui sont interchangeables), de jour en jour, vous redeviendrez lentement mais sûrement une personne consentant à ce que son Bien-être naturel afflue vers elle.

Ceux qui vous observent seront stupéfaits de tout ce qu'ils verront se produire peu à peu en vous et de la joie de vivre qui rayonnera manifestement de vous. Et vous leur expliquerez, avec confiance et assurance, avoir trouvé un moyen de permettre au Bien-être d'affluer naturellement vers vous, et avoir appris à pratiquer l'art du consentement.

Une suggestion pour faciliter le recours à ces processus

C'est avec un très grand enthousiasme et beaucoup d'espoir que nous vous offrons les techniques indiquées plus avant dans ce livre. Lorsque vous en aurez le temps, lisez d'abord en entier l'explication relative à chacune d'elles sans toutefois effectuer immédiatement ce qui est suggéré. Nous vous encourageons à procéder de la sorte. À la lecture de ces descriptions, si certaines éveillent une résonance immédiate en vous, vous aurez fortement envie de les mettre en pratique. Vous pourriez noter celles pour lesquelles vous ressentez de l'enthousiasme. Puis, quand vous aurez le temps d'effectuer ces processus, commencez par celui pour lequel vous avez éprouvé le plus d'enthousiasme. Ce sera le meilleur point de départ pour vous.

En réalité, vous pourriez choisir l'un de ces processus au hasard, l'accomplir, et en recevoir de nets avantages, car toutes les techniques proposées vous aideront à éliminer des résistances et à élever votre vibration. Cependant, le pouvoir de votre désir et le degré de votre résistance actuelle feront en sorte que certains de ces processus auront davantage d'importance pour vous en ce moment.

En passant en revue ces divers processus et les exemples de mises en pratique fournis, vous constaterez peut-être que quelque chose de similaire a cours dans votre vie, de sorte que vous pourriez profiter de la mise en pratique de ces processus. Toutefois, étant donné que votre vie vous offre un large éventail d'expériences ainsi qu'une gamme étendue d'émotions, il n'y a pas de règles absolues visant à déterminer quel processus précis vous feriez mieux d'appliquer à quelle expérience précise en ce moment.

Enlevons les arbres obstruant notre sentier

Certains de ces processus vous seront utiles pour focaliser plus clairement votre désir et renforcer votre point d'attraction. Mais si, pour une raison quelconque, vous offrez une grande résistance, un processus qui aurait pour effet de vous amener à appeler encore plus d'Énergie vers vous pourrait, dans ce cas, aller à l'encontre du but recherché.

Plus haut, nous vous avons donné l'exemple d'un véhicule roulant à plus de 160 km/h et heurtant un arbre, ce qui est en soi un problème bien plus grave que de conduire son véhicule à moins de 10 km/h et de percuter un arbre.

Or, dans cette analogie, la vitesse de votre véhicule est égale à l'Énergie créatrice appelée à vous en raison de l'intensité de votre désir ; quant aux arbres, ils représentent vos idées contradictoires, votre résistance. Souvent, les gens vont conclure que la seule option raisonnable consiste à ralentir la vitesse de leur véhicule. Néanmoins, à titre d'enseignants nous vous encourageons plutôt à enlever les arbres qui obstruent votre chemin.

Les techniques présentées dans ce livre sont conçues pour vous aider à dissiper toute résistance dans votre cheminement, car il n'y a rien de plus délicieux que de progresser dans la vie à la vitesse à laquelle vous êtes habitué — sans arbres pour obstruer le passage.

Laissez vos émotions vous guider

Vous vivez tous, sans exception, des réactions émotionnelles liées aux expériences de la vie, et ces émotions sont la clé vous permettant de savoir lequel de tous ces processus serait le mieux pour vous en ce moment. Règle générale, plus vous vous sentirez mieux, plus les premiers processus seront les meilleurs pour vous ; plus vous vous sentirez mal, plus les derniers processus seront les plus avantageux pour vous.

La chose la plus importante à reconnaître pour vous avant d'appliquer l'un ou l'autre de ces processus est l'état d'être qui vous habite à ce moment-là — et celui que vous aimeriez ressentir. Au début de chaque processus, nous avons suggéré une gamme possible d'émotions. L'idéal serait de commencer par le processus dont l'éventail d'émotions correspond le mieux, selon vous, au sentiment alors présent en vous.

Tout d'abord, améliorez la façon dont vous vous sentez

Certaines de ces techniques sont orientées vers des expériences de vie bien précises, telle l'augmentation de votre Bien-être financier ou physique, mais la majorité de celles-ci peuvent très bien s'appliquer à toute situation.

Nous vous assurons que votre vie s'améliorera grâce à l'application de ces processus, car vous ne pouvez faire cela sans améliorer la façon dont vous vous sentez. Et vous ne pouvez vous sentir mieux sans dissiper vos résistances et, de ce fait, améliorer votre point d'attraction. Et quand vous améliorez votre point d'attraction, la Loi d'attraction doit alors forcément vous présenter les circonstances, les événements, les relations, les expériences, les sensations et la preuve irréfutable de votre changement vibratoire. Telle est la loi !

Certaines de ces techniques deviendront vos favorites. Vous voudrez en utiliser certaines tous les jours, alors que d'autres ne le seront sans doute jamais. Peut-être n'aurez-vous recours à certains processus qu'au début, ne les trouvant plus nécessaires par la suite, alors que d'autres seront réutilisés lorsque des circonstances spéciales surviendront.

Nous espérons que vous aurez envie de vous servir de ces processus, car nous avons la conviction qu'ils entraîneront des changements positifs dans votre vie. De notre point de vue, ils ont été conçus expressément pour vous aider à vous réaligner avec l'Énergie que vous êtes en réalité. Ce faisant, vous retrouverez votre joie naturelle. Oh ! et bien sûr, ils auront accessoirement pour avantage de vous aider à réaliser tous vos désirs.

Avez-vous mis un visage souriant là-dessus ?

Vos émotions sont essentielles au contrôle conscient de votre vie, et elles sont bien sûr indispensables à la préservation de votre bonheur.

Tout comme vous n'anesthésieriez pas le bout de vos doigts pour les désensibiliser à la douleur ni n'apposeriez un autocollant de visage souriant sur le tableau de bord de votre voiture pour cacher votre jauge d'essence, vous ne voudriez certainement pas masquer vos propres émotions en prétendant vous sentir autrement que vous ne vous sentez réellement. Alléguer une telle chose ne changerait nullement la fréquence vibratoire de votre point d'attraction. Le seul moyen d'y parvenir est de modifier les vibrations que vous émettez, car ce n'est qu'alors que vous vous sentirez autrement.

Focaliser de l'Énergie pour changer les vibrations que vous émettez

Lorsque vous vous rappelez un incident vécu dans le passé, vous focalisez de l'Énergie. Lorsque vous imaginez une chose susceptible de vous arriver et, bien sûr, quand vous observez quelque chose qui se passe à l'instant même, là encore vous focalisez de l'Énergie. Peu importe que votre attention soit fixée sur un événement passé, présent ou futur, vous focalisez chaque fois de l'Énergie. En outre, selon votre point focal d'attention, vous émettez une *vibration* qui devient dès lors votre point d'attraction.

Quand vous êtes en train de réfléchir à quelque chose, de vous souvenir d'une chose, ou d'en imaginer une, cela active instantanément une vibration en vous. Si cette pensée revient à votre esprit, vous activez de nouveau cette vibration. Plus cette pensée occupe souvent votre esprit, plus la vibration apparentée à celle-ci devient familière et plus il vous est facile de l'activer, jusqu'à ce qu'elle finisse par devenir une structure vibratoire dominante en vous. Et comme elle tient une place plus importante dans votre schème vibratoire, les choses de même nature commencent à se manifester dans votre vie.

Il existe donc deux moyens infaillibles de découvrir quel type de vibration émane de vous : en observant bien ce qui survient autour de vous (puisqu'il y a toujours une corrélation vibratoire entre le sujet de votre attention et les choses qui se manifestent dans votre vie), et en remarquant de quelle manière vous vous sentez (puisque vos émotions vous informent en retour sur la nature des vibrations que vous émettez et sur votre point d'attraction, et ce, constamment).

Vous devez avoir pleinement conscience d'être un créateur délibéré

Nous pensons qu'il s'agit d'une chose merveilleuse lorsque vous vous mettez à établir un lien entre ce que vous avez pensé et ressenti et ce qui se manifeste dans votre vie. Ayant pleinement conscience de cette corrélation, vous êtes alors en mesure de modifier délibérément vos pensées afin de pouvoir ainsi attirer à vous des choses encore plus agréables. Le fait d'être sensible aux émotions éveillées en vous par les choses auxquelles vous pensez est l'aspect le plus satisfaisant de la création délibérée, car il vous est alors possible de transformer une pensée perturbante en une autre à l'effet plus agréable, ce qui vous permet d'améliorer votre point d'attraction avant que quelque chose d'indésirable ne se manifeste. *Il est beaucoup plus facile de changer à dessein la direction de vos pensées afin, ainsi, de vous sentir mieux.*

Vous en viendrez à comprendre que la création délibérée a essentiellement pour but de guider sciemment vos pensées de façon à vous sentir le mieux possible. Vous aurez la satisfaction d'avoir choisi volontairement des pensées agréables, et vous prendrez ensuite plaisir à observer les manifestations de même nature qui s'ensuivront inévitablement. Vous pouvez même éprouver une certaine satisfaction à reconnaître les pensées provoquant des émotions désagréables et à observer ensuite les manifestations déplaisantes qui en résulteront fatalement, puisque votre conscience de l'existence de la puissante Loi d'attraction vous procurera le sentiment de pouvoir maîtriser votre vie. À défaut d'établir le lien entre vos pensées, vos émotions et les choses qui se manifestent, aucun contrôle conscient sur ce qui se produit dans votre vie ne sera possible.

Des circonstances incontrôlables surviennent toujours lorsqu'on tente d'exercer un contrôle sur les autres

Les vibrations de pensée de la plupart des gens sont, pour l'essentiel, émises en réaction aux choses qu'ils observent. S'ils voient une chose merveilleuse, ils se sentent merveilleusement bien ; s'ils sont témoins d'une chose terrible, ils se sentent affreusement mal. Mais ils ne croient pas pouvoir exercer le moindre contrôle sur leur état d'être parce qu'ils se rendent bien compte qu'ils n'ont aucune influence sur les circonstances observées.

Bien des gens passent le plus clair de leur temps à essayer de contrôler les circonstances entourant leur vie, car ils pensent pouvoir ainsi se sentir mieux. Mais peu importe à quel point ils réussissent à contrôler les actions des autres, ce n'est jamais suffisant puisque d'autres circonstances incontrôlables finissent toujours par se présenter.

Vous n'exercez aucun pouvoir créateur dans la vie des autres, car ils émettent leurs propres vibrations en fonction de leur propre point d'attraction, tout comme vous émettez vos propres vibrations, lesquelles correspondent à votre point d'attraction spécifique.

La création délibérée repose sur un choix de pensées plus agréables

Beaucoup de gens croient que certaines choses doivent d'abord changer pour qu'ils puissent se sentir mieux. Ils se disent qu'il leur faut davantage d'argent, qu'ils doivent déménager dans une meilleure maison, qu'il leur faut dénicher un meilleur emploi ou se trouver un meilleur compagnon. Nous convenons qu'il est plus intéressant d'observer une chose agréable qu'une chose désagréable, mais ce n'est pas ainsi qu'il faut aborder cette question.

Pour réaliser une création délibérée, il ne s'agit pas de modifier certaines conditions et d'espérer se sentir mieux par suite de ces changements. Ce qui importe avant tout, c'est de choisir une pensée qui inspire des sentiments positifs, lesquels amènent ensuite un changement dans les conditions en cause. Par exemple, éprouver un amour inconditionnel, c'est essentiellement être tellement désireux de demeurer connecté avec sa Source d'amour que l'on choisit intentionnellement des pensées favorisant cette connexion, peu importe les circonstances autour de soi. Et lorsque l'on parvient à contrôler son point d'attraction en choisissant délibérément des pensées suscitant de meilleurs sentiments en soi, les conditions environnantes doivent alors forcément changer. Ainsi le veut la Loi d'attraction.

Vous ne pouvez attirer que des pensées compatibles avec votre gamme vibratoire

Certaines personnes affirment que nos explications relatives à la création délibérée paraissent assez simples, mais elles ne comprennent pas pourquoi elles éprouvent tant de difficulté à réaliser cela. « Pourquoi nous est-il si difficile de contrôler nos pensées ? » « Nous avons l'impression qu'elles ont une vie propre et qu'elles jaillissent indépendamment de notre volonté ! »

Nous leur rappelons alors que la Loi d'attraction est puissante et qu'il est impossible de former et conserver une pensée si elle s'avère très différente de leur état d'être habituel sur le plan vibratoire. Vous n'avez accès qu'aux seules pensées dont les vibrations correspondent à votre gamme vibratoire actuelle.

Vous est-il déjà arrivé de prendre plaisir à écouter un morceau de musique, puis, à une autre occasion, d'entendre la même musique sans toutefois ressentir alors le moindre plaisir ? La première fois que vous l'avez entendue, un sourire se dessinait sur votre visage et votre corps bougeait peut-être même au rythme de cette musique, mais la seconde fois, vous l'avez trouvée irritante et énervante. Ce que vous avez alors pu remarquer, c'était si vous étiez ou non aligné avec cette musique sur le plan vibratoire. Autrement dit, quand vous étiez davantage en harmonie avec votre véritable nature spirituelle, la musique se mariait bien à votre état d'être harmonieux. Mais quand vous n'étiez pas aligné avec qui vous êtes réellement, la musique mettait alors simplement en lumière la différence entre la vibration du Bien-être, celle de votre véritable nature, et votre vibration de résistance du moment.

Il arrive parfois que vos amis réussissent à vous encourager, par leurs exhortations ou leurs taquineries, à entretenir des pensées plus positives, mais à d'autres moments leurs encouragements ou leurs plaisanteries n'ont pour seul effet que de vous faire sentir plus mal encore. Quelque succès qu'ils aient pu avoir pour vous aider à vous sentir mieux a, pour l'essentiel, été conditionné par le manque d'harmonie plus ou moins grand dans lequel vous vous trouviez déjà, car même s'il peut s'avérer facile d'effectuer de petits ajustements vibratoires, il est difficile, voire impossible, d'en faire d'importants.

Ces processus ont pour but de vous libérer de vos résistances

Dans les pages qui suivent, des processus vous sont proposés afin de vous aider à améliorer progressivement votre point d'attraction vibratoire. L'état d'être vibratoire actuel de chacun est différent d'une personne à l'autre et varie dans le temps. Vous saurez donc lequel, parmi ces processus, sera le plus utile pour vous en ce moment, selon ce que vous ressentirez en les essayant l'un après l'autre.

Maintenant, après observations, réflexions, discussion et souvenirs, vous en êtes arrivés à entretenir des pensées et des croyances qui sont devenues plus puissantes, et dont la vibration domine désormais votre point d'attraction. Comme chaque pensée examinée éveille en vous une réaction émotionnelle, vous en êtes venu avec le temps à éprouver certains sentiments à l'égard de certaines choses. Nous appelons cela votre état d'être émotionnel.

Les processus suivants sont numérotés de 1 à 22. Plus vous êtes près, en ce moment, d'être en alignement vibratoire avec votre Source de Bien-être, plus les premiers processus énumérés ci-après seront efficaces pour vous aider à vous réaligner complètement. Plus vous êtes loin, en ce moment, d'un parfait alignement vibratoire avec votre Source de Bien-être, plus sera élevé le numéro du processus auquel vous devrez recourir pour retrouver l'harmonie intérieure.

Il se peut que vous soyez une personne dont l'alignement avec sa Source de Bien-être soit généralement si parfait que vous n'ayez que rarement besoin d'employer l'un ou l'autre des processus 13 à 22. Mais il est possible qu'en raison de certaines circonstances particulières votre vibration s'écarte parfois encore davantage de votre plage de connexion habituelle. Si tel est le cas, l'un de ces processus plus élevés pourrait vous être utile — mais ce serait là une situation exceptionnelle pour vous.

Provoquer intentionnellement un changement dans votre état d'être émotionnel actuel

D'autre part, vous ne vous souvenez peut-être pas de la dernière fois que vous vous sentiez bien. Par les circonstances de votre vie, vous avez peut-être développé un état d'être qui vous empêche continuellement d'accéder à votre Bien-être naturel. Cela étant, les cinq ou six premiers processus ne vous seront sans doute d'aucun secours. Il se peut même que si vous commenciez par les derniers processus proposés, ils ne puissent vous apporter qu'un très léger soulagement. La chose la plus importante dont il vous faut prendre conscience ici est la suivante : peu importe à quel point vous vous sentez bien et avec quelle rapidité vous le sentez. Ce qui compte uniquement, c'est que vous ayez conscience d'éprouver un soulagement, aussi léger soit-il, et que vous compreniez qu'il est le résultat d'un effort délibéré de votre part. De fait, dès l'instant où vous parviendrez à ressentir un soulagement, vous serez de nouveau en mesure d'exercer un contrôle créatif sur votre vie et vous aurez dès lors la possibilité de réaliser tous vos désirs, quels qu'ils soient.

Rappelez-vous que le but de chaque processus est d'élever votre fréquence vibratoire, de vous libérer ou de vous soulager de votre résistance pour vous amener à vous sentir mieux et à améliorer votre état d'être émotionnel.

Détendez-vous et amusez-vous bien avec tout cela

Nous employons les mots *processus*, *technique* ou *jeu*, chacun pouvant être substitué à l'autre. En effet, bien qu'il s'agisse de processus puissants qui vous aideront à réaliser tous vos désirs, si vous les abordez en ayant une attitude enjouée, vous ferez montre de beaucoup moins de résistance que si vous les considérez comme des outils servant à réparer quelque chose de détraqué. *La clé du succès que vous allez trouver dans ces processus dépend en réalité de votre aptitude à relâcher toute résistance. Ainsi, plus vous serez enjoué, moins vous offrirez de résistance.*

Un recours délibéré à ces processus vous aidera à changer votre état d'être émotionnel et, par conséquent, votre point d'attraction. Vous pourrez rapidement observer une amélioration — même dès le premier jour de la mise en pratique de ces jeux. Et avec davantage de pratique, vous améliorerez votre point d'attraction à l'égard de tous les aspects de votre existence.

Vous êtes, en cet instant même, le créateur de votre réalité

Que vous en ayez conscience ou non, vous seul créez les circonstances de votre vie. Ce qui vous arrive est le résultat direct des vibrations émanant de vous à la suite de vos pensées.

Les processus que nous vous proposons ci-après feront en sorte qu'au lieu de créer involontairement, ou en l'absence de tout contrôle créatif, vous deviendrez le créateur délibéré de votre propre réalité. Votre utilisation de ces processus vous assurera d'exercer un contrôle précis sur chaque aspect de votre vie.

C'est avec énormément d'amour et d'enthousiasme que nous vous offrons ces techniques révolutionnaires qui changeront votre vie. *Il y a beaucoup d'amour pour vous ici...*

Processus 1

Le déchaînement d'appréciation

Quand faut-il utiliser ce processus ?

- Lorsque vous désirez faire en sorte d'accroître votre bonne humeur.
- Lorsque vous désirez améliorer vos rapports avec une personne ou une chose.
- Lorsque vous désirez maintenir ou même améliorer votre état d'être positif actuel.
- Lorsque vous désirez concentrer votre attention sur une chose bénéfique pour votre état d'être.
- Lorsque vous désirez faire quelque chose de productif en conduisant, en marchant ou en patientant dans une ligne d'attente.
- Lorsque vous voyez une chose qui pourrait susciter des émotions négatives en vous et que vous désirez conserver la maîtrise des vibrations émanant de vous.
- Lorsque vos pensées, ou les paroles d'une personne avec qui vous êtes, s'engagent dans une direction susceptible d'être négative et que vous souhaitez vous assurer de la

direction que prendra le contenu de vos pensées ou de la discussion.

- Lorsque vous avez conscience d'éprouver une émotion négative et que vous voulez faire en sorte de vous sentir mieux.

L'éventail actuel de vos états d'être émotionnels

Ce processus du déchaînement d'appréciation vous sera des plus utiles lorsque votre état d'être se situera entre :

1) la joie, le savoir, la maîtrise personnelle, la liberté, l'amour et l'appréciation
   et
5) l'optimisme.

(Si vous n'êtes pas certain de votre état d'être actuel, veuillez vous référer au chapitre 22 pour y passer en revue les 22 catégories de l'échelle de guidance émotionnelle proposée.)

Supposons que vous ressentez de la confiance. Comme cet état d'être est classé en quatrième position dans la liste, soit entre les première et cinquième positions, il vous serait des plus salutaires de recourir maintenant à ce processus.

Ce jeu du déchaînement d'appréciation peut être joué n'importe où, et à tout moment de la journée, puisqu'il est très simple à faire. Il vous suffit en effet de focaliser votre attention sur des pensées agréables. Si vous pouvez mettre ces pensées par écrit, cela rehaussera l'effet de ce processus, mais ce n'est pas absolument nécessaire.

Vous devez tout d'abord regarder autour de vous en cherchant à identifier une chose qui vous plaît plus particulièrement. Essayez de maintenir votre attention sur cet objet d'aspect agréable tandis que vous considérez à quel point vous le trouvez merveilleux, joli et utile. Plus votre concentration sur cet objet se prolongera, plus vos sentiments positifs à son sujet s'intensifieront.

À présent, notez à quel point vous vous sentez mieux, et appréciez ce fait. Puis, une fois que ce sentiment agréable vous paraît sensiblement plus marqué que lorsque vous avez commencé, regardez encore une fois autour de vous et choisissez un autre objet plaisant sur lequel concentrer votre attention.

Choisissez avant tout des objets d'attention déclenchant facilement votre appréciation, car le but de cet exercice n'est pas de cibler quelque chose de préoccupant pour tenter ensuite d'arranger ce qui ne va pas. Le but recherché est plutôt de vous exercer à dégager des vibrations plus élevées. Plus vous focaliserez longtemps votre attention sur ces fréquences positives, plus la Loi d'attraction fera jaillir en vous d'autres pensées apparentées et des souvenirs d'expériences, de personnes et de choses qui seront de même nature que la vibration que vous désirez pratiquer afin de la générer.

En cherchant, au fil de votre journée, à repérer des choses à apprécier, vous vous exercerez ainsi à dégager une vibration de moindre résistance et renforcerez votre connexion avec votre propre Énergie Source.

Puisque la vibration d'appréciation forme le lien le plus puissant qui soit entre les aspects physiques et non physiques de votre être, ce processus vous permettra également de recevoir des guidances plus claires de votre Être intérieur.

Plus vous vous exercerez à ressentir et à exprimer de l'appréciation, moins vous opposerez de résistance à vos propres fréquences vibratoires. Et plus cette résistance sera faible, plus votre vie s'améliorera. En outre, en pratiquant ce déchaînement d'appréciation, vous vous habituerez aux sensations que laissent en vous les vibrations aux fréquences plus élevées, de sorte que s'il vous arrivait de retomber dans une ancienne forme de dialogue intérieur laissant apparaître un élément de résistance dans votre vibration, vous pourriez le remarquer suffisamment tôt, soit bien avant que ladite vibration ne devienne trop forte.

Plus vous identifierez de choses à apprécier, mieux vous vous sentirez et plus vous voudrez le faire souvent. La Loi d'attraction contribue au puissant élan que vous donneront ces pensées et ces émotions positives, jusqu'au moment où vous vous rendrez compte que votre cœur déborde de bonheur par suite de l'alignement joyeux avec qui vous êtes réellement.

Baignant dans cette vibration à l'origine d'un si merveilleux sentiment de bien-être intérieur au sein duquel aucune résistance n'existe, vous atteindrez un degré de consentement plus profond, un état vibratoire grâce auquel les choses que vous désirez pourront affluer facilement vers vous. Les choses iront de mieux en mieux pour vous!

Si, en commençant le jeu, votre vibration est déjà suffisamment proche de ces vibrations supérieures et que vous constatez pouvoir atteindre rapidement un meilleur état d'être, poursuivez cet exercice aussi longtemps que vous le pourrez ou que vous serez à l'aise de le faire.

Si, au contraire, vous essayez ce jeu et éprouvez un quelconque malaise, ou si vous n'avez pas le sentiment que vous allez de mieux en mieux tandis que vous concentrez votre attention sur une succession de pensées joyeuses—autrement dit, si ce processus vous énerve—, cessez alors l'exercice et choisissez un processus dont le numéro est plus élevé dans la liste.

Même si vous ne comprenez rien au fonctionnement de la Loi d'attraction ou de votre connexion à votre Énergie Source, faire cet exercice vous permettra de pratiquer l'art du consentement sans même le savoir—et toutes les choses que vous aurez identifiées comme des objets de votre désir se manifesteront progressivement dans votre vie. Lorsque vous exsudez l'appréciation, il n'y a pas de résistance dans la vibration qui se dégage alors de vous. La résistance que vous offrez est la seule chose qui vous empêche d'obtenir ce que vous désirez.

Dans cet exercice du déchaînement d'appréciation, vous ajustez en fait votre fréquence vibratoire de manière à consentir à la manifestation de ce que vous avez demandé dans votre vie. Vous avez exprimé chaque jour vos demandes et la Source a répondu chaque fois, sans exception. À présent, alors que vous êtes en mode appréciatif, vous vous exercez à recevoir. Vous voilà désormais engagé dans la dernière étape du processus de création—en consentant à son activation.

Au début, ce serait à coup sûr une bonne idée de réserver de 10 à 15 minutes par jour à ce processus. Après avoir profité durant quelques jours de l'enclenchement et du maintien délibérés d'une vibration supérieure, vous aurez envie de refaire cela plusieurs fois par jour, à raison de quelques secondes ici et là, dans une foule de situations différentes, et ce, uniquement parce que l'expérience vous sera apparue réellement agréable.

Voici un exemple du genre de choses auxquelles vous pourriez penser tout en patientant en ligne au bureau de poste :

Cet édifice est magnifique.
C'est bien qu'ils le gardent aussi propre.
J'aime l'attitude amicale de cet employé postal.
J'apprécie la manière avec laquelle cette mère interagit avec son enfant.
Ce blouson est très beau.
Ma journée se déroule réellement bien.

Tout en vous rendant en voiture au travail, vous pourriez penser :

J'aime bien ma voiture.
Cette nouvelle autoroute est merveilleuse.
Même s'il pleut, je passe de très bons moments.
J'apprécie la fiabilité de mon véhicule.
Je suis heureux d'avoir cet emploi.

Vous pourriez plus spécifiquement centrer votre attention sur l'une des choses faisant l'objet de votre appréciation et trouver encore davantage de raisons de l'apprécier. Par exemple :

Cet édifice est tout à fait magnifique...

Nous disposons ici de tellement plus d'espace pour le stationnement qu'à l'endroit où était situé l'ancien bureau de poste.
Il y a davantage de comptoirs de service ici, et on progresse bien plus vite qu'auparavant dans la file d'attente.
Avec ces vastes fenêtres, cette salle donne l'impression d'être beaucoup plus claire et spacieuse.

Cette nouvelle autoroute est merveilleuse...

Il n'y a aucun feu de circulation pour me ralentir.
Je peux rouler beaucoup plus vite qu'auparavant.
Ce trajet offre une si belle vue !

Une fois l'habitude prise de chercher des choses à apprécier, vous vous rendrez compte que votre journée est remplie de telles choses. Des pensées et des sentiments d'appréciation jailliront naturellement de vous. Et souvent, alors que vous serez envahi d'un authentique sentiment d'appréciation pour une personne ou une chose, vous sentirez un afflux soudain d'énergie fourmillante dresser les poils de votre corps, recevant ainsi confirmation de votre alignement harmonique avec votre Source.

Abraham donne plus de détails sur le processus du déchaînement d'appréciation

Chaque fois que vous appréciez quelque chose, que vous faites l'éloge d'une chose, ou que vous en avez une bonne impression, vous exprimez à l'univers votre désir d'obtenir davantage de cette même chose. Vous n'aurez nullement besoin d'exprimer ce souhait de vive voix, et si ce sentiment d'appréciation perdure en vous, toutes sortes de bonnes choses afflueront vers vous.

On nous demande souvent si le mot *amour* ne serait pas un meilleur choix que le mot *appréciation,* et si ce terme ne décrirait pas mieux l'Énergie non physique. À cela nous répondons que l'amour et l'appréciation communiquent la même vibration. Certains préfèrent employer le mot *gratitude,* ou parler d'un sentiment de reconnaissance, mais tous ces termes décrivent le même état de Bien-Être.

Avoir le désir d'apprécier ce qui vous entoure est une excellente première étape. Puis, à mesure que vous découvrez davantage de choses à propos desquelles vous aimeriez exprimer votre gratitude, cette attitude se généralise rapidement. En voulant ressentir de l'appréciation, vous attirez à vous des choses à apprécier. Et tandis que vous les appréciez, vous attirez alors d'autres choses à apprécier, et ainsi de suite, jusqu'à ce que vous fassiez l'expérience d'un véritable déchaînement d'appréciation.

Vous ne pouvez exercer aucun contrôle sur la façon dont les autres se sentent

Durant votre journée, il peut vous arriver de rencontrer des gens entêtés, déçus, ou éprouvant de la douleur. S'ils dirigent leurs émotions négatives vers vous, il se peut aussi qu'il vous soit très difficile d'éprouver de l'appréciation à leur égard. Et vous pourriez vous reprocher par la suite d'être incapable de les apprécier en dépit de leur attitude négative envers vous. Bien sûr, il ne nous viendrait jamais à l'idée de suggérer que vous devriez pouvoir considérer froidement une chose que vous ne désirez pas, et avoir tout de même une bonne impression à son sujet. Nous vous recommandons plutôt de chercher des choses qui éveillent en vous un sentiment positif quand vous les trouvez. La Loi d'attraction amènera ensuite à vous davantage de choses de même nature.

Chaque fois que vous êtes en quête de choses à apprécier, vous maîtrisez la vibration que vous émettez et la teneur de votre point d'attraction. Cependant, lorsque vous réagissez à ce que les autres semblent penser de vous, vous n'avez aucun contrôle. Si, par contre, vous vous intéressez davantage à l'opinion que vous avez de vous-même, et non à celle des autres à votre sujet, vous maîtrisez mieux les circonstances de votre vie. Par ailleurs, vous ne pouvez savoir si les autres ont perdu leur chien aujourd'hui sous les roues d'une voiture, s'ils viennent de divorcer, ou si on a dérobé leur argent à la banque. Ne connaissant pas la situation dans laquelle ils vivent, il vous est impossible de comprendre pourquoi ils réagissent ainsi à votre égard, et vous n'avez aucun contrôle là-dessus.

Une fois que vous avez décidé que rien ne saurait être plus important que votre propre Bien-être intérieur et que vous êtes résolu à identifier des choses à apprécier aujourd'hui, l'objet de votre attention consiste désormais à ressentir de l'appréciation. Ce faisant, vous établissez un circuit vous reliant à cet objet d'appréciation auquel la Loi d'attraction commencera immédiatement à s'appliquer, de sorte que vous aurez aussitôt davantage de choses à apprécier.

Vous ne pouvez être sur la défensive tout en essayant d'éprouver de l'appréciation

Si vous ne comprenez pas que la seule chose qui influe sur votre existence est la façon avec laquelle vous faites circuler l'Énergie, si vous pensez que c'est avant tout une question de hasard, de chance, de coïncidence, de probabilités statistiques ou de loi des moyennes, lorsque vous entendez aux nouvelles télévisées qu'un assassin en liberté tire de sa voiture sur tout ce qui bouge dans votre quartier, vous vous sentez vulnérable, car vous pensez que votre bonheur, ou votre Bien-être, dépend de son comportement. Si c'est le cas et que vous ne pouvez exercer aucun contrôle sur cet homme, que vous ne savez même pas où il est et qu'il vous est impossible d'obtenir que l'on envoie suffisamment de policiers pour s'occuper de ce problème, alors votre sentiment de vulnérabilité grimpera en flèche.

Nous désirons vous faire sentir l'importance de vous connecter à l'Énergie non physique et vous amener à réaliser qu'éprouver de l'appréciation pour quelque chose représente le moyen le plus facile et le plus rapide d'y parvenir. Lorsque vous ressentirez avec suffisamment d'intensité le désir de vous connecter à l'Énergie non physique, vous découvrirez une multitude de moyens de faire naître en vous un sentiment d'appréciation.

Vous devez vous rappeler que l'opinion des autres à votre égard ne fait aucune différence. Autrement, vous serez sur la défensive, manifestement incapable d'apprécier quoi que ce soit en même temps. Quand, au contraire, vous vous concentrez sur le fait d'apprécier, cette même énergie d'appréciation vous revient aussitôt. Mais ce que vous voulez au fond ce n'est pas tant que l'appréciation vienne à vous, mais que l'énergie de ce sentiment afflue *à travers* vous.

Tandis que vous vaquez à vos occupations, si vous prenez conscience d'une chose que vous ne voulez pas, le désir de ce que vous voulez réellement se forme alors plus clairement en vous. Or, comme vous vous êtes exercé à laisser votre appréciation se « déchaîner », il vous est facile de refocaliser votre conscience de manière à la transférer de ce que vous ne voulez pas à ce que vous voulez. Vous voilà désormais le type de créateur proactif que vous êtes venu apprendre à devenir.

Il ne faut pas vivre pour le lendemain, mais bien plutôt profiter pleinement de l'instant présent. Apprendre à façonner l'Énergie, tel est le véritable but de l'existence!

Processus 2

La boîte de création magique

Quand faut-il utiliser ce processus ?

- Lorsque vous avez envie d'une activité agréable qui focalisera l'Énergie créatrice conformément à vos préférences personnelles.
- Lorsque vous voulez donner au Directeur universel encore plus de renseignements précis et détaillés sur les choses qui vous plaisent.

L'éventail actuel de vos états d'être émotionnels

Ce processus de boîte de création magique vous sera des plus utiles lorsque votre état d'être se situera entre :

1) la joie, le savoir, la maîtrise personnelle, la liberté, l'amour et l'appréciation

   et

5) l'optimisme.

(Si vous n'êtes pas certain de votre état d'être actuel, veuillez vous référer au chapitre 22 pour y passer en revue les 22 catégories de l'échelle de guidance émotionnelle proposée.)

Si ce que vous ressentez en ce moment se situe quelque part entre la joie (1) et l'optimisme (5), alors il serait préférable que vous utilisiez immédiatement ce processus de boîte de création magique.

Pour débuter, dénichez une jolie boîte que vous avez grand plaisir à regarder. Sur son couvercle, écrivez bien en évidence la phrase : *« Tout ce que contient cette boîte EST ! »*

Puis, rassemblez magazines, catalogues et brochures de tous genres et parcourez-les tranquillement afin d'identifier tout ce que vous aimeriez avoir ou faire. Découpez les images qui s'y rapportent : meubles, vêtements, aménagements paysagers, bâtiments, destinations de voyage, véhicules, caractéristiques physiques, personnes en relation les unes avec les autres, et ainsi de suite. Si vous sentez qu'une image vous attire et vous intéresse d'une manière ou d'une autre, déposez-la dans votre boîte de création en disant chaque fois : *« Tout ce que contient cette boîte EST ! »*

Lorsque vous n'êtes pas à la maison, continuez à rassembler des images et, dès votre retour, mettez-les dans la boîte. Si vous êtes témoin de quelque chose dont vous aimeriez faire l'expérience, donnez-en une description par écrit et ajoutez celle-ci dans votre boîte.

Plus vous trouverez de choses à glisser dans votre boîte, plus l'univers vous fournira d'autres idées de même nature. Plus il y aura d'idées ainsi rassemblées, plus vos désirs seront clairs et précis, et plus vous vous sentirez vivant, car cette Énergie affluant vers vous est l'essence même de la vie.

Si vous avez peu ou pas de résistance, si, en d'autres termes, vous ne doutez pas de pouvoir réaliser ces choses, l'expérience aura sur vous un effet stimulant. Plus vous découperez d'images, mieux vous vous sentirez et plus vous aurez de preuves que ces choses se manifestent dans votre vie. Des portes s'ouvriront et nombre de ces choses pourront ainsi venir à vous.

Cet exercice vous aidera à clarifier vos désirs, de sorte que vous pourrez consciemment intensifier l'effet de la première étape (voir chap. 10) — demander les choses que vous désirez. Et comme vous n'offrirez aucune résistance, elles se manifesteront sans tarder.

Si vous êtes généralement de bonne humeur et qu'il vous arrive rarement d'être déçu de ne pas obtenir les choses dont vous avez placé les images dans votre boîte, vous aurez, pour résultat positif immédiat, le sentiment d'être plus déterminé et davantage passionné par la vie, et les choses que vous avez mises dans votre boîte de création se mettront aussitôt à prendre forme dans votre vie. Autrement dit, les gens qui n'ont pas l'habitude d'entretenir des pensées de résistance disposeront, grâce à ce processus, de tout ce qu'ils ont besoin pour créer une vie merveilleuse. En somme, vous demandez, la Source répond, et vous laissez venir à vous l'objet de votre requête. *Demandez, et tout vous sera accordé!*

Si vous aimez cet exercice, c'est qu'il vous est extrêmement utile, puisqu'il vous aide à focaliser votre attention sur les choses souhaitées. En outre, vous vous entraînez ainsi à maintenir une vibration constante compatible avec vos désirs et réalisez dès lors une création délibérée. Mais plus important encore, l'émotion positive que vous en retirez vous indique que vous êtes alors en mode de réception. L'attention consacrée à ce processus vous aide à garder la fréquence vibratoire nécessaire pour recevoir ce que vous demandez. En définitive, vous pratiquez l'Art du consentement.

Abraham donne plus de détails sur le processus de boîte de création magique

Imaginez que vous êtes assis sur votre chaise et qu'une grosse boîte se trouve à côté. Vous savez que vous êtes un créateur et que cette boîte est votre création ; elle représente votre monde, pour ainsi dire. Imaginez aussi que vous êtes un géant, assis là sur cette énorme chaise, et que vous avez la capacité de vous projeter n'importe où dans cet univers physique et de ramasser tout ce que vous voulez pour ensuite le déposer dans cette boîte.

Vous ramenez donc une belle maison, et vous la placez dans une ville qui vous plaît. Puis, vous choisissez un moyen de subsistance pour vous-même, et peut-être aussi un autre pour votre conjoint. Vous rapportez un exemple de toutes les choses que vous aimez faire, de beaux objets que vous découvrez ici et là, ainsi que des sentiments d'allégresse et de sensualité, et toutes les autres choses souhaitées, et vous les mettez dans votre boîte de création.

Vous pourriez jouer à ce jeu comme s'il ne s'agissait que d'un simple exercice mental, mais il est tellement plus amusant de vous procurer une vraie boîte et d'y déposer à l'intérieur tout ce qui symbolise vos désirs. Ce faisant, vous vous rendez bientôt compte qu'en mettant dans votre boîte de création l'image d'une chose qui ne soulève aucune forme de résistance en vous, l'univers vous l'offre aussitôt. Par contre, les choses pour lesquelles vous éprouvez une quelconque résistance seront plus lentes à se manifester.

Lorsque vous pratiquez la visualisation, vous disposez d'un contrôle créatif absolu

Ce processus peut vous paraître quelque peu fantaisiste, mais il est très puissant car il améliore justement votre aptitude à visualiser. La plupart des gens réagissent, sur le plan vibratoire, à ce qu'ils observent, mais ils n'ont aucun contrôle créatif sur les vibrations émanant d'eux. Ce contrôle n'est possible que lorsque vous choisissez *délibérément* vos pensées. Ainsi, lorsque vous pratiquez la visualisation, vous exercez alors un contrôle total.

Esther jouait au jeu de la boîte de création alors qu'elle revenait avec Jerry en avion, dans un vol reliant New York à San Antonio. Avant le départ, pendant qu'elle faisait ses bagages et se préparait à se rendre à l'aéroport, elle avait mentalement déposé diverses choses dans sa boîte, dont l'image d'un magnifique ciel bleu et dégagé — elle adore, au moment du décollage, en partance de l'aéroport LaGuardia, pouvoir distinguer les points de repère habituels qu'elle sait désormais identifier. New York est pour elle une belle ville, avec ses fabuleux édifices entourés d'eau. Elle avait également visualisé les agents de bord souriants, les passagers joviaux autour d'elle, et toutes les choses excitantes qui allaient se dérouler durant le voyage. Puis elle pensa : *« J'espère que les autoroutes ne seront pas embouteillées, étant donné cette réunion qui a lieu aux Nations unies. »* Et elle se dit alors : *« Voilà une chose bien étrange à mettre dans ma boîte. Je ne veux pas y voir cela. »*

En restant attentif aux choses que vous désirez réellement placer dans votre boîte de création, vous aurez davantage conscience de celles dont vous ne voudriez pas faire l'expérience. Cet exercice vous aidera à mieux reconnaître le pouvoir que recèlent vos pensées.

Voici un autre exemple. Jerry et Esther étaient à la recherche d'un petit tapis oriental pour leur résidence. Un jour, lors d'un voyage en avion, Esther s'occupa à déchirer dans divers magazines des pages représentant toutes sortes de choses pour sa boîte de création. Là, elle arracha une page illustrant un très joli tapis. Une fois de retour à leur maison, tous deux mirent de l'ordre dans plusieurs paniers contenant du courrier, et alors qu'Esther fouillait dans l'un d'eux, elle en sortit une carte postale envoyée par une nouvelle entreprise de tapis. Sur cette carte postale était illustré le tapis même qu'elle avait vu dans l'avion. Elle poussa un cri aigu en s'exclamant : « Regarde à quelle vitesse cela fonctionne ! » Il y avait moins de 24 heures que cette image était dans sa boîte, et voilà qu'un moyen rapide et facile de se procurer le petit tapis en question lui était déjà indiqué.

Nous voulons vous faire sentir tout le plaisir et toute la joie que procure ce processus. Souvent, lorsque vous obtenez les choses voulues, votre sentiment d'exultation est de courte durée, mais ce jeu vous donnera la possibilité de les savourer plus longtemps. Par la suite, l'excitation de la manifestation, même si elle est rapide, n'en sera que plus agréable.

Une fois ce processus entamé, vous serez tout simplement renversé de l'efficacité déployée par le grand nombre de serviteurs non physiques qui répondent à vos requêtes vibratoires. Quand vous demandez, vous recevez, et à force de vous exercer avec cette boîte de création, vous apprendrez à mieux accueillir le fruit de vos demandes.

Processus 3

L'atelier de créativité

Quand faut-il utiliser ce processus ?

- Lorsque vous désirez focaliser votre attention sur ce qui est le plus important pour vous.
- Lorsque vous désirez exercer davantage de contrôle dans les principaux domaines de votre vie.
- Lorsque vous désirez améliorer votre état de consentement afin qu'encore plus de choses merveilleuses affluent vers vous.
- Lorsque vous désirez vous entraîner à rayonner un point d'attraction positif jusqu'à ce qu'il devienne dominant en vous.

L'éventail actuel de vos états d'être émotionnels

Ce processus d'atelier de créativité vous sera des plus utiles lorsque votre état d'être se situera entre :

1) la joie, le savoir, la maîtrise personnelle, la liberté, l'amour et l'appréciation

   et

5) l'optimisme.

(Si vous n'êtes pas certain de votre état d'être actuel, veuillez vous référer au chapitre 22 pour y passer en revue les 22 catégories de l'échelle de guidance émotionnelle proposée.)

Comme pour la plupart des autres processus explicités dans ces pages, cet exercice sera d'une plus grande efficacité si vous l'effectuez par écrit. Toutefois, il s'avère également profitable de jouer mentalement à ce jeu lorsque vous circulez en voiture ou que vous marchez, ou lorsque vous êtes seul et que vous disposez de quelques minutes sans être dérangé.

Pour amorcer cet atelier de créativité, inscrivez d'abord dans le haut de quatre feuilles de papier l'un des titres ou sujets suivants : *Mon corps. Ma Maison. Mes relations. Mon travail.*

À présent, sous le titre de la première feuille (*Mon corps*), écrivez : *Voici ce que je désire à propos de mon corps.* Ne vous creusez pas inutilement les méninges pour préparer cette liste. Si rien ne vous vient à l'esprit, passez à la catégorie suivante. Si tout va bien, dressez une courte liste des choses souhaitées en ce moment au sujet de votre corps. Par exemple :

Je veux retrouver un poids idéal.
Je veux me sentir et en santé.

Examinez maintenant chacune de ces affirmations et écrivez les motifs pour lesquels vous voulez ces choses. Par exemple :

Je veux retrouver un poids idéal
... parce que c'est à ce poids que je me sens le mieux.
... parce que je suis alors capable de porter certains de mes vêtements favoris.
... parce que j'aurai ainsi le plaisir d'aller faire les magasins en vue d'une nouvelle garde-robe.

Je veux me sentir en santé
... parce que j'aime sentir que j'ai de l'endurance.
... parce que j'aime avoir l'énergie de faire toutes les choses que je veux accomplir.
... parce que c'est si bon de se sentir bien.

Ce processus d'atelier de créativité vous aidera à focaliser votre attention sur les domaines les plus importants de votre réalité présente. Lorsque vous identifiez les quatre principaux sujets de votre vie, une focalisation d'Énergie se produit alors. Lorsque vous exprimez vos désirs sans ambiguïté, vous activez encore davantage l'Énergie relative à ceux-ci. Et lorsque vous pensez à la raison pour laquelle vous désirez ces choses, vous pouvez alors habituellement amoindrir votre résistance à ce propos tout en apportant encore plus de clarté et de force à ces pensées. Le pourquoi de vos désirs définit l'essence de ce que vous voulez... et l'univers vous livre toujours l'essence vibratoire de ces désirs.

Lorsque vous réfléchissez aux motifs pour lesquels vous désirez quelque chose, vous réduisez alors généralement votre résistance intérieure. Cependant, si vous vous demandez plutôt *quand* et *comment* cela viendra à vous, et *qui* vous aidera à l'obtenir, vous ajoutez souvent une certaine résistance, tout particulièrement si vous ne connaissez pas déjà la réponse à ces questions.

À présent, complétez les trois autres catégories : votre maison, vos relations et votre travail.

Dressez une courte liste des choses désirées, les premières vous venant à l'esprit, à propos de votre maison. Par exemple :

Je veux trouver de très beaux meubles.
Je désire mieux organiser les choses.
Je veux des étagères à glissières dans le placard où je range mes casseroles.
Je veux un beau carrelage dans ma salle de bains.

Et maintenant, notez les raisons pour lesquelles vous désirez ces choses.

Je veux trouver de très beaux meubles
... parce qu'il est tellement agréable d'apporter des changements.
... parce que j'adore recevoir des gens chez moi et que je veux qu'ils se sentent bien dans notre maison.
... parce que ce sera plus facile de s'organiser.
... parce que des meubles de qualité rehaussent tellement la beauté d'une maison.

Je désire mieux organiser les choses
... parce que je me sens mieux lorsque les choses sont bien rangées.
... parce que je fonctionne mieux dans un environnement propre et dégagé.
... parce que tout le monde se sent tellement mieux quand les choses sont en ordre.
... parce que je peux ainsi accomplir tellement plus de choses.

Je veux des étagères à glissières dans le placard où je range mes casseroles
... parce qu'il me sera beaucoup plus facile ainsi de trouver ce que je cherche.
... parce que j'ai envie de cuisiner davantage.
... parce qu'il sera plus commode de ranger les casseroles lorsque je n'en aurai plus besoin.
... parce qu'ainsi on se sentira beaucoup mieux dans la cuisine.

Je veux un beau carrelage dans ma salle de bains
... parce qu'ainsi elle aura un aspect plus attrayant.
... parce que cela augmentera la valeur de notre maison.
... parce qu'il sera plus facile de la garder propre.
... parce que le simple fait de le voir me remplit de joie.

Dressez une courte liste de choses désirées, les premières vous venant à l'esprit, à propos de la relation qui vous semble la plus importante en ce moment. Par exemple :

Je veux que nous passions plus de temps ensemble.
Je veux que nous ayons davantage de plaisir ensemble.
Je veux que nous allions plus souvent ensemble au restaurant.
Je veux me détendre et m'amuser plus souvent.

Je veux que nous passions plus de temps ensemble
... parce que je suis à mon meilleur quand nous sommes ensemble.
... parce qu'il n'y a personne d'autre avec qui j'aimerais mieux me trouver.

... parce qu'il y a tellement de sujets à propos desquels nous aimons parler ensemble.
... parce que j'aime tellement cette personne.

Je veux que nous ayons davantage de plaisir ensemble
... parce que c'est la chose que nous aimons le plus faire ensemble.
... parce que j'aime rire.
... parce que j'adore trouver encore plus de choses amusantes à faire.
... parce que c'est si bon d'avoir du plaisir.

Je veux que nous allions plus souvent ensemble au restaurant
... parce que ça me rappelle notre première rencontre.
... parce que j'aime le luxe de ne pas avoir de repas à préparer.
... parce que j'aime me détendre dans un endroit agréable et reporter toute mon attention sur mon partenaire.
... parce qu'il y a tellement de choses délicieuses à manger.

Je veux me détendre et m'amuser plus souvent
... parce que nous sommes tous deux d'une nature enjouée.
... parce que j'aime le sentiment de liberté que procure le fait de prendre le temps de se détendre ensemble.
... parce que c'est dans ces moments-là que les meilleures idées nous viennent.
... parce que cela améliore la qualité de notre relation.

Dressez une courte liste de choses désirées, les premières vous venant à l'esprit, à propos de votre travail. Par exemple :

Je veux sentir de la passion dans ce que je fais.
Je veux gagner plus d'argent.
Je veux profiter de la présence des gens avec qui je travaille.
Je veux sentir plus intensément que ma vie a un sens.

Je veux sentir de la passion dans ce que je fais
... parce que le travail représente une grande part de ma vie et que m'y sentir bien est important.
... parce que j'aime bien avoir un intérêt réel pour ce que je fais.
... parce que la journée passe vite quand je me sens stimulé.

... parce que c'est agréable de se sentir bien.

Je veux gagner plus d'argent
... parce que je veux m'acheter une nouvelle voiture.
... parce que je me sens fier de ce que j'accomplis.
... parce qu'il y a tellement d'endroits merveilleux à visiter et tant de choses intéressantes à faire.
... parce que c'est agréable de pouvoir payer mes factures.

Je veux profiter de la présence des gens avec qui je travaille
... parce qu'ils tiennent une place importante dans ma vie.
... parce que nous pouvons nous apporter beaucoup mutuellement.
... parce que mes rapports avec eux recèlent un merveilleux potentiel.
... parce que j'aime inspirer les autres.

Je veux sentir plus intensément que ma vie a un sens
... parce que je veux faire une différence.
... parce que j'aime m'emparer d'une idée et la mettre en pratique.
... parce que j'adore sentir que j'ai envie d'aller travailler.
... parce que j'aime l'impression d'avoir une nouvelle idée excitante.

Ce processus vous incitera à focaliser de l'Énergie dans les quatre principaux domaines de votre vie. Nous vous encourageons à jouer à ce jeu une fois par semaine durant environ un mois, puis une fois par mois par la suite.

N'essayez pas de noter tout ce que vous voulez relativement à ces quatre domaines. Contentez-vous d'inscrire ce qui vous vient immédiatement à l'esprit.

Ce processus décontracté et simple occasionnera une activation accrue des choses comptant le plus pour vous, et vous constaterez immédiatement une activité plus intense dans les circonstances et les événements associés à ces domaines.

Abraham donne plus de détails sur le processus d'atelier de créativité

Vous attirez, tel un aimant, des pensées, des gens, des événements, des modes de vie, en somme tout ce que vous vivez. Ainsi, quand vous voyez les choses telles qu'elles sont, vous en attirez davantage de même nature. Mais quand vous les voyez comme vous aimeriez qu'elles soient, c'est sous cette forme que vous les attirez à vous. Voilà pourquoi ces choses iront de mieux en mieux ou de pire en pire, selon votre tendance à les voir telles qu'elles sont ou autrement.

Le processus d'atelier de créativité vous aidera à déterminer quelle sorte d'aimant vous serez, quel type de pouvoir d'attraction vous exercerez, de sorte que vous ne serez plus soumis à ce que croient, veulent ou voient les autres, car vous serez désormais le puissant créateur délibéré de qui vous êtes et de ce que vous vivez.

Sois le bienvenu, petit, sur la planète Terre

Si vous aviez eu la possibilité de vous adresser à vous-même dès le premier jour de votre existence physique, vous auriez dit : « *Bienvenue sur la planète Terre. Il n'y a rien que tu ne puisses être, faire ou avoir. Tu es un magnifique créateur et tu es ici par ton propre désir puissant et délibéré de l'être. Tu as expressément appliqué la merveilleuse loi de la Création délibérée, et c'est grâce à cette aptitude que tu es ici.*

« *Va de l'avant et attire à toi les expériences de la vie qui t'aideront à décider de tes choix. Puis accorde ton attention uniquement à ce que tu as décidé de réaliser. L'essentiel de ton temps sera consacré à accumuler des informations grâce auxquelles il te sera plus facile de savoir ce que tu veux. Mais ton véritable travail consistera à établir ce que tu veux faire de ta vie et à y consacrer ensuite toutes tes énergies, car c'est en focalisant sur les choses désirées que tu les attireras à toi. C'est ainsi que tu dois procéder pour créer.* »

Mais nous n'avons pas communiqué ainsi avec vous lors du premier jour de votre vie terrestre. Vous êtes ici depuis un bon moment, mais la plupart d'entre vous ne se perçoivent pas uniquement par le biais de leur propre regard — en fait, ils se voient essentiellement par le regard des autres. Par conséquent, vous êtes nombreux à ne pas être parvenus à l'état d'être souhaité.

Le processus d'atelier de créativité vous permettra d'atteindre l'état d'être de votre choix afin d'accéder consciemment au pouvoir créateur de l'univers et d'attirer petit à petit à vous l'objet de vos désirs et non ce qui semble être votre réalité. De notre perspective, il y a une grande différence entre ce qui existe maintenant, que vous appelez réalité, et ce qui constitue réellement votre réalité.

Alors même que vous êtes dans un corps peut-être pas en bonne santé, dont la vitalité est insuffisante, ou qui n'est pas de la taille ni de la forme de votre choix, et que votre mode de vie ne vous plaît peut-être pas, que vous conduisez un véhicule dont l'apparence vous embarrasse possiblement ou que vos rapports avec les autres ne vous apportent pas toute la satisfaction voulue, nous désirons vous aider à comprendre ceci : bien que tout cela semble faire partie de votre état d'être, il n'est pas forcément nécessaire qu'il en soit ainsi.

Ce que nous vous offrons ici, c'est une méthode par laquelle vous pourrez passer un peu de temps chaque jour à attirer *intentionnellement* à vous une bonne santé, de la vitalité, suffisamment de prospérité et des rapports positifs avec les autres, en somme toutes les choses composant votre vision de ce qu'une vie parfaite serait censée être à vos yeux.

Un autre exemple d'atelier de créativité

Nous vous encourageons à consacrer quotidiennement un peu de temps à cet atelier. Quinze ou vingt minutes suffiront amplement. Il serait bien de vous installer là où vous pourrez vous asseoir et écrire, bien que cet exercice puisse être simplement accompli par la pensée, à tout endroit où vous ne serez pas dérangé. Mais il ne s'agira pas alors pour vous de chercher à entrer dans un état de conscience altéré, ou dans un état méditatif. Vous devrez plutôt réfléchir à ce que vous voulez, et ce, avec une intensité telle que cela éveillera en vous une émotion positive. Faites cet atelier en ayant le cœur léger et un profond sentiment d'élévation spirituelle. Si vous ne vous sentez pas heureux, ce n'est pas le bon moment pour vous adonner à cet atelier de créativité.

Votre travail consistera à assimiler les informations recueillies au fil de vos expériences dans la vraie vie et à les assembler afin de former un tableau à la fois satisfaisant et agréable à contempler. Tout au long de votre journée, alors que vous vous rendez au travail, que vous vaquez à de menus travaux autour de la maison, que vous avez des rapports avec des membres de votre famille ou des amis, rassemblez de l'information sur les choses que vous aimez et auxquelles vous pourriez avoir recours plus tard dans votre atelier.

Si vous rencontrez un être doté d'une personnalité joyeuse, notez ce que vous observez en vue d'un usage ultérieur dans votre atelier. Si vous croisez quelqu'un qui conduit une voiture que vous aimeriez avoir, recueillez cette donnée. Si vous voyez un type d'occupation ou de demarche spirituelle qui vous plairait, ou quoi que ce soit d'autre qui suscite votre intérêt, souvenez-vous-en ou prenez-en note. Une fois dans le contexte de votre atelier, vous pourrez assimiler toutes ces informations et former peu à peu une image de vous-même que vous commencerez ensuite à attirer dans votre vécu.

Voici un exemple de ce que pourrait être votre atelier de créativité :

> *J'aime être ici, car je reconnais la valeur du temps consacré à cet exercice et le pouvoir que cela peut m'apporter. Je me sens très bien comme je suis. Je me vois comme une personne entière qui sait être le fruit de sa propre création et, assurément, le résultat de ses choix. Je suis plein d'Énergie et infatigable, passant d'une expérience à l'autre sans offrir de résistance. Mon existence s'écoule sans effort, confortablement et gaiement. Je me vois n'attirer que les gens en harmonie avec mon courant d'Énergie actuel. Je deviens de plus en plus conscient de ce que je désire. Lorsque j'entre dans mon véhicule et que je me rends quelque part, je me vois y arriver en bonne santé, revigoré, et préparé à tout ce que je m'apprête à faire là. Je me vois vêtu à la perfection, exactement ainsi que je l'ai choisi. Et il est bon de savoir que ce que les autres font n'a aucune importance, pas plus que ce qu'ils pensent de ce que je fais. Ce qui m'importe avant tout,*

c'est d'être satisfait de moi-même. Et ce que je vois dans ce tableau correspond à ce que je suis certainement.

Je reconnais être illimité dans toutes les facettes de mon existence. Je prends toutes mes décisions en fonction de ce que je désire vivre, et pas selon ce que je peux seulement me permettre. Je sais que je suis tel un aimant, attirant à moi la prospérité, la santé ou les relations voulues.

Je choisis l'abondance absolue et perpétuelle, car je comprends qu'il n'y a aucune limite à la richesse dans cet univers et que l'abondance que j'attire à moi ne diminue pas celle de quelqu'un d'autre, car il y en a suffisamment pour tous. Je ne suis pas obligé d'accumuler un gros magot, puisque je peux facilement amener dans ma vie tout ce que je veux ou tout ce dont je peux avoir besoin. Il y a une réserve illimitée d'argent et de prospérité, et celle-ci est disponible pour moi.

Je me vois entouré d'autres personnes qui, comme moi, désirent croître. Elles sont attirées vers moi par mon empressement à leur permettre d'être, de faire ou d'avoir tout ce qu'elles veulent. Je me vois en relation avec d'autres gens en train de parler, de rire et de profiter de ce qui est parfait en eux pendant qu'ils profitent de ce qui est parfait en moi. Nous nous apprécions mutuellement. Personne ne critique qui que ce soit ni ne lance de remarques indésirables.

Je me vois en parfaite santé, profitant d'une prospérité absolue, appréciant cette vie physique si désirée que j'ai décidé de devenir cet humain.

Il est glorieux d'être ici, de prendre des décisions avec mon cerveau physique, mais aussi d'accéder au pouvoir de l'univers grâce à la puissante Loi d'attraction. Et c'est grâce à cet état d'être merveilleux que je peux maintenant attirer à moi davantage de choses de même nature. C'est bon. C'est le fun. J'aime beaucoup cela.

À présent, mon travail pour aujourd'hui est terminé. Je vais quitter mon atelier de créativité et me mettre en devoir, pour le reste de cette journée, de chercher davantage de choses que j'aime. Mon travail est accompli.

Ayant entrepris votre atelier alors que vous vous sentiez déjà fort bien et ayant apporté à celui-ci des aspects spécifiques d'expériences de vie qui vous plaisent, imaginant ces choses avec plus de détails encore, votre vie en dehors de cet atelier commencera à refléter les images que vous y avez créées. Cet atelier de créativité représente un outil puissant qui vous aidera à créer l'existence parfaite que vous souhaitez.

Processus 4

La réalité virtuelle

Quand faut-il utiliser ce processus ?

- Lorsque vous vous sentez bien et que vous voulez vous exercer à émettre une vibration de consentement.
- Lorsque vous vous souvenez d'une expérience agréable et que vous voulez faire durer plus longtemps ce sentiment, sinon l'améliorer encore.
- Lorsque vous disposez de temps libre et que vous souhaitez le mettre agréablement à profit.

L'éventail actuel de vos états d'être émotionnels

Ce processus de réalité virtuelle vous sera des plus utiles lorsque votre état d'être se situera entre :

1) la joie, le savoir, la maîtrise personnelle, la liberté, l'amour et l'appréciation
   et
8) l'ennui.

(Si vous n'êtes pas certain de votre état d'être actuel, veuillez vous référer au chapitre 22 pour y passer en revue les 22 catégories de l'échelle de guidance émotionnelle proposée.)

Souvenez-vous que vous vivez dans un univers vibratoire et que toutes choses sont régies par la Loi d'attraction. Que vous le vouliez ou non, vous obtenez ce à quoi vous pensez, puisque chaque fois que vous atteignez l'harmonie vibratoire avec quelque chose du fait de lui accorder votre attention, l'essence vibratoire de cette chose se mettra, d'une manière ou d'une autre, à se manifester dans votre vie.

Vous pourriez donc affirmer que l'univers répond aux vibrations que vous émettez, à votre point d'attraction, aux pensées que vous avez à l'esprit, et à ce que vous ressentez. L'univers ne réagit pas à ce qui s'est précédemment manifesté dans votre existence, mais plutôt aux vibrations qui émanent *présentement* de vous. L'univers n'établit aucune distinction entre le fait que vous possédez réellement un million de dollars et celui, pour vous, de réfléchir à la possibilité d'obtenir une telle somme. Seules vos pensées, non vos manifestations, forment votre point d'attraction.

Ce processus de réalité virtuelle ne consiste pas à essayer de remettre en ordre quelque chose de détraqué. Il a pour objectif de vous permettre de faire délibérément naître dans votre esprit une scène qui aura pour effet de vous amener à émettre une vibration correspondant à la scène imaginée. En vous exerçant ainsi à visualiser des scènes agréables dans votre esprit, ces vibrations positives pourront devenir votre nouvel état d'être normal.

Les vibrations émises par la plupart des gens sont essentiellement une réaction aux choses, aux personnes et aux conditions que ceux-ci observent. Leur vie continue donc à se dérouler sans grand changement, sans qu'aucune amélioration significative ne survienne au fil des jours. S'il en est ainsi, c'est qu'ils ne forment guère de pensées nouvelles qui soient bien différentes de celles dont ils ont déjà fait l'expérience. Toutefois, le jeu de la réalité virtuelle que nous vous proposons changera tout cela, car la mise en pratique de ce processus sur le sujet de votre choix élèvera votre vibration bien au-delà de ce qu'elle est en ce moment. Comme l'univers répond à votre vibration et non à ce que vous vivez présentement, des choses étonnantes jamais vécues auparavant se manifesteront peu à peu dans votre existence.

D'après nos observations, la chose qui vous fait le plus souvent trébucher est la suivante : le contraste, pourtant nécessaire et utile pour vous aider à susciter la montée de désirs nouveaux en vous, fait souvent apparaître toutes sortes d'énergies confuses. En général, pour savoir si vous voulez quelque chose, il vous faut déjà avoir une assez bonne idée des détails et des événements qui vous ont aidé à identifier ce que vous ne voulez pas. Autrement dit, quand exprimez-vous avec clarté le désir d'être bien ? N'est-ce pas habituellement lorsque vous ne vous sentez pas tellement bien ? Quand avez-vous le plus fortement envie d'avoir davantage d'argent ? Sans doute quand vous n'en avez pas assez. Ainsi, c'est lorsque la confusion règne en vous que vous avez le plus grand besoin de clarté. C'est lorsque l'accablement vous envahit que votre désir de sérénité est le plus grand. Et c'est lorsque vous vous ennuyez que votre besoin de stimulation devient le plus fort.

Comme nous l'avons déjà expliqué, le processus d'atelier de créativité [n° 3] expliqué plus haut comporte trois étapes. Premièrement, vous *demandez,* ce qui est facile puisque vous le faites constamment. Deuxièmement, une *réponse* est apportée à votre requête, ce qui ne vous concerne pas puisqu'elle provient de l'Énergie Source. Troisièmement, vous devez *consentir* à recevoir ce que vous avez demandé.

Il est important de bien comprendre la différence entre la première étape et la troisième. Lorsque toute votre attention est focalisée sur une chose dont vous avez besoin ou que vous désirez vraiment, ou lorsque vous priez pour obtenir cette chose, il est fréquent que la vibration émanant de vous ne corresponde pas à la chose désirée et qu'elle soit plutôt en résonance harmonique avec l'absence de cette même chose.

Lorsque toutes vos factures arrivent en même temps, que vous n'avez pas assez d'argent pour les payer, que la panique s'empare de vous et que vous vous dites : « J'ai *besoin* de plus d'argent » ou, de façon plus positive, « Je *veux* plus d'argent », vous en êtes alors à la première étape, celle d'exprimer votre désir. Mais vous n'êtes pas en mode réceptif, lequel correspond à la troisième étape. Vous maintenez une distance entre votre demande et vous.

Vous demandez continuellement, incapable de vous arrêter, car le contraste entre la situation actuelle et la situation recherchée fait naître un désir en vous. Vous devez trouver un moyen de vous mettre en mode réceptif, comme si vous vouliez recevoir un signal radio. Dans ce but, vous devez régler votre récepteur radio sur la longueur d'ondes du transmetteur, à défaut de quoi vous n'obtiendrez que des parasites, ne parvenant pas à obtenir un signal clair. De même, vous pouvez reconnaître si les signaux vibratoires (transmis et reçus) sont en alignement avec vos émotions. En d'autres termes, si vous vous sentez surmené et frustré, ou en colère et blessé, vous n'êtes pas en état d'alignement.

Nous vous demandons de vous détendre et de ne pas être aussi dur envers vous-même quand vous éprouvez une émotion négative. L'utilité d'une telle émotion est simplement de vous faire savoir qu'un léger ajustement est requis pour que vous soyez de nouveau en harmonie avec qui vous êtes.

Si vous êtes réellement déphasé, si vous avez le net sentiment de ne pas être dans votre assiette, choisissez dans ce cas le processus de méditation [n° 6], plus apaisant et réconfortant. Nous vous le recommandons. De fait, lorsque vous calmez votre esprit, vos pensées sont beaucoup moins agitées, et lorsqu'elles cessent de tourner dans votre tête, vos vibrations s'élèvent automatiquement. Bien évidemment, s'il vous est possible de trouver une chose susceptible de capter toute votre attention et que vous pouvez aisément apprécier, le processus du déchaînement d'appréciation [n° 1] serait encore plus indiqué pour vous puisque vous pouvez le suivre dans toute condition, peu importe où vous êtes. Mais ce processus de réalité virtuelle [n° 4] vous sera utile de deux façons précises : vous pourrez d'une part vous accoutumer au sentiment de non-résistance et, d'autre part, identifier plus tôt comment vous vous sentez lorsque vos pensées commencent à susciter de la résistance en vous. De la sorte, il vous sera plus facile d'échapper à l'influence de telles pensées. Ainsi, chaque fois que vous serez dans un état de non-résistance, la Loi d'attraction réagira positivement à ce qui émane de vous.

Abraham donne plus de détails sur le processus de réalité virtuelle

Le processus de réalité virtuelle vous permet de choisir tous les éléments d'une scène que vous visualisez, au même titre qu'un réalisateur de film. Au départ, déterminez d'abord où se déroulera cette scène. Choisissez un endroit qui inspire la sérénité. Il peut s'agir d'un lieu déjà visité, dont vous avez entendu parler, que vous avez vu dans un film, ou même imaginaire.

Est-ce à l'intérieur ou à l'extérieur ? Et à quelle période de la journée ? Est-ce le matin, l'après-midi ou le soir ? Le soleil vient-il de se lever ou est-il sur le point de se coucher ? Est-ce en plein jour ? Quelle sensation l'air vous laisse-t-il ? Quelle température fait-il ? Comment êtes-vous habillé ? Qui d'autre est présent ? Choisissez une scène suscitant une émotion positive en vous.

Il importe peu que vous y soyez seul ou avec quelqu'un d'autre. Toutefois, si vous choisissez de visualiser d'autres personnes dans votre réalité virtuelle, il est primordial que vous vous sentiez à l'aise de les y voir.

Quel genre d'humeur avez-vous ? Êtes-vous en train de rire ? À contempler paisiblement quelque chose ? Une fois que vous avez mis en place les éléments de la scène, vous pouvez imaginer les conversations que vous auriez avec les autres.

Le but de ce processus de réalité virtuelle est de vous amener à activer en vous les vibrations grâce auxquelles vous atteindrez un état de consentement à votre Bien-être. Il ne faudrait donc pas imaginer une réalité virtuelle où vous construisez une maison dont le toit fuit, pour ensuite y introduire des gens devant le réparer, pas plus que vous ne devriez imaginer aux murs intérieurs de cette maison un papier peint affreux, pour ensuite charger quelqu'un de le remplacer. Vous pouvez créer votre réalité virtuelle exactement à l'image de ce que vous voulez qu'elle soit.

N'utilisez pas ce processus pour tenter d'améliorer une situation existante. En tentant de régler un quelconque problème, vous amèneriez tout simplement la vibration existante dans votre réalité virtuelle et, ce faisant, vous ne pourriez profiter du pouvoir offert par ce processus de réalité virtuelle.

Rien n'est plus important que de se sentir bien

Cet exercice de réalité virtuelle vous permettra de vous entraîner à mieux vous sentir la plupart de temps, et comme lorsqu'on fait travailler un muscle, plus vous le ferez souvent, plus cela vous sera profitable.

Il est déjà arrivé à Esther de pratiquer ce jeu de réalité virtuelle tout en conduisant le gros autobus dans lequel Jerry et elle ont coutume de voyager. Elle a alors découvert qu'elle obtenait de meilleurs résultats lorsqu'elle se visualisait rapidement dans la scène, dont le but était de la ramener à un état de bien-être, puis qu'elle en sortait. Si elle y restait trop longtemps, son sens pratique prenait bientôt le dessus et elle essayait de réformer les gens ou de corriger les choses. Lorsqu'elle se contentait de décider ce qu'elle devait visualiser pour se sentir bien en choisissant quelque chose qui la rendait heureuse, en déterminant qui d'autre allait faire partie de la scène imaginée, en identifiant quelle sorte d'humeur elle aurait, puis en prononçant seulement quelques paroles comme dialogue, pour ensuite sortir de cette réalité virtuelle, elle se sentait alors merveilleusement bien.

Nous vous encourageons à essayer ce jeu à votre tour en conduisant, lorsque vous patientez dans une file d'attente, ou une fois étendu sur votre lit. Vous pourriez même tout simplement vous réserver du temps pour cet exercice. En créant ces scénarios qui font naître des sentiments positifs en vous, vous activez une vibration fort agréable à sentir et la Loi d'attraction entre en jeu pour vous apporter ce qui correspond à cette vibration. Rien ne saurait être plus important que le fait de vous sentir bien. Par conséquent, rien de mieux que de créer des images qui vous inspirent de tels sentiments positifs.

Quand Esther visualisait une scène en conduisant, elle imaginait quelle sensation le contact de l'air lui faisait, et elle lui donnait alors juste un peu d'humidité. Parfois, elle imaginait un air si sec qu'il lui faisait l'effet d'une caresse en soufflant sur son corps ; d'autres fois, elle créait plutôt un air ambiant très chaud et sans la moindre humidité. En somme, elle inventait diverses combinaisons de température, d'humidité et de période de la journée.

Ensuite, elle introduisait dans la scène de bons amis venus jouer avec elle, puis se voyait vivre toutes sortes d'expériences merveilleuses avec eux. Elle développa tant et si bien son aptitude à créer ces réalités virtuelles qu'elle voulut y demeurer plus longtemps, ayant alors la possibilité de contrôler chaque aspect des scènes imaginées.

Toute pensée suscitant une mauvaise impression est à éviter

L'univers ne sait pas (ou n'est pas intéressé à savoir) pourquoi votre vibration est ce qu'elle est à un moment ou l'autre. Autrement dit, des médecins pourraient avoir diagnostiqué hier que vous êtes gravement malade, et vous pourriez aujourd'hui circuler sur une autoroute (comme l'a fait Esther) en vous imaginant dans une sorte de réalité virtuelle. Cela étant, il n'y aurait alors nulle place en vous pour une quelconque représentation de quelque maladie que ce soit. Et s'il vous était possible de faire durer cette vibration plus longtemps que la conscience de cette maladie en vous, celle-ci ne pourrait subsister dans votre corps. Elle s'y trouve uniquement parce que, d'une manière ou d'une autre, sans le savoir, vous avez choisi des pensées dont la fréquence vibratoire correspond exactement à celle de l'essence de votre maladie.

Chaque pensée dont la vibration concorde avec celle de la maladie crée un malaise en vous chaque fois que vous lui accordez votre attention. Elle fait naître en vous de la colère, de la frustration, du ressentiment, des reproches, de la culpabilité, ou de la peur... Ces pensées ne sont pas bonnes pour vous, et vous en avez conscience, car vous éprouvez un malaise lorsqu'elles viennent à votre esprit. Tout comme il est douloureux de toucher un poêle brûlant, éprouver une émotion négative est nuisible pour vous.

Un incident survenu dans votre vie des années auparavant et qui n'est plus actif dans votre vibration, ou une chose vécue la veille et à laquelle vous ne pensez pas en ce moment, n'exercera aucune influence vibratoire sur votre point d'attraction — absolument aucune. Vous n'avez donc pas à vous débarrasser de toutes les pensées négatives. Lors de vos rapports avec les autres, il peut vous arriver parfois d'entendre, de voir ou de sentir quelque chose qui déclenche en vous une vibration laissant une mauvaise impression. Prenez alors conscience de ceci : votre système de guidance vous avertit par là que quelque chose de défavorable vient d'être activé en vous. Vous remarquerez d'ailleurs que l'activation de cette vibration crée une résistance en vous qui empêche tout sentiment de Bien-être d'être présent.

Le moment sera alors venu de choisir une pensée qui éveillera de meilleurs sentiments. Si vous vous êtes exercé à créer des scènes de réalité virtuelle, vous pourrez alors sans peine trouver une pensée suscitant de meilleurs sentiments en vous. Mais si cet exercice vous est peu familier, alors vous n'aurez rien de positif vers lequel vous tourner lorsqu'une pensée négative vous assaillera et il vous faudra simplement attendre que cette pensée se dissipe d'elle-même.

Autre exemple d'exercice de réalité virtuelle

Plus vous pratiquerez le processus de réalité virtuelle, plus vous vous entraînerez à émettre une vibration de non-résistance. Dès lors, plus vous vous sentirez bien et, bien sûr, plus les choses désirées pourront également affluer aisément dans votre existence. Par exemple, vous pourriez imaginer le scénario suivant :

Visualisez une jolie plage de sable blanc. C'est l'hiver dans ce pays, mais il fait un temps magnifique. La température est de 21°C, on voit quelques nuages épars, et l'air laisse une sensation merveilleuse sur la peau.

Vous avez retiré vos chaussures et vous sentez très bien le sable frais et propre sous vos pieds. Vous portez des vêtements amples et très confortables, et vous avez le sentiment d'être très bien dans votre peau. En pleine forme, vous marchez lentement sur la plage, le cœur léger et parfaitement en sécurité.

Votre petite-fille de cinq ans est avec vous, et elle adore cette journée glorieuse, tout comme vous d'ailleurs. Elle est contente d'être là, mais ne semble pas avoir besoin de vous pour s'amuser. Vous prenez plaisir à observer ses activités joyeuses alors qu'elle court, creuse un trou dans le sable et profite de cette superbe plage. Vous vivez un moment de grand bonheur. L'idée de venir à cet endroit s'est avérée un très bon choix.

Votre petite-fille accourt vers vous afin de vous montrer le coquillage qu'elle vient tout juste de découvrir. D'une voix jubilante et avec des yeux pétillants de bonheur elle dit : « Je suis tellement contente d'être à la plage. Merci de m'avoir amenée ici. » Et vous lui répondez : « Bienvenue, ma mignonne... J'aime bien aussi être ici avec toi. »

Ce serait alors le bon moment pour mettre fin à la visualisation.

Qu'elles soient préoccupantes ou palpitantes, vos visualisations suscitent chaque fois une réponse de même nature

Que votre réalité virtuelle vous amène à vous faire du souci ou, au contraire, à vous réjouir, vous établissez ainsi une vibration qui, en vertu de la Loi d'attraction, vous attirera une chose de même nature.

Une personne nous a mentionné avoir de la difficulté à visualiser quoi que ce soit. Le fait de penser à créer une réalité virtuelle n'évoquait en elle qu'une sorte d'espace vide ; elle ne savait pas comment s'y prendre.

Nous l'avons alors invitée à se souvenir d'un quelconque événement passé. Si elle y parvenait, alors elle pourrait créer une réalité virtuelle, car rien dans ce souvenir n'existant aujourd'hui, en se remémorant ces choses, elle serait ainsi capable de les recréer.

Visualiser quelque chose, ou créer une réalité virtuelle, n'est guère différent. Il vous suffit d'évoquer quelques images, mais en ayant la ferme intention de vivre alors une expérience agréable.

À force de pratiquer cette technique et de stimuler votre imagination, non seulement réaliserez-vous qu'il s'agit là d'une excellente façon d'occuper votre temps, mais vous découvrirez aussi que votre vibration dominante changera à l'égard d'une foule de choses et que ces merveilleuses améliorations commenceront à se refléter dans votre vie.

Processus 5

Le jeu de la prospérité

Quand faut-il utiliser ce processus ?

- Lorsque vous désirez accroître votre capacité à imaginer.
- Lorsque vous voulez ajouter plus de clarté ou de spécificité à votre désir.
- Lorsque vous désirez améliorer l'état de vos finances.
- Lorsque vous désirez vivre dans une plus grande abondance.

L'éventail actuel de vos états d'être émotionnels

Ce jeu de la prospérité vous sera des plus utiles lorsque votre état d'être se situera entre :

1) la joie, le savoir, la maîtrise personnelle, la liberté, l'amour et l'appréciation
   et
16) le découragement.

(Si vous n'êtes pas certain de votre état d'être actuel, veuillez vous référer au chapitre 22 pour y passer en revue les 22 catégories de l'échelle de guidance émotionnelle proposée.)

Dans ce processus, vous devrez d'abord établir un compte courant fictif. Vous n'aurez donc pas à vous rendre à une banque, mais vous effectuerez des dépôts et des retraits par chèque comme s'il s'agissait d'un véritable compte bancaire. Vous pouvez vous servir d'un vieux carnet de chèques que vous n'utilisez plus, d'un logiciel de comptabilité, ou même créer de toutes pièces un système complet en vous servant d'un calepin comme livret de banque et de feuilles blanches comme bordereaux de dépôt ou comme chèques. Il est important de faire en sorte que ce processus vous paraisse aussi réel que possible.

Le premier jour, faites un dépôt de 1000 $, puis dépensez cet argent fictif. Autrement dit, inscrivez un dépôt de mille dollars (ou euros) dans votre livret d'épargne, puis signez des chèques pour dépenser cet argent. Vous pouvez dépenser entièrement cette somme pour payer une seule chose par le biais d'un seul chèque, ou bien vous procurer plusieurs choses et émettre plusieurs chèques. Le but de ce jeu consiste à vous amuser à penser à tout ce que vous aimeriez acheter et à prendre plaisir à libeller ces chèques.

Écrivez une brève description sur la partie bloc-notes du chéquier. Par exemple : *achat d'un beau stylo,* ou *magnifiques chaussures de course,* ou *adhésion au Centre de santé Euro-spa.* Il vous est possible de dépenser tout votre argent aujourd'hui, ou d'en mettre une partie de côté pour un autre jour. Toutefois, nous vous encourageons à faire de votre mieux pour le dépenser entièrement aujourd'hui, car vous allez effectuer un autre dépôt demain.

Le deuxième jour, déposez 2000 $.

Le troisième jour… 3000 $.

Le quatrième jour… 4000 $, et ainsi de suite.

Une fois au cinquantième jour, déposez 50 000 $. Le trois centième jour, déposez 300 000$. Si vous jouez quotidiennement à ce jeu pendant une année entière, vous aurez ainsi cumulé et dépensé 66 millions de dollars.

Cela étant, votre capacité d'imagination s'en trouvera considérablement accrue, et vous découvrirez au bout de quelques semaines qu'une grande concentration est nécessaire pour dépenser autant d'argent.

La plupart de nos amis physiques n'exercent que très peu leur imagination, et les vibrations émises par la majorité des gens l'est presque exclusivement en réaction à ce qu'ils observent. Mais à force de jouer à ce jeu, vous allez vous rendre compte d'être en quête de nouvelles idées et vous finirez par sentir l'expansion de vos désirs et de vos attentes. Ce faisant, vous pourrez changer votre point d'attraction.

Comme vous le savez maintenant, l'univers répond à la vibration qui émane de vous, et non à votre état actuel. Par conséquent, si votre attention est uniquement centrée sur votre état d'être actuel, votre évolution future n'en déviera guère. Mais si vous accordez toute votre attention aux idées en merveilleuse expansion que ce jeu fera naître en vous, l'univers sera alors apte à répondre aux vibrations éveillées en vous par ces pensées.

L'univers ne fait aucune distinction entre les vibrations émanant de vous en réaction à ce que vous vivez et celles suscitées par ce que vous imaginez, de sorte que ce jeu de la prospérité est avant tout un outil puissant pour modifier votre point d'attraction vibratoire.

Il vous est possible de vous adonner à ce jeu pendant un court moment, ou durant un an ou plus. Quel que soit votre choix, il sera approprié, même s'il vous semble difficile au début, mais plus vous vous livrerez longtemps à ce jeu, plus votre imagination se déliera. Votre imagination se développant et votre attention se focalisant sur le plaisir et l'expansion, votre point d'attraction évoluera en ce sens.

En faisant les chèques, en vous servant de votre imagination, en écrivant des notes tout en vous concentrant, et en ne sentant aucune résistance alors que vous remplissez les chèques, puisque vous n'avez pas à craindre de trop dépenser, vous réaliserez ce qui est nécessaire à l'accomplissement de toute chose. Vous affirmerez ainsi votre désir tandis que vous êtes dans un état de non-résistance, de consentement.

Non seulement profiterez-vous ainsi d'une imagination plus fertile, mais votre point d'attraction se transformera et votre vie changera. Votre situation financière s'améliorera, et toutes les choses auxquelles vous avez eu le bonheur d'accorder votre attention se manifesteront petit à petit dans votre vie.

Vous pouvez entreprendre le jeu et y mettre fin quand bon vous semble, et y jouer de la manière qu'il vous plaira. Aucune règle ne s'applique, et il n'y a rien que vous devriez faire ou ne pas faire. Jouez donc sans plus tarder et consacrez autant de temps que vous le désirez à tout cela. Chose essentielle cependant, faites de votre mieux pour exercer votre imagination.

Si vous tentiez pour la première fois de créer une sculpture en terre cuite, vous ne jetteriez pas une grosse motte d'argile au centre du plateau pour ensuite dire : « Oh! ça n'a pas marché comme je le voulais. » Au contraire, vous prendriez le temps de la pétrir pour lui donner une forme. Vous acquerriez bientôt de l'expérience et feriez en sorte de trouver davantage d'argile de couleurs différentes afin de continuer à évoluer dans cette activité créatrice. Pourtant, lorsque vous créez avec l'Énergie ayant servi à former les mondes, vous ne faites pour la plupart aucun effort conscient en vue de modeler votre création — votre argile — avec le pouvoir de votre pensée. En d'autres mots, c'est comme si quelqu'un d'autre avait jeté une masse informe d'argile ici-bas et que vous passiez désormais le reste de votre existence à vous contenter de discuter de son apparence au lieu de chercher à la façonner.

Vous dites, par exemple : « Les choses n'ont pas pris une très bonne tournure. Mes parents auraient dû s'y prendre autrement. » Ou alors : « Le système économique est injuste et je n'aime pas l'attitude des gens à cet égard. » Et nous vous répondons : *« Mettez la main à la pâte! Faites appel à l'Énergie créatrice par le pouvoir de votre désir et modelez-la grâce au pouvoir de votre imagination. »*

Une amie nous a dit récemment : « Abraham, j'ai l'impression que vous vous fichez pas mal que je réussisse un jour à dénicher un amoureux. Je pense que vous désirez plutôt que je réussisse si bien à l'imaginer que je ne me rendrai même pas compte qu'il n'est pas là. » Et nous lui avons répondu : *« C'est parfaitement juste, puisque lorsque tu imagines qu'il est là, la joie que tu ressens alors fait jaillir de toi une vibration qui appelle la Force divine — ou Force de Vie — et lui permet d'affluer en toi. Et rien ne saurait être plus merveilleux que cela. »*

Puis nous avons ajouté ceci : *« Et à propos, quand tu es dans cet état vibratoire, cet amoureux ne peut pas ne pas venir. Mais tant et aussi long-*

temps que ton désir qu'il vienne à toi porte davantage sur ta conscience qu'il ne s'est pas encore manifesté, non seulement ne peut-il le faire, mais l'état misérable dans lequel tu te trouves alors est essentiellement dû au fait que tu as choisi une vibration qui n'accueille pas vraiment la manifestation de l'Énergie appelée par ton désir. »

En vous livrant de bon cœur à ce jeu de la prospérité, non seulement améliorerez-vous l'état de vos finances personnelles, mais chaque aspect de votre vie en profitera également. Ce jeu vous aidera à activer davantage de vibrations favorables aux choses souhaitées et vous permettra de focaliser votre attention de manière à ce que vous consentiez à les accueillir dans votre vie.

Grâce à ce jeu, vous apprendrez à émettre une vibration expansive. Et nous vous l'assurons, les manifestations auront lieu, en réponse à votre vibration transformée.

Processus 6

La méditation

Quand faut-il utiliser ce processus ?

- Lorsque vous désirez une diminution de la résistance.
- Lorsque vous désirez un moyen plus facile d'élever immédiatement vos vibrations.
- Lorsque vous désirez élever votre niveau général de vibrations.
- Lorsque vous désirez avoir une perception consciente de votre Être intérieur.

L'éventail actuel de vos états d'être émotionnels

Ce processus de méditation vous sera des plus utiles lorsque votre état d'être se situera entre :

1) la joie, le savoir, la maîtrise personnelle, la liberté, l'amour et l'appréciation

et

22) la peur, le chagrin, la dépression, le désespoir et l'impuissance.

(Si vous n'êtes pas certain de votre état d'être actuel, veuillez vous référer au chapitre 22 pour y passer en revue les 22 catégories de l'échelle de guidance émotionnelle proposée.)

Toute idée que vous considerez comme fixe est appelée *croyance*. Bon nombre de vos croyances vous sont fort utiles, notamment celles qui s'harmonisent au savoir de votre Source et celles qui correspondent à vos désirs. Mais certaines croyances vous sont peu utiles : croire que l'on est incompétent ou indigne est un exemple de ce genre de pensées.

Or, si vous comprenez bien les lois universelles et consentez à choisir délibérément vos pensées, vous serez à même, avec le temps, de remplacer toutes vos croyances limitatives par des croyances vivifiantes. En outre, le processus que nous vous proposons ici peut vous donner l'avantage immédiat de changer vos croyances en beaucoup moins de temps. Il s'agit du processus de méditation.

Pour les taquiner, nous disons à nos amis physiques que la raison pour laquelle nous leur enseignons la méditation est qu'il est plus facile pour la plupart d'entre eux de vider leur esprit et de n'avoir aucune pensée que d'avoir des pensées pures et positives. De fait, quand vous apaisez votre esprit, aucune résistance n'émane de vous. Et lorsque vous avez activé une pensée dénuée de toute résistance, la vibration qui se dégage alors de votre Être est élevée, rapide et pure.

Imaginez un bouchon de liège dansant sur une étendue d'eau. Il représente l'état vibratoire de fréquence élevée, pure et rapide qui est naturellement le vôtre. À présent, imaginez que vous maintenez ce bouchon enfoncé sous l'eau. Voilà à quoi ressemble la résistance dont nous parlons. Et maintenant, imaginez que vous le laissez aller et qu'il remonte aussitôt à la surface.

À l'instar du bouchon qui flotte naturellement à la surface de l'eau, il est naturel pour vous de ressentir la vibration pure, élevée, rapide et exempte de toute résistance susceptible d'entraver votre évolution. Et comme pour le bouchon, si vous ne faites rien qui puisse vous maintenir enfoncé sous l'eau, vous remonterez aussitôt à la surface, où est votre place. Autrement dit, vous n'avez aucun effort à fournir pour vibrer à la fréquence élevée qui est naturellement la vôtre. Mais vous devez cesser d'entretenir des pensées qui abaissent votre vibration. Il s'agit en somme de cesser d'accorder votre attention aux choses qui empêchent votre « bouchon » de flotter ou qui vous empêchent de vibrer à l'unisson avec qui vous êtes réellement. Si vous ne prêtez pas attention aux choses qui sont à l'opposé de votre désir, vous n'activerez aucune vibration de résistance et vous ressentirez plutôt votre état naturel d'épanouissement et de Bien-être.

Une décision survient par la focalisation de la vibration d'un désir, et le moment précis d'une décision se produit lorsque le désir est assez puissant. La seule règle que nous aimerions vous voir adopter est celle qui consiste à prendre la décision selon laquelle rien ne saurait être plus important que le fait de vous sentir bien et, cela étant, que vous allez trouver des pensées dont l'effet sera plus positif sur vous. Amener le « bouchon » à flotter est l'unique chose qui mérite une application disciplinée.

En ce sens, la méditation sert de raccourci pour transformer vos croyances, car en l'absence de toute pensée, aucune résistance ne pourra s'installer et votre « bouchon » remontera en quelque sorte tout naturellement à la surface.

Pour votre méditation, choisissez un endroit tranquille où vous ne risquez pas d'être dérangé. Portez des vêtements confortables. Vous pouvez aussi bien vous asseoir sur une chaise ou au sol, ou vous étendre sur votre lit — sauf si vous avez alors tendance à vous endormir. L'important, c'est que votre corps soit à l'aise.

À présent, fermez les yeux, détendez-vous et respirez. Inspirez lentement, puis expirez profondément en appréciant le soulagement que cela vous procure. Votre bien-être est très important ici.

Tandis que votre esprit vagabonde, libérez-vous doucement de toute pensée, du moins ne les encouragez pas en y réfléchissant, et ramenez votre attention sur votre respiration.

Vous aurez naturellement tendance à vouloir vous concentrer, de sorte que ce processus de méditation ne vous semblera pas naturel au début. En outre, vous constaterez que votre esprit cherchera à revenir aux choses sur lesquelles votre attention était auparavant focalisée. Lorsque cela surviendra, détendez-vous, respirez de nouveau consciemment et essayez de libérer votre esprit de cette pensée.

Vous constaterez alors qu'il est plus facile de calmer votre esprit en choisissant de petites pensées qui n'ont pas le potentiel de se développer en quelque chose d'intéressant. Par exemple, vous pourriez tout simplement vous concentrer sur votre propre respiration, compter mentalement vos respirations, ou écouter un robinet qui coule goutte à goutte. En retenant une pensée douce, vous renoncerez à toute pensée de résistance et, tout naturellement, votre vibration (tel le bouchon de liège) s'élèvera.

Le but de ce processus n'est pas de travailler sur vos désirs, mais de calmer votre esprit, car, dès lors, toute résistance s'évanouira et votre état vibratoire s'élèvera jusqu'à son état naturel et pur.

Tandis que vous calmerez votre esprit, vous éprouverez peut-être un sentiment de détachement. Par exemple, vous ne sentirez aucune différence entre vos orteils et votre nez. Il pourra aussi vous arriver de sentir des mouvements convulsifs ou des démangeaisons sous la peau. Une fois que toute résistance se sera dissipée et que vous aurez pris une envolée vers vos vibrations élevées, naturelles et pures, vous pourrez parfois sentir certains mouvements involontaires agiter votre corps, lequel se balancera légèrement d'un côté à l'autre ou de l'avant vers l'arrière, ou votre tête oscillera d'un côté à l'autre. Ou encore, vous pourriez simplement percevoir une sensation de mouvement ou de bâillement. Toutes ces sensations, tous ces mouvements indiquent que vous avez atteint un état de méditation.

Votre point d'attraction aura alors changé, et votre état de consentement sera bien établi. Les choses demandées, qui vous auront toutes été accordées, affluent maintenant en douceur dans votre existence. En sortant de votre état de méditation, cet état de consentement perdurera jusqu'à ce que vous focalisiez votre attention sur une chose susceptible de modifier votre fréquence vibratoire. Avec suffisamment de pratique, ces fréquences supérieures vous deviendront tellement familières que vous serez capable de les faire surgir chaque fois que vous le voudrez.

Avec le temps, si vous méditez régulièrement, vous développerez une grande sensibilité aux sensations créées par les fréquences supérieures dans votre corps. Autrement dit, chaque fois que votre attention se portera sur tout ce qui peut faire baisser votre fréquence vibratoire, vous serez sans doute davantage en mesure de vous en rendre compte dès les premiers stades subtils, avant que la baisse ne soit trop importante. De la sorte, vous serez capable de changer facilement la pensée source de résistance, afin de maintenir votre équilibre.

Abraham donne plus de détails sur la méditation

De nombreux maîtres spirituels, dont nous sommes, enseignent que la méditation constitue un excellent moyen d'élever sa fréquence vibratoire. Pour être efficace, une méditation doit pouvoir détourner votre attention de toute perception physique capable de provoquer une résistance dans votre vibration. En effet, si vous parvenez à écarter votre attention de ce qui la maintient à des fréquences inférieures, celle-ci aura naturellement tendance à s'élever. C'est comme effectuer un retrait de la conscience tout en demeurant éveillé. Quand vous dormez, votre conscience est également en retrait, mais lorsque vous dormez profondément, vous n'avez aucune conscience de ce que l'on peut ressentir dans cet état vibratoire supérieur. Avec le temps, votre sensibilité à votre fréquence vibratoire s'affinera, de sorte que chaque fois que votre attention se portera sur une chose suscitant une résistance, vous le saurez aussitôt.

On nous demande parfois s'il est normal qu'une pagaille monstre s'installe dans notre vie lorsqu'on commence à méditer. Nous répondons par l'affirmative, car vous développez alors une sensibilité accrue rendant les états vibratoires inférieurs précédents moins agréables à sentir.

Autres moyens d'élever votre fréquence vibratoire

Il existe d'autres moyens que la méditation pour élever vos vibrations : écouter de la musique inspirante qui rend le cœur joyeux, faire de la course à pied dans un bel endroit, caresser votre chat, aller promener votre chien. Ce ne sont là que quelques-unes des activités plaisantes qui brisent les résistances et élèvent les vibrations. Vous êtes souvent dans un état élevé de connexion avec l'Énergie Source quand vous conduisez votre voiture. Voilà pourquoi si peu d'accidents de la route se produisent. Le rythme de la circulation, la distraction de ce qui aurait pu vous inquiéter, et l'idée de vous rendre jusqu'à un nouvel endroit contribuent à vous faire oublier tout ce qui vous tracassait avant le départ.

Le but recherché doit être de vous libérer de toute pensée susceptible d'occasionner de la résistance ; ainsi, vous n'aurez que des pensées positives et pures. Ce n'est pas vraiment un problème si vous êtes incapable de calmer complètement votre esprit, à moins qu'il ne soit occupé par un bavardage mental axé sur des choses négatives. Si des pensées agréables flottent doucement dans votre esprit durant votre méditation, cela peut même s'avérer profitable.

En voici un exemple. Après une visite d'une journée dans une famille qu'ils adorent, Jerry et Esther ont passé d'agréables moments à repenser à cette merveilleuse journée et à échanger ensemble à ce propos. Chaque fois qu'ils voulaient revivre ces bons moments, il leur suffisait de se rappeler une chose que l'un d'eux avait dite ce jour-là, ce que les enfants avaient fait, la magnifique température, la délicieuse nourriture qu'on leur avait servie, ou leur promenade tonifiante dans les bois.

En d'autres mots, il est relativement facile de puiser dans vos souvenirs quelque chose qui s'apparente à l'Énergie pure et positive. Penser à vos animaux de compagnie peut être une bonne source de pensées positives, car l'amour des animaux est totalement inconditionnel. Il vous suffit de repérer une pensée qui vous rend heureux lorsqu'elle vous vient à l'esprit et de la garder en tête jusqu'à ce que sa tonalité s'établisse en vous. Par la suite, d'autres pensées de même nature suivront.

Autre exemple de méditation

Voici une méthode que nous utiliserions si nous étions à votre place. Chaque jour, pendant 10 ou 15 minutes sans plus, nous irions nous asseoir en silence là où nous ne risquerions pas d'être dérangés — sous un arbre, dans notre véhicule, dans la salle de bain, ou même dans le jardin. Nous ferions alors de notre mieux pour réduire au minimum toute stimulation sensorielle. Ainsi, nous choisirions un endroit paisible, nous tirerions les rideaux si la lumière s'avérait trop intense, et nous fermerions les yeux.

Nous serions conscients du mouvement de l'air dans nos poumons, prenant de longues et profondes inspirations, puis laissant l'air s'échapper très lentement. En somme, nous inspirerions le maximum d'air possible, et une fois notre poitrine bien gonflée, nous aspirerions doucement un peu plus d'air encore. Nos poumons ayant atteint leur pleine expansion, nous prendrions ensuite un long et délicieux moment pour laisser l'air s'en échapper tout doucement. Notre seule intention serait d'être pleinement conscient de notre respiration, de ne rien faire d'autre que de respirer — sans accorder la moindre pensée au déjeuner à préparer ou aux cheveux à coiffer, sans se demander comment va telle ou telle personne, sans s'inquiéter du lendemain ni penser à autre chose qu'à l'air qui entre et sort par nos narines.

Dans un tel état de consentement conscient, vous cessez pendant quelques instants de mener le bal. Vous arrêtez d'essayer de contrôler quoi que ce soit et vous dites à votre Énergie Source, à votre Être intérieur, à votre Dieu (quel que soit le nom que vous préférez donner à cet Être) : « *Je consens à ce que l'Énergie Source circule librement à travers moi.* »

Ces quinze minutes de méditation quotidienne changeront votre existence, car vous permettez ainsi à l'Énergie d'affluer naturellement vers vous. Vous vous sentirez mieux sur le moment et rempli d'une plus grande énergie encore au sortir de cette méditation.

Quinze minutes peuvent-elles faire autant de différence ?

Le grand bienfait que vous remarquerez immédiatement est le fait que les choses souhaitées commenceront à se manifester. Pourquoi est-ce ainsi ? « Après tout, pourriez-vous dire, je n'avais aucune intention précise et je ne me suis fixé aucun but durant cette méditation, pas plus que je n'ai clarifié ce que je voulais. Je n'ai pas indiqué à l'univers ce que je voulais. Pourquoi le simple fait de passer une quinzaine de minutes à simplement *être* a-t-il mis en branle ce genre de choses ? » Parce que vous aviez déjà demandé ce que vous vouliez et qu'à présent, durant votre méditation, vous avez brisé la résistance qui en empêchait la manifestation. Par cette méditation, vous consentez désormais à ce que vos désirs affluent dans votre existence.

Vous ne pouvez vivre dans cet environnement physique sans que des désirs sans fin naissent en vous. À mesure que ces nouveaux désirs se forment, l'univers y répond. En raison de ces 15 minutes de consentement passées à câliner votre chat, à pratiquer la respiration consciente, à écouter le murmure d'une cascade ou une musique apaisante, ou même à vous exercer à un déchaînement d'appréciation [processus no 1], vous avez pendant un moment consenti à l'établissement d'une vibration qui ne causait plus de résistance par rapport aux choses demandées.

« Eh bien, Abraham, si j'ai été réellement aussi négatif pendant cinquante ans, va-t-il me falloir encore cinquante années pour transformer cela ? » *Non, puisqu'une quinzaine de minutes par jour devraient suffire.*

« En 15 minutes seulement, je pourrai annuler toutes les résistances que j'ai appris à créer ? » *En 15 minutes, vous pouvez permettre tout cela sans avoir à annuler quoi que ce soit.*

« Mais si j'ai vraiment acquis de telles habitudes de négativité, 15 minutes suffiront-elles réellement à changer cela ? » *Probablement pas, mais la prochaine fois qu'une de ces pensées négatives se pointera, vous en aurez davantage conscience. Votre système de guidance sera stimulé à un point tel que vous prendrez conscience—pour la première fois de votre vie peut-être—de ce que vous faites avec votre Énergie non physique.*

Cela est très important, car tout ce qui vous échoit, ainsi qu'aux gens que vous connaissez, se produit en raison de l'Énergie que vous appelez et que vous laissez ou non se manifester. Tous ceux que vous connaissez, à qui il arrive tout ce que vous savez, vivent ces choses par suite des désirs que leur vie a fait naître en eux et de l'état de consentement ou de résistance dans lequel ils se trouvent.

Que pourrais-je accomplir en 30 jours ?

Savez-vous que vous pourriez être atteint aujourd'hui de chaque maladie mortelle connue de l'homme (et de certaines autres dont vous n'avez pas encore entendu parler) et qu'elles pourraient toutes disparaître demain si vous appreniez comment permettre à l'Énergie de circuler sans entraves en vous ? Nous ne vous encourageons pas vraiment à faire ce genre de bonds quantiques, car ils sont quelque peu incommodants.

Toutefois, nous tenons réellement à vous inciter à penser suffisamment à vous-même chaque jour pour affirmer ce qui suit : « Rien ne saurait être plus important que de me sentir bien, et je vais découvrir le moyen d'y parvenir aujourd'hui. Je vais commencer ma journée par une méditation afin de m'harmoniser avec mon Énergie Source. Et tout au long de la journée, je vais chercher des occasions d'exprimer mon appréciation, afin de me ramener constamment en alignement avec mon Énergie Source. Si j'ai la chance de pouvoir faire l'éloge de quelqu'un, je n'hésiterai pas. Mais si l'occasion se présente d'exprimer une critique, je vais plutôt garder le silence et essayer de méditer. Si l'envie me prend de juger quelqu'un ou quelque chose, je vais me changer les idées en appelant, par exemple, mon chat, pour jouer avec lui jusqu'à ce que l'envie me passe. »

En moins de 30 jours de pratique quotidienne de la méditation, et sans grand effort, vous pouvez considérablement atténuer vos résistances intérieures. Les gens qui vous connaissent seront étonnés de voir le nombre de choses qui se manifesteront peu à peu dans votre vie.

De notre point de vue supérieur, il nous apparaît que vous êtes debout d'un côté d'une porte close, alors que de l'autre côté se cachent toutes les choses que vous souhaitez obtenir depuis longtemps, et qu'il vous suffirait de vous appuyer un peu sur cette porte pour l'ouvrir. Toutes ces choses gisent là depuis l'instant où vous avez demandé à les avoir : un amant, un corps parfait, un emploi idéal, tout l'argent que vous pourriez imaginer avoir et, bien sûr, une démarche spirituelle qui vous convient ! De petites et de grandes choses, d'autres qui vous sembleraient extraordinaires et importantes, et d'autres moins importantes. En somme, tout ce que vous avez pu désirer un jour est rassemblé là, de l'autre côté de cette porte.

Dès l'instant où vous ouvrirez cette porte, elles afflueront vers vous, et nous devrons alors organiser un séminaire pour vous apprendre comment vous en occuper, car elles surgiront de tous bords, tous côtés.

Processus 7

L'évaluation des rêves

Quand faut-il utiliser ce processus ?

- Lorsque vous voulez comprendre pourquoi vous faites un certain rêve.
- Lorsque vous voulez déterminer quel est votre point d'attraction et ce que vous êtes en train de créer avant même que cela ne se manifeste dans votre vie.

L'éventail actuel de vos états d'être émotionnels

Ce processus de l'évaluation des rêves vous sera des plus utiles lorsque votre état d'être se situera entre :

1) la joie, le savoir, la maîtrise personnelle, la liberté, l'amour et l'appréciation
   et

22) la peur, le chagrin, la dépression, le désespoir et l'impuissance.

(Si vous n'êtes pas certain de votre état d'être actuel, veuillez vous référer au chapitre 22 pour y passer en revue les 22 catégories de l'échelle de guidance émotionnelle proposée.)

Les choses auxquelles vous pensez souvent et celles qui se manifestent dans votre vie ont toujours une étroite correspondance vibratoire.

De la même manière, les choses auxquelles vous pensez durant vos rêves et celles qui s'y matérialisent ont également une telle correspondance vibratoire.

Vos pensées dominantes correspondent toujours aux réalités qui se manifestent dans votre vie. Par conséquent, une fois que vous aurez compris la corrélation absolue entre vos pensées, ce que vous ressentez, et ce qui se manifeste, vous pourrez alors prédire avec exactitude tout ce qui surviendra dans votre vie.

Il est certes bon d'être conscient de vos pensées et, dès lors, de savoir ce que vous créez avant que cela ne se manifeste, mais il est également utile, après qu'une chose s'est manifestée, de pouvoir ensuite reconnaître quelles pensées y ont mené. Autrement dit, il vous est possible d'établir consciemment un lien entre vos pensées, vos sentiments et les choses qui se manifestent *avant* que celles-ci ne surviennent, ou même *après* qu'elles se sont produites. Les deux sont utiles.

Lorsque vous rêvez à quelque chose, cela correspond toujours aux choses auxquelles vous aviez pensé. Et ainsi, comme chacun de vos rêves est en fait le fruit de votre création, il n'est pas possible que vous rêviez à quoi que ce soit que vous n'auriez pas déjà créé par vos pensées. Le fait qu'une chose se soit manifestée en rêve signifie que vous lui avez accordé assez souvent votre attention.

L'essence de ce que vous ressentez à l'égard des choses auxquelles vous pensez le plus finira par se manifester dans votre vie, mais il faut encore moins de temps et d'attention pour que cela puisse se manifester dans votre état de rêve. Pour cette raison, vos rêves peuvent s'avérer immensément utiles pour vous amener à comprendre ce que vous êtes en train de créer une fois éveillé. Si vous vous apprêtez à créer quelque chose que vous ne voulez pas, il sera alors plus facile de changer l'orientation de vos pensées *avant* qu'elles ne se manifestent, plutôt qu'*après* qu'elles se sont manifestées.

Le processus d'évaluation des rêves s'effectue comme suit : Au moment d'aller au lit, reconnaissez consciemment que vos rêves sont le reflet fidèle de vos pensées et dites-vous : « *Je désire bien me reposer et m'éveiller parfaitement revigoré. Et s'il y a quoi que ce soit d'important dans mes rêves dont je dois me souvenir, je m'en rappellerai clairement à mon réveil.* »

Puis, lors de votre réveil, avant de vous lever, demeurez couché quelques minutes encore et demandez-vous si vous avez souvenir de vos rêves. Bien que vous puissiez vous rappeler divers aspects de ces rêves pendant la journée, il est habituellement plus facile de vous en souvenir tout juste au réveil. Tandis que vous revoyez des bribes de votre dernier rêve, détendez-vous et tentez de vous remémorer comment vous vous sentiez au cours de cette séquence, car en évoquant ainsi vos émotions vous aurez accès à des éléments d'information encore plus importants que les détails de votre rêve.

Pour qu'un quelconque sujet devienne assez puissant pour se manifester dans votre réalité vécue, il vous faut lui accorder suffisamment d'attention. De même, il est nécessaire de consacrer une bonne dose d'attention à un sujet avant qu'il ne se manifeste dans vos rêves. Pour cette raison, vos rêves les plus significatifs sont toujours accompagnés d'une intense émotion. Cette émotion peut laisser une impression bonne ou mauvaise, mais elle sera toujours assez forte pour que vous puissiez reconnaître le type de sentiment qu'elle engendre.

Demandez-vous quelle impression le rêve vous a laissée. Si vous vous êtes éveillé avec le souvenir d'un rêve ayant fait naître en vous une impression très positive, vous pouvez alors être confiant que les pensées dominantes s'y rapportant sont orientées vers la manifestation d'un réel désir. Si, au contraire, votre dernier rêve vous laisse une impression négative, sachez que vos pensées dominantes sont en train d'attirer à vous quelque chose dont vous ne voulez pas. Toutefois, peu importe votre opinion à l'égard de ce qui se manifeste dans votre existence, vous avez toujours la possibilité de prendre une nouvelle décision et de changer ainsi la manifestation anticipée en quelque chose de plus agréable pour vous.

Il est vraiment plus épanouissant pour vous de créer dans votre vie des scénarios toujours plus satisfaisants que de créer par défaut des choses dont vous ne voulez réellement pas, puis d'essayer ensuite de les transformer en quelque chose que vous désirez. Car une fois qu'une chose s'est manifestée, vous devez tout autant faire face à ce que provoque en vous cette chose indésirable qu'identifier l'habitude de pensée ayant initialement entraîné son apparition.

Dès que vous aurez compris que vos rêves constituent un merveilleux reflet de vos véritables sentiments et de ce que vous êtes en voie de créer, vous serez alors en mesure de commencer à transformer délibérément vos pensées de manière à exercer une influence positive sur vos rêves. Et dès qu'un rêve positif aura eu lieu, vous saurez que vous êtes sur le point d'activer une manifestation plus positive dans votre vie.

Si vous vous éveillez en ayant le souvenir d'un mauvais rêve, ne vous en inquiétez pas ; appréciez plutôt le fait que vous avez ainsi conscience d'avoir accordé votre attention à quelque chose dont vous ne voulez pas. Tout comme vous appréciez l'utilité des cellules sensorielles de votre peau qui vous alertent lorsque vous approchez votre main de quelque chose de très chaud, appréciez le fait que vos émotions vous ont amené à prendre conscience de pensées qui s'approchent de quelque chose d'indésirable.

Précisons que vous ne créez rien durant vos rêves, car ces derniers sont une manifestation de ce à quoi vous pensiez à l'état de conscience. Cependant, une fois réveillé, si vous réfléchissez au contenu de votre rêve ou si vous en discutez avec quelqu'un, ces pensées pourront certainement influer sur vos futures créations.

Il est utile de consigner par écrit vos souvenirs de rêves, mais il n'est pas nécessaire d'en indiquer tous les éléments avec force détails. Prenez note du cadre général dans lequel le rêve se déroulait, des gens qui y apparaissaient, de ce que vous et les autres y faisiez, et, plus important encore, des sentiments éprouvés tout ce temps.

Vous pourrez déceler la présence de plus d'une émotion dans chaque rêve, mais ces émotions ne seront guère différentes les unes des autres. Par exemple, vous ne pourriez éprouver à la fois de l'extase et de la colère dans un même rêve, car la fréquence vibratoire de ces deux émotions est trop extrême pour que celles-ci soient présentes en même temps. Ainsi, lorsque vous avez identifié le sentiment laissé par un rêve, si vous voulez changer ou améliorer cette émotion, vous pouvez passer directement au processus 22, qui vise à *remonter dans l'échelle des émotions.*

Abraham donne plus de détails sur l'interprétation des rêves

Les rêves peuvent vous donner un merveilleux aperçu de la façon dont vous interprétez votre état d'être vibratoire actuel. Le souvenir que vous conservez d'un rêve renvoie à votre interprétation mentale des éléments de pensée non physiques avec lesquels vous avez interagi tout au long de votre rêve. Quand vous dormez, vous reprenez contact avec l'Énergie de la dimension non physique et entretenez avec elle des conversations, non pas sur le plan verbal, mais vibratoire. Puis, à votre réveil, votre subconscient traduit ces pensées en leurs concepts physiques équivalents.

Parfois, quand il y a longtemps que vous désirez une chose sans néanmoins parvenir à voir de quelle façon elle pourra réellement se manifester à vous, vous pouvez alors faire un rêve dans lequel elle vous apparaîtra. Ainsi, grâce au souvenir agréable laissé par le rêve en question, votre vibration de résistance s'adoucit et les conditions sont désormais favorables à la réalisation de votre désir.

Il y a de nombreuses années de cela, Jerry et Esther participaient tous deux à une entreprise commerciale, mais ils n'avaient pas alors de liaison amoureuse. Ils s'appréciaient mutuellement, mais refusaient l'un l'autre de se laisser entraîner dans une relation amoureuse. En raison des circonstances et de leurs convictions personnelles, aucun d'eux n'avait même osé s'aventurer à entretenir des pensées de cette nature à l'égard de l'autre.

Une nuit, Esther rêva que Jerry (elle avait alors clairement vu son visage) s'agenouillait à côté de son lit et l'embrassait sur la joue, comme dans les contes de fées de son enfance. Lorsqu'il effleura son visage de ses lèvres, un sentiment extraordinaire fusa soudain en elle — un indescriptible sentiment euphorique que tout était bien. Elle n'avait jamais ressenti une telle émotion, ni en rêve ni autrement. Quand elle s'éveilla, elle ne put cesser de penser à ce rêve. Par après, jamais plus elle ne pensa à Jerry comme avant ce rêve. Cette expérience laissa en elle un sentiment jamais connu auparavant. C'était si délicieux qu'elle réussit, à maintes reprises, à refaire le même rêve. Et quand elle n'y arrivait pas, elle se contentait alors d'en raviver le souvenir. Elle voulait par-dessus tout recréer le sentiment merveilleux éprouvé dans ce rêve. Bien sûr, cette vibration fut le catalyseur qui les a réunis ensemble.

Jusqu'alors, Esther caressait le désir de vivre pour toujours dans une union heureuse, de trouver un partenaire capable de l'apprécier, et de partager avec lui une existence remplie de joie. Alors que de telles pensées occupaient son esprit, même si ce genre de réalité ne faisait pas vraiment partie de son existence, son Être intérieur perçut son désir et lui en offrit un équivalent visuel et sensuel suffisamment tangible pour qu'elle ne puisse l'oublier. Dès lors, l'impression ainsi créée en elle s'avéra si puissante qu'elle ne cessait de se rappeler à son attention. Comme elle nourrissait de son Énergie la vision de ce rêve, sa vie prit alors un tour des plus fructueux!

Les rêves offrent un avant-goût de votre avenir

Si vous souhaitez des choses qui vous semblent franchement inaccessibles — par exemple, vous aimeriez vous sentir en parfaite santé, mais ça ne vous est jamais arrivé; vous voudriez être prospère, mais ne l'avez jamais été; vous désirez avoir un partenaire amoureux, mais n'avez jamais pu en trouver un —, précisez alors à votre Être intérieur *ce* que vous voulez et *pourquoi,* et laissez-lui vous offrir en rêve des images que vous serez ensuite à même de nourrir de votre Énergie, ce qui amènera votre état d'être en résonance harmonique avec votre désir. Puis la Loi d'attraction se chargera du reste.

Vos rêves sont des manifestations de la fréquence vibratoire de votre point d'attraction, de sorte que vous pouvez les évaluer afin de déterminer ce qu'engendrent réellement vos vibrations. Ils offrent un avant-goût de ce qui s'en vient dans votre existence. Par conséquent, si vous évaluez leur contenu, vous serez souvent en mesure de déterminer la nature de votre point d'attraction. Cela étant, si vous ne souhaitez pas que votre rêve se réalise, vous avez la possibilité d'agir en vue de le changer.

Par suite des influences environnantes, vous avez été encouragé à penser de manière à canaliser par exemple de l'Énergie vers la manifestation d'un désastre financier ou la vision d'un corps affligé de problèmes de santé chroniques. Dans un tel cas, votre Être intérieur, qui sait fort bien que vous projetez dans votre avenir des images de maladie, peut vous offrir un rêve illustrant ce vers quoi votre vie se dirige. Voyant cela, vous vous éveillez en réalisant que ce n'est pas ce que vous désirez, pour ensuite vous demander ce que vous désirez au juste et pourquoi vous le voulez ! Partant, vous commencez à faire affluer l'Énergie vers ce que vous voulez vraiment, transmutant alors votre Énergie et, par conséquent, changeant votre avenir.

Processus 8

Le livre des aspects positifs

Quand faut-il utiliser ce processus ?

- Lorsqu'une émotion positive monte en vous, en réaction à une pensée positive sur laquelle votre attention se porte, et que vous souhaitez chevaucher plus longtemps la vague de sentiments agréables qui en résulte.
- Lorsque vous prenez conscience du malaise intérieur suscité par un sujet requérant sans cesse votre attention et que vous voulez améliorer votre vibration à ce propos.
- Lorsque la plupart des sujets retenant votre attention vous semblent intéressants, mais qu'il existe certains obstacles inconfortables dont vous désirez modifier la teneur.

L'éventail actuel de vos états d'être émotionnels

Ce processus du livre des aspects positifs vous sera des plus utiles lorsque votre état d'être se situera entre :

1) la joie, le savoir, la maîtrise personnelle, la liberté, l'amour et l'appréciation

   et

10) la frustration, l'irritation et l'impatience.

(Si vous n'êtes pas certain de votre état d'être actuel, veuillez vous référer au chapitre 22 pour y passer en revue les 22 catégories de l'échelle de guidance émotionnelle proposée.)

Pour être en mesure d'entreprendre le processus du livre des aspects positifs, procurez-vous un cahier faisant naître un sentiment agréable en vous lorsque vous le tenez dans vos mains. Choisissez un cahier ligné de belle couleur dont l'espace entre les lignes correspond à votre style d'écriture et dont la texture du papier facilitera l'écriture avec votre stylo préféré. Assurez-vous qu'il s'ouvre bien et reste à plat, afin de faciliter la prise de notes.

Comme vous le constaterez, cet exercice vous permettra d'améliorer votre concentration. Ainsi, vous aurez une meilleure clarté d'esprit et le sentiment d'être plus vivant.

Veuillez d'abord écrire le titre suivant sur la couverture de votre cahier : *Mon livre des aspects positifs.*

Nous vous recommandons de consacrer une vingtaine de minutes de votre temps la première fois que vous ferez cet exercice ; par la suite, dix à quinze minutes chaque fois devraient suffire. Vous découvrirez que ce processus est si enrichissant, et les sentiments engendrés si satisfaisants, que vous aurez envie de lui réserver encore davantage de temps.

Dans le haut de la première page, inscrivez le nom de quelqu'un ou de quelque chose qui vous a toujours laissé une impression positive, puis faites-en une brève description. Ce pourrait être le nom de votre chat, de votre meilleur ami ou de votre amoureux, ou, encore, de votre ville préférée, de votre restaurant favori. Cela fait, tout en focalisant votre attention sur ce nom, posez-vous les questions suivantes : *Qu'est-ce que j'aime en lui/elle ? Pourquoi je l'aime autant ? Quels sont ses aspects positifs ?*

Puis, commencez à écrire les pensées qui vous viennent à l'esprit en réponse à ces questions. N'essayez pas de forcer l'émergence de ces idées ; laissez-les prendre doucement forme en vous, sur votre feuille de papier. Continuez d'écrire jusqu'à ce qu'elles cessent d'affluer et relisez-vous en appréciant vos propres mots.

À présent, tournez la page et inscrivez de nouveau le nom de quelqu'un ou de quelque chose que vous aimez et répétez le processus jusqu'à ce qu'une autre période de vingt minutes se soit écoulée.

Vous allez peut-être vous rendre compte, même dès la première séance, que vous êtes parvenu à activer en vous une vibration d'appréciation et de Bien-être si puissante que des idées d'autres noms continueront d'affluer en vous. Si cela se produit, prenez le temps, si possible, de les inscrire dans le haut des autres pages de votre livre. Si vous croyez avoir aussi le temps de poser les trois questions soulevées plus haut, faites-le en même temps. Sinon, attendez au lendemain, lorsque vous répéterez le même processus.

Plus vous chercherez à identifier des aspects positifs, plus vous en découvrirez et plus vous aurez envie d'en chercher d'autres. Ce faisant, vous activerez en vous une vibration de Bien-être élevée, laquelle correspondra à qui vous êtes réellement. En outre, vous vous sentirez merveilleusement bien. Mieux encore, cette vibration deviendra si familière qu'elle finira par être votre vibration dominante, supérieure, et tous les aspects de votre existence se mettront à la refléter.

Dès que votre cahier sera rempli, vous aurez sans doute envie d'en acheter un autre, car cet exercice d'écriture favorisera une meilleure focalisation de vos idées et une plus grande facilité à vous connecter avec votre propre Énergie Source, ce qui rendra fort agréable cette expérience d'écriture.

Ce processus comporte de nombreux avantages. Vous vous sentirez merveilleusement bien durant cet exercice. Votre point d'attraction continuera à s'améliorer, même s'il est déjà très bon. Les rapports entretenus avec le sujet à propos duquel vous écrivez des choses deviendront plus riches et plus satisfaisants, et la Loi d'attraction fera venir à vous encore plus de personnes, de places, d'expériences et de choses merveilleuses dont vous pourrez profiter.

Abraham donne plus de détails sur le processus du livre des aspects positifs

Imaginez une magnifique cité. Il ne s'agit pas d'une grande ville, mais tout y est parfait et la circulation automobile y est fluide. Cette cité possède de nombreux points d'intérêt. Y vivre et y travailler est en soi une merveilleuse expérience. En lisant cette description, vous pensez peut-être : J'y coulerais certainement des jours heureux. Oh ! nous avons cependant oublié de mentionner une petite chose : Il y a un nid-de-poule (trou) très profond dans la Sixième Avenue.

Or, de notre point de vue, si vous viviez dans cette cité et que votre attention était entièrement centrée sur ses aspects positifs, vous y seriez effectivement fort heureux. La vie n'a pas été présentée à la plupart des gens par quelqu'un qui en soulignait avant tout les aspects positifs. La majorité s'est plutôt fait dire de se méfier de ses nombreux pièges — comme le nid-de-poule de la Sixième Avenue ! Voilà pourquoi la plupart des gens, en raison des influences négatives autour d'eux, sont rongés par la crainte de tomber dans un tel« nid-de-poule ».

Imaginez cette fois une personne censée être en phase terminale. La déclaration du médecin équivaut à une condamnation à mort. Pourtant, comme dans le cas de la cité parfaite, 99 % de son corps fonctionne très bien ; aucune artère n'est obstruée. Le seul problème, c'est qu'en raison de la déclaration du médecin, toute son attention est désormais centrée sur le « nid-de-poule », jusqu'à ce que cette crainte dévore la « ville » tout entière.

Détournez votre attention des nids-de-poule de cette ville

Quand vous focalisez votre attention sur ce que vous désirez, vous vous sentez bien. Par contre, si vous centrez votre attention sur son absence, vous ne vous sentez pas bien. Examinons plus à fond cette situation. Pouvez-vous vous concentrer sur plus d'une chose à la fois ? C'est impossible. Pouvez-vous éprouver plus d'une chose à la fois, vous sentir bien et mal au même moment ? Bien sûr que non. Cela étant, n'est-il donc pas logique de croire — puisque cela cadre certainement avec les lignes directrices de la Loi d'attraction — que si vous focalisez toute votre attention sur ce que vous désirez, vous ne pouvez accorder en même temps de l'attention à son contraire ? *Et si vous vous sentez bien lorsque votre attention est centrée sur ce que vous désirez, ce qui vous mettra en mode d'attraction positif, votre tâche la plus importante ne serait-elle pas alors de chercher à identifier les aspects positifs présents en toute chose et d'en considérer tous les éléments inspirants, de sorte que vous puissiez détourner votre attention des « nids-de-poule » ?*

Lorsqu'ils entendent parler pour la première fois de la notion de création délibérée, nos amis physiques s'en inquiètent parfois. Ils craignent que toutes leurs pensées négatives ne se dispersent dans le cosmos, faisant apparaître un quelconque monstre dans leur existence. Nous tenons à vous rassurer en vous rappelant que ce que vous vivez est le reflet de l'ensemble de vos pensées et qu'une dose substantielle de pensées à propos d'une chose est requise pour que cette dernière se manifeste dans votre vie. Mais comme vous vivez dans une société où la tendance à critiquer et à s'intéresser à tout ce qui va mal prédomine, et que vous voulez toujours regarder les choses en face, vous avez pris l'habitude, même dans vos pensées intimes, à vous faire inutilement du souci au lieu de laisser place en vous au sentiment profond que tout est bien.

Nous vous encourageons à accorder plus souvent votre attention à ce qui vous permet de vous sentir bien — rien de si radical cependant que vous ayez à contrôler chaque pensée. Il vous faut simplement prendre la décision de chercher avant tout ce que vous désirez voir se manifester. Cette décision n'est pas difficile à prendre, mais elle peut avoir des répercussions importantes sur ce que vous attirerez dans votre existence.

Accordez votre attention à ce qui vous rend heureux

Toute chose réelle dont vous ne voulez pas semble davantage digne de votre attention. Vous vous dites que si elle est vraie, il vous faut sans doute mieux vous documenter à son sujet, l'évaluer, dresser des statistiques, en parler aux autres, et même prévenir vos enfants du danger qu'elle peut représenter.

Vous vous demandez même si vous ne devriez pas alerter les gens en ce qui concerne ces choses que vous ne voulez pas, mais qui sont une réalité, et s'il vous faut donc faire en sorte qu'elles paraissent plus réelles encore. Et nous vous demandons : « Pourquoi faire cela ? Pourquoi ne pas plutôt choisir dans la base de données de la création les réalités que vous aimeriez reproduire, et les faire ensuite connaître autour de vous ? » Mais votre réponse ne saurait convenir, puisque vous répondez : « Nous faisons cela parce que c'est la réalité et que quelqu'un d'autre l'a fait avant nous. »

Si nous étions à votre place, nous ne laisserions pas la réalité apparente d'une chose être l'unique objet de notre attention ; nous dirigerions plutôt notre attention vers la vibration ressentie. De plus, à toute personne intéressée à savoir ce qui est important pour nous, nous dirions ceci : « Si une chose nous inspire de bons sentiments, nous lui accordons toute notre attention ; dans le cas contraire, nous ne la regardons même pas. »

Et vous savez ce que cette personne nous répondrait ? « Vous devriez faire face à la réalité ! » Nous répliquerions que nous le faisons constamment, mais que nous sommes seulement devenus plus sélectifs dans notre évaluation de la réalité. De fait, nous avons pris conscience que toute réalité — celle dont on parle, celle à laquelle on pense, celle dont on se rappelle, celle qu'on analyse par des statistiques, ou même celle qui occupe longtemps une place dans notre cœur — finit inévitablement par devenir notre propre réalité. Nous avons désormais certaines exigences à satisfaire à l'égard des réalités que nous choisissons d'inclure dans notre vie, car nous avons découvert que nous pouvons créer la réalité de notre choix. Chacun peut créer sa réalité et choisir celle qu'il préfère créer.

Nous adorons vous révéler que vous êtes des créateurs et que vous avez le pouvoir de créer tout ce que vous voulez. *Vous pouvez créer tout ce à quoi vous accordez votre attention.*

Votre réalité vous accompagne où que vous alliez

Jerry et Esther avaient l'habitude d'offrir des ateliers dans un hôtel de Austin, au Texas, dont le personnel semblait régulièrement oublier de préparer la salle avant leur arrivée. Malgré la signature d'un contrat, et en dépit du fait qu'Esther téléphonait chaque fois le matin de leur arrivée en guise de confirmation, lorsqu'ils se présentaient à la réceptionniste, celle-ci avait toujours l'air surprise de les voir. Et, bien sûr, un grand branle-bas de dernière minute s'ensuivait afin de préparer les choses pour l'atelier. Un jour, Esther nous a dit : « Peut-être devrions-nous trouver un autre hôtel ! » Nous lui avons répondu que c'était là une des possibilités qui s'offraient à eux, *mais en ajoutant qu'il était inévitable que peu importe où ils iraient, leur réalité les accompagnerait, car où que l'on aille, on traîne toujours avec soi ses habitudes et schèmes vibratoires.*

Nous leur avons donc suggéré de s'acheter un cahier et d'écrire en lettres majuscules sur la page couverture : *Mon livre des aspects positifs.* Puis, nous leur avons demandé d'inscrire sur la première page : *Les aspects positifs de l'hôtel Southpark, à Austin.* Esther commença donc à écrire ce qui suit : « C'est un bel hôtel magnifiquement aménagé. Il est bien situé, très facile d'accès par l'autoroute, et il est aisé d'expliquer comment s'y rendre. Son stationnement est adéquat et commode. Notre chambre est toujours très propre, et l'hôtel dispose de salles de différentes dimensions, de sorte que nous pouvons recevoir tout groupe de participants intéressés par notre atelier. »

Alors qu'elle notait ses observations, Esther se mit à se demander pourquoi elle avait même envisagé la possibilité de chercher un nouvel hôtel. En d'autres termes, l'attention accordée aux aspects positifs de cet établissement l'avait mise dans un état d'être si positif à son égard qu'elle ne pouvait plus qu'attirer de bonnes choses de cet hôtel. En rédigeant de telles notes dans son cahier, elle avait ainsi détourné son attention du « nid-de-poule ».

Est-ce de l'inspiration ou de la motivation ?

Il y a deux façons d'aborder cette question : *Si l'on pose tel ou tel geste, ces bonnes choses se produiront ; si l'on ne pose pas tel ou tel geste, ces mauvaises choses surviendront.* Le premier choix vous incite à l'action à partir d'une perspective positive. Le second choix vous motive à agir à partir d'une perspective négative.

Votre livre des aspects positifs vous placera dans une situation où vous attirerez tout ce que vous désirez, grâce à votre sentiment positif inspiré.

Processus 9

La création de scénarios

Quand faut-il utiliser ce processus ?

- Lorsque vous vous sentez bien et que vous désirez ajouter certaines choses en particulier à ce que vous créez dans votre vie.
- Lorsque vous désirez sentir l'excitation d'identifier et d'écrire des choses que vous aimeriez vivre, et voir ensuite l'univers vous apporter précisément ce que vous avez demandé.
- Lorsque vous désirez ressentir consciemment le pouvoir que recèle votre pensée focalisée sur une chose précise.

L'éventail actuel de vos états d'être émotionnels

Ce processus de création de scénarios vous sera des plus utiles lorsque votre état d'être se situera entre :

2) la passion
   et
6) l'espoir.

(Si vous n'êtes pas certain de votre état d'être actuel, veuillez vous référer au chapitre 22 pour y passer en revue les 22 catégories [ou processus]de l'échelle de guidance émotionnelle proposée.)

Un soir, Esther alluma le téléviseur et se trouva immédiatement captivée par un film qui était déjà commencé depuis un moment. Dans cette histoire, un scénariste qui n'avait apparemment jamais de succès venait de découvrir que sa machine à écrire possédait un pouvoir magique. Chaque jour, après avoir décrit les scènes et écrit les paroles que les acteurs allaient dire, cet homme voyait ces mêmes choses se manifester dans sa propre existence. Par conséquent, si une situation ne se passait pas comme il le voulait, il allait s'asseoir devant sa machine à écrire et en écrivait une version améliorée, et ce même scénario se déroulait ensuite dans sa vie.

Tandis qu'Esther regardait ce film, nous lui avons dit : « C'est vraiment toujours ainsi que les choses se passent. En focalisant clairement sur les choses que tu désires et en évitant d'émettre toute vibration pouvant créer de la résistance, tes désirs sont exaucés. Car quoi que tu demandes, cela t'est toujours accordé — chaque fois, sans exception. » Si une chose souhaitée ne se manifeste pas, c'est que vous n'y consentez pas, que les pensées entretenues sont contraires à votre désir. Rien d'autre ne vous empêche de réaliser chacun de vos rêves.

En somme, voici comment fonctionne le processus de création de scénarios : faites semblant d'être un scénariste et que tout ce que vous écrivez sera interprété exactement comme vous le décrivez, votre seule tâche consistant à tout dépeindre en détail, précisément comme vous voulez que les choses se produisent.

En vous amusant à jouer à ce jeu sans trop vous prendre au sérieux cependant, vous constaterez que vos croyances restrictives risquent moins d'être activées. Autrement dit, en prétendant que votre machine à écrire, votre ordinateur ou votre calepin de notes est magique et que tout ce que vous écrivez peut être réalisé, vous ferez les deux choses nécessaires à la réalisation de n'importe quoi : focaliser la lentille de votre désir et n'offrir aucune résistance à sa réalisation.

Ce processus vous aidera à exprimer vos désirs de manière plus précise, et grâce à cette clarté accrue à l'égard de ce que vous désirez, vous ressentirez le pouvoir de cette méthode de focalisation particulière. Plus vous vous concentrerez longtemps sur un sujet et plus vous le ferez avec force détails, plus l'Énergie agira rapidement. Avec de la pratique, vous parviendrez à réellement sentir l'élan ainsi donné à votre désir, tout autant que la convergence des Forces universelles contribuant à sa manifestation. Il vous arrivera souvent de savoir à quel moment vous êtes à deux doigts d'une percée ou d'une manifestation, et ce, uniquement par la manière dont vous vous sentez.

En raison du caractère fantaisiste et léger de ce jeu, vous serez moins susceptible de l'aborder en ayant à l'esprit des pensées de doute ou d'incrédulité. En demeurant enjoué, vous serez en mesure de conserver une attitude de non-résistance et réaliserez ainsi l'équilibre parfait nécessaire à la création de tout ce que vous voulez.

Si vous répétez souvent ce jeu et que vous prenez plaisir à y jouer, vous verrez bientôt tout le potentiel étonnant de cet exercice. Les choses que vous écrirez commenceront à se produire comme si vous dirigiez la mise en scène d'une pièce de théâtre. Et quand une personne de votre entourage prononcera les paroles mêmes que vous aurez scénarisées, vous serez ravi de reconnaître le pouvoir de votre intention.

Vous êtes l'auteur vibratoire du scénario de votre existence, et tous les autres êtres de l'univers jouent le rôle que vous leur avez assigné. Vous pouvez littéralement écrire le scénario de votre choix en ce qui a trait à votre vie ; l'univers fera en sorte de placer sur votre route les personnes, les endroits et les événements qui répondent à vos attentes. Vous êtes le créateur de vos propres expériences ; il vous suffit de décider de ce que vous voulez et de lui permettre de se manifester.

Abraham donne plus de détails sur le processus de création de scénarios

La rédaction d'un scénario est l'un des processus que nous vous offrons afin de vous aider à dire à l'univers de quelle manière vous désirez que les choses se passent. Si vous êtes déjà en harmonie vibratoire avec un quelconque désir, vous le savez fort bien puisque celui-ci est déjà une réalité physique. Mais si une chose désirée ne s'est pas encore réalisée, alors l'écriture d'un scénario constitue un bon moyen d'accélérer sa manifestation. Cet exercice vous aidera à rompre toute habitude de parler des choses telles qu'elles sont et à les envisager plutôt telles que vous aimeriez qu'elles soient. Vous pourrez également déterminer délibérément quelle vibration pour souhaitez émettre.

Écrivez en détail ce que vous aimeriez vivre

Nous vous suggérons tout d'abord de vous identifier au personnage central de votre scénario et, ensuite, de déterminer quels en seront les autres acteurs principaux. Puis, écrivez l'histoire en question. Ce processus est d'une plus grande efficacité si vous l'écrivez, tout particulièrement au début, car le fait d'écrire représente votre plus puissant point de focalisation. Mais il n'est pas nécessaire que vous recommenciez maintes et maintes fois à écrire le même scénario.

Un jour, une femme qui s'exerçait avec notre aide à écrire un de ses scénarios nous confia qu'elle voyait deux personnes marchant sur une plage. Pour la taquiner un peu, nous lui avons demandé si elle était l'une de ces personnes. Ce que nous voulions souligner par là, c'est que l'objectif même de la création d'un scénario est de *ressentir* les expériences de la vie comme vous aimeriez les vivre.

Ce processus a vraiment pour but de vous amener à sentir la vie ainsi que vous aimeriez la vivre. L'univers ne sait pas, et ne se préoccupe pas de savoir, si la vibration qui émane de vous constitue une réaction à quelque chose que vous vivez ou si vous l'émettez en réponse à quelque chose que vous imaginez. De toute manière, dans les deux cas, l'univers vous le livrera.

Si vous ressassez assez souvent votre scénario, vous finirez par l'accepter comme réalité et, dès lors, l'univers y croira et y répondra de la même manière.

Processus 10

Le processus du napperon

Quand faut-il utiliser ce processus ?

- Lorsque vous désirez utiliser plus efficacement votre système de gestion universelle.
- Lorsque vous désirez recourir davantage à l'afflux d'Énergie pour créer votre propre réalité.
- Lorsque vous sentez que vous avez trop à faire.
- Lorsque vous désirez avoir davantage de temps pour faire les choses qui vous donnent du plaisir.

L'éventail actuel de vos états d'être émotionnels

Ce processus du napperon vous sera des plus utiles lorsque votre état d'être se situera entre :

2) la passion
et
11) l'accablement.

(Si vous n'êtes pas certain de votre état d'être actuel, veuillez vous référer au chapitre 22 pour y passer en revue les 22 catégories de l'échelle de guidance émotionnelle proposée.)

Alors que la vie de Jerry et d'Esther évoluait et que leurs idées et leurs projets se développaient, Esther se mit à apporter régulièrement avec elle un calepin contenant sa liste des choses qu'elle avait besoin de faire. Cette liste s'était allongée jusqu'à comporter plusieurs pages, mais elle portait le titre de « Choses à faire aujourd'hui ». Eh bien, il est clair que dix personnes n'auraient pu accomplir en une seule journée tout ce qui était indiqué sur cette liste.

Après chaque nouvel ajout à sa liste, Esther se sentait plus accablée et moins libre. En raison de son désir d'être utile et de sa bonne volonté naturelle, elle avait développé un immense sens des responsabilités, et son sentiment de liberté se trouvait écrasé par le poids de toutes ces choses.

Alors qu'elle était assise à une table de restaurant et qu'elle attendait son repas, Esther en profita pour examiner attentivement le contenu de sa liste, qui comptait plusieurs pages. De temps à autre, elle rayait quelque chose ayant déjà été accompli, mais chaque fois qu'un élément était ainsi éliminé, elle pensait aussitôt à trois nouvelles choses à ajouter. Un sentiment de désespoir s'emparant d'elle, elle nous demanda : « Abraham, que devrais-je faire ? »

« Prends le grand napperon en papier devant toi, lui avons-nous suggéré, *et nous allons te guider. Trace une ligne au centre de ton napperon et inscris dans le haut, du côté gauche, le titre suivant : Les choses que je ferai aujourd'hui. Puis, sur le côté droit, inscris ceci : Les choses que j'aimerais que l'univers fasse.*

« À présent, parmi ta longue liste de choses à faire, choisis uniquement celles que tu souhaites absolument réaliser en ce jour, celles que tu sens devoir faire et que tu veux réellement accomplir. Inscris-les sur le côté gauche de ton napperon. Puis, sur le côté droit — celui de l'univers —, inscris toutes les autres tâches à accomplir. »

Esther examina sa liste de choses à faire, en choisit quelques-unes à réaliser à tout prix ce jour-là, et les inscrivit sur le côté gauche du napperon. Puis, elle se mit en devoir de recopier sur le côté droit toutes les tâches importantes ainsi confiées à l'univers. À mesure qu'elle les ajoutait une à une à cette seconde liste, elle se sentait de plus en plus libérée et légère.

Nous lui avons alors expliqué que pour réussir à accomplir quoi que ce soit, elle avait seulement deux choses à faire : d'abord identifier l'objet de son désir, puis s'assurer de ne pas faire obstacle à sa manifestation. En d'autres termes, il faut demander ce que l'on désire et trouver ensuite le moyen d'atteindre un état vibratoire laissant place à sa manifestation. Car, quoi que nous demandions, nous le recevons.

Tandis qu'Esther étudiait minutieusement sa longue liste des tâches dont elle se sentait responsable, elle avait certainement accentué la partie *demande* de l'équation, mais sa confusion et son sentiment d'accablement étaient assurément pour elle des indicateurs émotionnels qu'elle n'était pas dans l'état vibratoire requis pour *consentir* à recevoir ce qu'elle avait demandé.

Au cours du processus de transfert des demandes sur le côté du napperon réservé aux choses dont Esther voulait voir l'univers s'occuper, la résistance de celle-ci s'était peu à peu amoindrie et sa vibration, de plus en plus élevée. Sans même qu'elle en ait conscience, son point d'attraction avait changé, permettant immédiatement la réalisation de son désir.

Ce qu'Esther vécut au cours des quelques jours suivants la laissa complètement ébahie. Non seulement fut-elle capable d'accomplir aisément les choses qu'elle avait inscrites sur sa courte liste, mais celles indiquées sur le côté droit, celui de l'univers, se réalisèrent aussi, mais sans son attention et son intervention. Les personnes qu'elle avait tenté en vain de joindre au téléphone l'appelèrent. Ses employés, inspirés à l'aider, se chargèrent de régler plusieurs des choses inscrites sur sa liste et l'en informèrent ensuite. Elle n'eut donc ni à s'en occuper ni à le leur demander. Le temps sembla s'étirer afin que davantage de choses soient accomplies, et son synchronisme par rapport aux gens, aux endroits et à la circulation automobile s'améliora considérablement.

Le processus du napperon amena Esther à focaliser ses désirs de façon plus précise et, pour la première fois, elle parvint à laisser tomber toute résistance à leur sujet. Lorsque vous demandez, vous recevez toujours, mais vous devez absolument ouvrir votre cœur pour que cela soit.

Abraham donne plus de détails sur le processus du napperon

Chaque fois qu'Esther déjeune avec Jerry, elle sort une grande feuille de papier de son sac à main et trace une ligne en son centre. Sur le côté gauche, elle écrit : *Les choses que nous devons faire aujourd'hui.* Sur le côté droit : *Les choses que l'univers fera.* Sur leur côté de la feuille, elle indique les choses qu'elle entend entreprendre le jour même. Sur l'autre, elle indique celles dont elle aimerait confier la responsabilité à l'univers.

Esther a toujours aimé dresser de telles listes. Elle avait souvent l'équivalent de dix jours de travail sur sa liste de choses à faire la journée même. Et bien souvent, cette liste engendrait chez elle le sentiment d'être débordée. Autrement dit, comme elle y inscrivait toutes ces choses qu'il lui était pourtant impossible d'accomplir en totalité, sa liste devenait en quelque sorte un frein au lieu de l'aider. Mais elle s'est rendu compte qu'elle peut désormais y inscrire uniquement les choses qu'elle a réellement l'intention de faire. De cette manière, il n'y a que très peu de résistance en elle, même en ce qui concerne ces choses qu'elle va faire. Quant à toutes les autres qu'elle voudrait également accomplir, que ce soit le même jour, dans un an ou dans dix ans, elle les inscrit sur le côté droit de sa liste, permettant ainsi à l'univers de s'en occuper.

Un jour, au sortir d'un restaurant, Jerry demanda à Esther si elle voulait rapporter ce napperon avec elle. Elle lui répondit : « C'est l'aspect le plus intéressant de ce système ; je n'ai pas de suivi à faire. » Puis elle laissa le napperon sur la table, confiant ainsi à l'univers le soin de s'en occuper. Voyez-vous, comme il n'est pas nécessaire d'assurer un suivi, Esther n'a donc rien à traîner avec elle et n'a pas non plus à se préoccuper de quoi que ce soit. Voilà donc le genre de chose que vous faites lorsque vous comprenez qu'un flot constant de Bien-être afflue vers vous.

Dès l'instant où vous dites « je préfère », ou « j'apprécie », ou « je veux », les cieux s'ouvrent pour vous et les Énergies non physiques commencent sur-le-champ à orchestrer la manifestation de ce que vous désirez. L'Énergie afflue aussitôt et, dans une chorégraphie cosmique impossible à décrire, les circonstances et les événements se mettent peu à peu en place afin de vous donner exactement ce que vous voulez. Si ce n'était de votre résistance, les choses iraient vraiment vite.

Savez-vous exactement ce que vous voulez ?

Vous n'avez nul besoin de répéter constamment à l'univers ce que vous désirez ; une seule fois suffit. Néanmoins, il y a avantage à en parler continuellement, car on exprime ainsi plus clairement ce que l'on veut. Une première fois, on ne peut généralement pas l'exprimer avec clarté. Par conséquent, plus on en parle, plus on précise son idée. Ainsi, dès que vous affirmez vouloir une chose, l'univers entreprend de la manifester. Mais si vous dites ensuite : « J'aimerais que cela soit de cette manière », l'univers modifie alors ce qu'il manifeste. Si vous ajoutez : « Et un petit peu de ceci serait bien », l'univers s'ajuste de nouveau. Comprenez-vous où nous voulons en venir ? Une fois que vous savez exactement ce que vous voulez, et que vous l'avez parfaitement identifié, le processus de réalisation est lancé. C'est même déjà fait ! Toutefois, la manifestation proprement dite surviendra sans doute au bout d'un certain temps, puisqu'en général la résistance offerte est telle que vous ne pouvez la recevoir instantanément.

Processus 11

L'expression de ses intentions

Quand faut-il utiliser ce processus ?

- Lorsque vous voulez que votre influence domine au cours d'un segment particulier de votre journée.
- Lorsque vous reconnaissez la possibilité qu'une chose ne se passe pas comme il a été prévu et que vous voulez alors vous assurer qu'elle se déroule comme vous l'entendez.
- Lorsqu'une question de temps ou d'argent est d'une grande importance pour vous et que vous souhaitez en tirer le meilleur parti possible.

L'éventail actuel de vos états d'être émotionnels

Ce processus d'expression de ses intentions vous sera des plus utiles lorsque votre état d'être se situera entre :

4) l'espérance et la confiance
et
11) l'accablement.

(Si vous n'êtes pas certain de votre état d'être actuel, veuillez vous référer au chapitre 22 pour y passer en revue les 22 catégories de l'échelle de guidance émotionnelle proposée.)

Il est plus facile de débuter par une nouvelle pensée moins puissante, de focaliser ensuite votre attention sur celle-ci et de développer cette idée que de tenter de changer une pensée puissante déjà bien établie. En d'autres mots, il est plus facile de créer une expérience future améliorée que de changer une expérience existante.

Si vous êtes confronté à une situation physique qui capte toute votre attention, vous projetez cette même situation dans votre avenir en lui accordant présentement votre attention. Cependant, si vous imaginez plutôt une expérience future différente, vous activerez un scénario différent, laissant ainsi votre expérience actuelle derrière vous.

Tel est le pouvoir du processus d'expression de ses intentions, grâce auquel vous définissez les caractéristiques vibratoires de votre proche avenir. C'est là une façon de préparer la voie, sur le plan vibratoire, afin de faire par la suite un voyage plus facile et agréable.

Si vous êtes de mauvaise humeur, ce qui signifie que votre fréquence vibratoire comporte une part considérable de résistance, alors, du fait que vous n'avez pas accès à des pensées très différentes de celles que vous avez en ce moment, vous projetez habituellement la même attente vibratoire dans votre avenir immédiat. Voilà pourquoi nous vous encourageons à recourir au processus d'expression de ses intentions lorsque vous êtes déjà de bonne humeur. Par contre, si vous ne vous sentez pas bien, utilisez un autre processus afin d'améliorer votre humeur actuelle ainsi que votre point d'attraction. Puis, quand vous vous sentirez mieux, revenez à ce puissant processus d'expression de ses intentions.

Cette technique vous aidera à focaliser vos pensées de manière plus délibérée et à devenir davantage conscient de la nature de vos pensées actuelles, de sorte que vous pourrez sciemment choisir le genre de pensées que vous souhaitez avoir à l'esprit. Avec le temps, il vous paraîtra tout naturel d'effectuer une pause avant d'entreprendre un nouveau segment de votre journée et d'exprimer alors vos intentions ou vos attentes.

Un nouveau segment commence chaque fois que vos intentions changent. Si vous lavez la vaisselle et que le téléphone sonne, vous entamez un nouveau segment. C'est la même chose lorsque vous montez dans votre véhicule ou qu'une autre personne entre dans la pièce où vous êtes.

Si vous pouviez prendre le temps de définir vos attentes à l'égard d'un nouveau segment avant même qu'il ne débute, vous pourriez en établir le ton de manière plus précise que s'il est commencé et que vous l'observez tel qu'il est déjà.

Par exemple, vous êtes en train de préparer le repas et vous prenez plaisir à observer le rythme fluide que vous avez établi. Tout se passe conformément à ce que vous aviez prévu, et vous vous attendez à ce que tout se déroule à la perfection.

Le téléphone sonne. (Un nouveau segment débute.) Vous décidez de laisser votre répondeur prendre le message en vous disant que vous rappellerez plus tard lorsque vous en aurez le temps.

Ainsi, le rythme fluide de préparation de votre repas n'est pas interrompu ; votre segment a légèrement changé, mais vous préservez votre équilibre, et tout est bien.

Ou encore, lorsque le téléphone sonne, vous vous souvenez que vous attendiez un appel important et, bien sûr, vous ne voulez pas le rater. Vous déterminez que ce segment sera efficace et bref, que vous réunirez rapidement et poliment toutes les informations requises. En raison du mouvement positif que vous avez déjà amorcé, votre attente positive concorde parfaitement avec cet appel et vous avez déjà préparé ce que vous allez dire avant même de répondre, afin de vous conformer à vos bonnes intentions positives.

En fait, vous préparez constamment la voie à vos futures expériences sans même le savoir. Comme vous projetez continuellement vos attentes dans votre avenir, ce processus vous aidera à examiner consciemment ce que vous projetez et à exercer un contrôle sur ce qui se présentera plus tard dans votre existence.

Ainsi, vous pouvez préparer le terrain en prévision d'expériences que vous vivrez dans un avenir immédiat, ou plus lointain. Une fois que vous aurez vu comment votre pensée délibérée influence positivement votre vécu, vous voudrez le faire encore plus souvent. Comme pour tous les autres processus, plus vous utiliserez celui-ci, plus vous serez doué à ce jeu, plus ce sera alors amusant et plus vos résultats seront efficaces.

Si une nouvelle période de votre journée inclut quelque chose que vous n'avez jamais aimé faire, ce processus d'expression de ses intentions n'est pas le meilleur à employer. Bien sûr, il est préférable à n'avoir aucune intention délibérée, mais lorsqu'une occasion se présentera à vous, préférez plutôt l'un des processus 13 à 22, qui se rapportent à des situations plus difficiles.

Par exemple, vous allez rendre visite à votre belle-mère qui, croyez-vous, ne vous a jamais aimé ; ou bien vous êtes en route vers un petit bureau où vous devrez travailler avec une personne qui vous énerve de bien des façons...

Chaque fois que vous faites connaître vos intentions quant à la manière dont vous voulez vous sentir et dont vous aimeriez qu'un segment se déroule, il est toujours bon, lorsque vous avez peine à imaginer un scénario positif, de ne pas poursuivre ce processus. Changez de sujet et pensez plutôt à quelque chose d'agréable, puis choisissez plus tard un autre processus.

Abraham donne plus de détails sur l'expression de ses intentions

Vous vivez une époque merveilleuse, dans une société technologique avancée où votre esprit est stimulé par des pensées provenant de partout dans le monde. Vous profitez de tous ces avantages, et cela constitue pour vous une occasion de progresser pas mal. Toutefois, cela ne va pas sans certains inconvénients puisque toute cette stimulation entraîne aussi une inévitable confusion. De fait, bien que votre aptitude à vous concentrer plus spécifiquement sur un sujet donné puisse engendrer de la clarté, celle que vous avez d'examiner simultanément plusieurs choses à la fois peut être une source de confusion.

Vous êtes des êtres réceptifs, et vous avez la faculté de penser très rapidement. Lorsque vous considérez une quelconque pensée, vous avez la capacité, par le pouvoir de la Loi d'attraction, de la rendre de plus en plus claire, jusqu'à ce que vous puissiez accomplir n'importe quoi relativement à celle-ci. Mais en raison de la disponibilité de tant de sources de stimulation de la pensée, très peu d'entre vous conservent leur attention sur quoi que ce soit suffisamment longtemps pour mener bien loin le développement d'une pensée. *Vous êtes pour la plupart tellement distraits par autant de stimulation que vous n'avez pas la possibilité de développer grandement une quelconque pensée.*

Voici la clé de votre création délibérée

Ce processus a pour but de vous permettre d'identifier clairement ce que vous voulez afin de pouvoir commencer à l'attirer à vous.

Voici la clé de votre création délibérée : Imaginez-vous tel un aimant, faisant naître en vous l'état d'être souhaité au moment de votre choix. Lorsque vous aurez le sentiment de savoir exactement ce que vous désirez et d'exercer un réel contrôle sur votre état d'être, vous attirerez à vous des circonstances où régnera la clarté. Lorsque vous aurez le sentiment d'être heureux, vous attirerez à vous des circonstances où régnera le bonheur. Lorsque vous aurez le sentiment d'être en santé, prospère, ou aimé, vous attirerez à vous des circonstances où régneront la santé, la prospérité et l'amour. Ce que vous ressentez constitue réellement votre point d'attraction.

Par conséquent, l'utilité de ce processus d'expression de ses intentions est de vous encourager à marquer plusieurs temps d'arrêt durant votre journée pour affirmer : « Voici ce que je veux faire durant cette période de ma vie. Je le désire réellement. » En exprimant aussi clairement votre volonté, vous devenez un *tamiseur sélectif,* attirant dans votre existence uniquement ce que vous voulez.

Toutefois, la raison pour laquelle cette technique est si efficace se résume à ceci : quand vous portez votre attention sur de nombreuses choses, si vous essayez de les examiner toutes à la fois vous vous sentez dépassé et désorienté. En déterminant segment par segment ce que vous désirez, vous évitez de tourner et retourner trop de choses en même temps, tentant plutôt d'identifier ce que vous désirez maintenant.

Si vous voulez plusieurs choses à la fois, cela crée de la confusion, mais si vous focalisez votre attention sur les détails précis de ce que vous désirez à un moment particulier, vous conférez de la clarté et de la puissance à votre création et accélérez dès lors sa manifestation. Et c'est justement le but de ce processus, soit de marquer un temps d'arrêt avant d'entreprendre un nouveau segment de votre journée, afin d'identifier ce que vous désirez avant tout et d'y accorder toute votre attention pour ainsi activer sa réalisation.

Certains parmi vous sont capables d'être pleinement conscients à des moments de leur journée, mais très peu arrivent à conserver ce degré d'attention durant une journée entière. Par conséquent, le fait d'identifier ce que vous souhaitez accomplir avant chaque segment — et ici l'intention d'identifier ces désirs est ce qui compte le plus — fera en sorte que vous deviendrez un attracteur magnétique ou un créateur délibéré tout au long de votre journée.

Non seulement réaliserez-vous ainsi que vous pouvez être plus productif, mais vous constaterez également que vous êtes plus heureux, puisque l'expression délibérée de vos désirs, suivie de votre consentement et d'une réponse à ces désirs, sera pour vous une source de grande satisfaction. Vous êtes des êtres en quête de croissance, et c'est donc en progressant que vous êtes le plus heureux. Si, au contraire, vous avez le sentiment de stagner, vous êtes forcément moins heureux.

Un exemple d'une journée durant laquelle vous exprimez vos désirs

Nous aimerions vous guider tout au long d'une journée durant laquelle vous exprimeriez vos intentions chaque fois que s'amorcerait un nouveau segment. Supposons que vous avez décidé d'employer ce processus avant d'aller au lit en fin de journée et que vous considérez que le fait d'entrer dans le sommeil sera un nouveau segment de votre existence. Ainsi, alors que vous êtes étendu sur votre lit et que vous allez bientôt vous endormir, exprimez l'intention d'avoir un sommeil réparateur et de bien vous reposer, et imaginez que vous vous éveillez frais et dispos le lendemain matin.

Au matin, en ouvrant vos yeux, reconnaissez le fait qu'un nouveau segment de votre vie vient de débuter, et ce, depuis que vous êtes de nouveau conscient dans votre lit, jusqu'au moment où vous en sortirez.

Clarifiez ce que vous avez l'intention de faire de ce moment : « Alors que je suis étendu ici, j'ai l'intention de me former une image claire de ce que sera cette journée. Je veux aussi me laisser griser par la perspective de ce jour excitant. » Puis, toujours étendu sur votre lit, vous allez vous sentir reposé et enthousiaste à propos de la journée qui s'amorce.

Dès votre sortie du lit commencera alors un nouveau segment, peut-être celui-là même auquel vous vous préparerez ce jour-là. Puis, tandis que vous brossez vos dents, que vous prenez un bain ou que vous accomplissez tout ce que vous avez normalement l'habitude de faire à ce moment de la journée, ayez l'intention d'être efficace et d'y prendre plaisir, de sorte que cela soit un moment revigorant qui démarre bien votre journée.

Dans le même esprit, tout en préparant le petit-déjeuner, sélectionnez les aliments qui renferment les éléments nutritifs équilibrés dont votre corps a besoin. Exprimez intérieurement le désir d'être rassasié et revigoré, et de jouir à fond de ce moment. En mangeant, remarquez à quel point vous vous sentez rajeuni et en meilleure forme. Vous prendrez ainsi davantage plaisir à manger que si vous n'aviez pas au préalable déterminé cette intention.

Lorsque le téléphone sonne, prenez conscience qu'un nouveau segment s'ouvre. En répondant, identifiez qui vous appelle et affirmez intérieurement votre intention avant même de parler. Quand vous montez dans votre véhicule, ou si vous êtes en route pour aller travailler ou vers toute autre destination, exprimez votre intention de voyager en toute sécurité, de vous sentir vivifié et heureux tout au long du chemin, et d'être en outre conscient du comportement des autres automobilistes sur la route, de sorte que vous puissiez circuler avec fluidité, sécurité et efficacité.

Dès l'instant où vous sortirez de votre véhicule, vous entrerez dans un autre segment. Marquez encore un temps d'arrêt et imaginez-vous en train de marcher de l'endroit où vous êtes à celui où vous désirez aller en vous visualisant de bonne humeur, en ayant l'intention de vous déplacer sans perdre de temps et en toute sécurité, conscient de la vitalité qui anime votre corps, de la clarté qui règne dans votre esprit, et en envisageant ce que vous prévoyez faire durant le segment qui s'amorce. Voyez-vous en train de saluer la secrétaire, les autres employés ou votre patron. Voyez-vous comme quelqu'un qui inspire les autres et qui est toujours prêt à sourire, mais qui reconnaît aussi que toutes les personnes rencontrées n'ont pas nécessairement une idée claire de ce qu'elles veulent. Sachez de plus qu'en déterminant sciemment ce que vous avez l'intention d'accomplir, vous accéderez à une meilleure maîtrise de votre vie et ne serez pas touché par la confusion, les intentions ou l'influence des autres.

Il va de soi que ce qui peut survenir dans une journée ne se passera pas forcément comme nous l'avons décrit, sans compter que les circonstances peuvent varier d'une journée à l'autre. Par ailleurs, vous ne parviendrez sans doute pas au début à identifier le commencement de chaque nouveau segment ainsi que vous le réussirez après vous y être exercé un certain temps. En outre, des personnes préféreront toujours conserver à portée de main un petit carnet afin d'y dresser la liste de leurs intentions après s'être arrêtées et avoir identifié le début d'un nouveau segment. Ainsi, en prenant note de leurs désirs, elles clarifieront parfaitement leurs intentions et se focaliseront entièrement sur leur manifestation. Vous trouverez donc sans doute fort utile d'avoir constamment avec vous un tel carnet lorsque vous effectuerez délibérément ce processus.

À mesure que vos journées avanceront, vous sentirez monter en vous le pouvoir et l'élan intérieur que confère cet exercice d'expression de ses intentions, et vous vous sentirez merveilleusement invincible. Vous aurez le sentiment qu'il n'y a rien que vous ne puissiez être, faire ou avoir lorsque, à maintes reprises, vous observerez le contrôle créatif que vous exercez désormais sur votre propre existence.

Processus 12

Ne serait-ce pas merveilleux si...

Quand faut-il utiliser ce processus ?

- Lorsque vous constatez votre tendance à voir les choses de manière négative — ce qui suscite de la résistance en vous — et votre désir de transformer cette attitude en quelque chose de plus positif.
- Lorsque vous vous sentez réellement bien et que vous voulez concentrer votre attention sur certains aspects de votre vie à améliorer.
- Lorsque vous voulez diriger le cours d'une conversation négative, ou potentiellement négative, afin de lui donner un tour qui sera plus profitable, ou lorsque vous désirez offrir un conseil à quelqu'un.

L'éventail actuel de vos états d'être émotionnels

Ce processus vous sera des plus utiles lorsque votre état d'être se situera entre :

4) l'attente positive et la confiance

et

11) le découragement.

(Si vous n'êtes pas certain de votre état d'être actuel, veuillez vous référer au chapitre 22 pour y passer en revue les 22 catégories de l'échelle de guidance émotionnelle proposée.)

Quand vous dites : *« J'aimerais que survienne cette chose qui ne s'est pas encore produite »*, non seulement activez-vous alors la vibration correspondant à l'objet de votre désir, mais également celle qui renvoie à l'absence de ce dernier, de sorte que rien ne change pour vous. Et même si vous ne prononcez pas la deuxième partie de cette phrase et que vous dites seulement : *« Je veux que cela se produise »*, une vibration inexprimée subsiste souvent en vous, qui vous maintient dans un état de non-consentement par rapport à votre désir.

Par contre, si vous dites : *« Ne serait-ce pas merveilleux si mon désir était exaucé ? »*, vous exprimez une attente beaucoup moins teintée de résistance.

Cette question que vous vous posez fait naturellement naître en vous une réponse plus positive reflétant davantage une attitude d'expectative. Ce jeu à la fois simple et puissant entraînera donc une élévation de votre fréquence vibratoire et une amélioration de votre point d'attraction, car il vous oriente vers les choses souhaitées. Ce processus vous aidera à accueillir les choses que vous avez demandées, et ce, dans tous les domaines.

Ne serait-ce pas merveilleux si nous passions avec ces amis le meilleur temps que nous ayons jamais eu ensemble ?

Ne serait-ce pas merveilleux s'il n'y avait que peu de circulation automobile et si nous faisions un magnifique voyage ?

Ne serait-ce pas merveilleux si j'avais une journée de travail réellement productive ?

Ou bien, le sujet peut concerner une nouvelle relation.

Ne serait-ce pas merveilleux si je me trouvais un partenaire extraordinaire qui m'adorerait tout autant que je l'adorerais ?

Ne serait-ce pas merveilleux si je rencontrais quelqu'un qui m'aime vraiment et que nous passions le reste de nos jours ensemble ?

Ne serait-ce pas merveilleux si quelqu'un était à la recherche d'une personne comme moi ?

La raison pour laquelle ce jeu est si important et si puissant tient au fait que lorsque vous dites : « Ne serait-ce pas merveilleux si... », vous mettez l'accent sur quelque chose que vous voulez, et ce, tout en douceur. En d'autres mots, ce ne sera pas la fin du monde si vous ne l'obtenez pas ; la vibration émise est beaucoup plus douce.

Prenons un autre exemple. Supposons que vous désirez perdre du poids. En ce cas, vous pourriez dire :

Ne serait-ce pas merveilleux si je tombais sur un type de régime amaigrissant qui fonctionne vraiment pour moi ?

Ne serait-ce pas merveilleux si mon métabolisme coopérait un peu mieux avec moi ?

Ne serait-ce pas merveilleux si les désirs que je caresse depuis si longtemps m'apparaissaient sous la forme d'un sommet à atteindre me servant de guide ?

Ne serait-ce pas merveilleux si je pouvais rencontrer quelqu'un qui a découvert une méthode qui fonctionne, et que cela me stimule à suivre son exemple ?

Ne serait-ce pas merveilleux si je pouvais retrouver le poids que j'avais à tel ou tel âge ?

Ne serait-ce pas merveilleux si j'avais de nouveau la même apparence que sur cette photo ?

Votre sens de la logique vous rappellera qu'il y a longtemps que vous essayez sans succès de maigrir et que si vous saviez comment y parvenir, ou si vous aviez la volonté nécessaire, vous auriez déjà atteint votre but. Ce faisant, vous contredirez votre propre désir et vous vous maintiendriez dans cette vibration. Toutefois, si vous vous prêtez au jeu proposé ici, la majeure partie de cette vibration se dissipera. Voici d'autres exemples :

Ne serait-ce pas merveilleux si mon corps physique s'alignait sur mes rêves ?

Ne serait-ce pas merveilleux si je découvrais que c'est désormais beaucoup plus facile que ça ne l'a jamais été auparavant ?

Ne serait-ce pas merveilleux si je m'alignais avec l'Énergie et si tout ce qui m'entoure entrait en résonance vibratoire harmonieuse avec ce but ?

Ne serait-ce pas merveilleux si les cellules de mon corps s'ajustaient à l'image mentale que j'ai en tête ?

Ne serait-ce pas merveilleux si je pouvais me sentir plus à l'aise avec mon corps ?

Ne serait-ce pas merveilleux si mon corps réagissait différemment à la nourriture ?

Ne serait-ce pas merveilleux si j'étais davantage inspiré par l'exercice physique ?

Ne serait-ce pas merveilleux si la faculté de mon corps à brûler les aliments que je mange était décuplée et si le régime à suivre devenait un jeu d'enfant ?

Ne serait-ce pas merveilleux si ma façon de concevoir les aliments était plus en harmonie avec les besoins réels de mon corps, de sorte que j'éprouverais davantage de plaisir à me nourrir d'aliments sains ?

En vous exerçant à ce jeu, vous ferez naître en vous l'harmonie nécessaire à la réussite. Une autre possibilité serait de cesser de vous tourmenter par rapport à tout cela et de ne plus jamais y repenser. Mais c'est là une démarche difficile, car votre corps ayant plutôt tendance à vous *accompagner* partout où vous allez… il est presque impossible de ne plus penser à votre excès de poids. Devant cette réalité, vous êtes forcé de choisir des pensées agréables, comme dans les exemples évoqués ci-dessus.

Encore une chose : Ne vous attendez pas à des résultats instantanés et sachez que ce que vous désirez finira par se manifester en temps voulu. En d'autres termes, par vos pensées et votre comportement vous avez prodigué des encouragements aux cellules de votre corps, mais vous allez bientôt faire disparaître une bonne partie de ces dernières. Dans une certaine mesure, elles pourront donc ainsi collaborer à ce qui va survenir, car toutes ne demandent pas mieux que de coopérer. Cependant, elles ne vont pas réellement se sacrifier ni faire un quelconque deuil à l'avance. Elles ne se comporteront pas comme si vous vous apprêtiez à détruire le quart d'entre elles.

En réalité, il est question ici d'une sorte d'alignement collectif. Vos cellules se préparent au changement désiré, et toutes sortes de choses que vous auriez été bien incapable d'orchestrer, malgré une tentative de votre part, se mettent peu à peu en place. Votre corps sait ce qu'il doit faire. Il adopte un état de consentement actif et d'alignement éclairé avec tout cela.

Par conséquent, en jouant au jeu proposé ici, remettez-vous-en avec sérénité au savoir instinctif de vos cellules. En d'autres mots, vous n'avez pas à exercer de « surveillance policière » par rapport à ce que vous consommez, vous n'avez pas à vous contraindre à faire de l'exercice, pas plus que vous n'avez à décider des cellules à éliminer.

Quel que soit l'objet de votre désir, les choses s'orchestrent d'elles-mêmes lorsque vous jouez au jeu du *Ne serait-il pas merveilleux si...* Chaque fois que vous aurez recours à ce processus, ayez confiance que tout le reste s'alignera comme il se doit, et il en sera ainsi.

Processus 13

Quelle pensée suscite en vous les meilleurs sentiments ?

Quand faut-il utiliser ce processus ?

- Lorsque vous désirez avoir pleinement conscience de vos sentiments réels à propos de quelque chose.
- Lorsque vous avez une importante décision à prendre et que vous recherchez le meilleur choix possible.
- Lorsque vous voulez déterminer votre état d'être actuel.
- Lorsque vous souhaitez mieux comprendre la nature de votre système de guidance émotionnelle.

L'éventail actuel de vos états d'être émotionnels

Ce processus vous sera des plus utiles lorsque votre état d'être se situera entre :

4) l'attente positive et la confiance
et
17) la colère.

(Si vous n'êtes pas certain de votre état d'être actuel, veuillez vous référer au chapitre 22 pour y passer en revue les 22 catégories de l'échelle de guidance émotionnelle proposée.)

Chaque désir comporte deux aspects : l'intérêt pour la chose désirée et la réalisation de l'absence de cette même chose. Si vous ne saisissez pas qu'il s'agit là de deux fréquences vibratoires fort différentes, vous pourriez croire que votre attention se porte sur la chose désirée, alors qu'elle est focalisée dans la direction opposée.

Certains croient être centrés sur l'idée d'un corps en santé, mais au fond c'est plutôt vers la crainte d'un corps malade qu'est tournée leur conscience. D'autres s'imaginent réfléchir aux moyens d'améliorer leur situation financière, mais en réalité ils accordent toute leur attention au fait de ne pas avoir assez d'argent.

Mais comme l'objet de leur attention est l'argent ou la santé, ils croient que chaque fois qu'ils pensent à cela, ils pensent à ce qu'ils veulent. Parfois, certains s'interrogent : « Je désire cela depuis aussi loin que je me souvienne. Pourquoi cela ne s'est-il pas encore produit ? » Tout simplement parce qu'ils n'ont pas conscience des deux aspects que sont la chose désirée et l'absence de celle-ci. Par exemple, ils s'imaginent qu'en parlant d'argent, ils expriment ainsi ce qu'ils veulent, alors que leur attention est plutôt centrée sur le contraire de ce qu'ils désirent. Ce n'est qu'en étant sensible à ce que vous ressentez que vous pouvez réellement savoir quelle vibration émane de vous. Avec de la pratique, votre aptitude à toujours savoir exactement où se porte votre attention se développera considérablement.

Ce processus vous aidera à identifier la fréquence vibratoire de vos pensées actuelles. Ce jeu donnera les meilleurs résultats lorsque vous y jouerez seul, car personne d'autre ne peut mieux savoir ou comprendre quelles pensées suscitent en vous le meilleur sentiment intérieur. Au cours de vos interactions avec les autres, il peut vous arriver maintes fois de ne plus savoir si une pensée vous inspire ou non un bon sentiment, ou si vous l'avez en tête parce que vous croyez que c'est là le choix que les autres aimeraient que vous fassiez.

Il est important de laisser de côté les idées, les désirs, les opinions et les croyances des autres pendant que vous identifiez, pour votre gouverne, comment vous vous sentez.

Quand devriez-vous recourir à ce jeu ?

Les possibilités de sujets auxquels vous pouvez penser sont illimitées, mais votre propre existence et les situations contrastantes que vous vivez vous aideront à identifier ceux qui pourraient mériter votre attention.

Ce jeu peut s'avérer fort utile lorsque vous venez de vivre quelque chose qui a occasionné une bonne dose d'émotions négatives.

Sachant qu'une émotion négative indique une résistance intérieure, et comprenant que cette résistance est la seule chose qui vous sépare de ce que vous désirez tant obtenir, vous avez peut-être décidé de faire quelque chose en vue de vous libérer d'une partie de la résistance créée par ce que vous venez de ressentir.

Voici un exemple illustrant de quelle manière choisir des pensées plus inspirantes. Ce processus donnera de meilleurs résultats si vous prenez quelques minutes pour vous asseoir et noter par écrit vos pensées. Avec le temps, après avoir fait cet exercice à quelques reprises, il vous suffira de passer mentalement en revue ces pensées pour réussir ce jeu. Cependant, le fait de les coucher par écrit favorise une concentration bien plus intense de votre attention, ce qui permet de *sentir* plus facilement la direction prise par les pensées que vous avez choisi d'examiner.

Tout d'abord, écrivez les premières pensées qui vous viennent à l'esprit pour exprimer vos sentiments à l'égard du sujet en cause. Vous pourriez raconter ce qui s'est passé, mais le plus important consiste à décrire comment vous vous sentez.

Puis, dressez un portrait plus détaillé en décrivant exactement ce que vous ressentez. Vous pourrez ainsi identifier plus aisément toute amélioration survenue au fil de ce processus.

Par exemple, supposons que vous venez de vous disputer avec votre fille, qui ne fait aucun effort pour vous aider dans les tâches ménagères. Elle ne prend même pas soin de ses effets personnels, et sa chambre est dans un désordre terrible. Elle ne semble faire aucun cas des efforts que vous déployez pour garder la maison en ordre. Non seulement refuse-t-elle de vous aider, mais elle donne l'impression de chercher délibérément à s'opposer à vous. Vous pourriez donc écrire quelque chose comme :

Elle [ou écrivez le nom de votre fille] fait exprès de me rendre la vie difficile.

Elle se fiche éperdument de moi.

Elle est loin de s'acquitter de sa part de travail.

Après avoir écrit quelques phrases indiquant comment vous vous sentez à cet instant même, prenez l'engagement suivant : Je vais essayer de trouver des pensées à ce sujet qui me permettront de me sentir un peu mieux. À présent, après avoir écrit chacune des pensées de cette nature qui vous sont venues à l'esprit, évaluez-les afin de déterminer si elles vous aident à vous sentir mieux, si vous êtes toujours dans le même état ou s'il est pire qu'avant cet exercice. Ainsi, vous pourriez écrire :

Elle ne tient jamais compte de ce que je lui demande. (même état)

Je veux qu'elle devienne plus responsable. (même état)

Je ne devrais pas avoir à tout ramasser derrière elle. (même état)

J'aurais dû mieux l'éduquer. (pire qu'avant)

J'aimerais bien que son père me soutienne davantage. (pire qu'avant)

Avoir une maison propre est une chose importante pour moi. (légèrement mieux)

Je sais qu'elle a beaucoup de choses en tête. (mieux)

Je me rappelle comment c'était pour moi à l'adolescence. (mieux)

Je me souviens quand elle était une mignonne petite fille. (mieux)

Si seulement elle était encore aussi adorable. (pire)

Eh bien, je n'ai pas à résoudre tout cela aujourd'hui même. (mieux)

Il y a tellement de choses chez elle que j'adore. (mieux)

Je sais qu'il y a des choses plus importantes dans la vie qu'une maison propre. (mieux)

Il n'y a vraiment rien de mal à vouloir que la maison soit propre. (pire)

Il est normal de vouloir que ma maison soit propre. (mieux)

Il est compréhensible qu'elle n'accorde pas d'intérêt à ces tâches maintenant. (mieux)

Rappelez-vous qu'il n'y a pas de bonnes ni de mauvaises réponses ici et que personne d'autre ne peut réellement savoir lesquelles de vos pensées suscitent en vous de meilleurs ou de pires sentiments. L'intérêt de ce processus est qu'il vous amènera à prendre conscience des sentiments nés de vos pensées et à développer votre aptitude à choisir des pensées donnant lieu à de meilleurs sentiments.

Bien des gens demanderaient : « Mais que peut-il y avoir de bien à me sentir mieux à l'égard des habitudes de désordre de ma fille ? »

Nous souhaitons vous faire comprendre que vos pensées ont un effet sur le comportement de toute personne et de toute chose ayant un quelconque rapport avec vous. De fait, vos pensées correspondent précisément à votre point d'attraction, et mieux vous vous sentirez, plus les choses et les gens autour de vous s'amélioreront. Dès que vous trouverez comment éveiller en vous de meilleurs sentiments, les conditions et les circonstances de votre existence se transformeront pour être à leur image.

Ce jeu vous aidera à prendre conscience du pouvoir de vos pensées pour influencer tout ce qui vous entoure.

Abraham donne plus de détails sur le processus visant à déterminer quelle pensée suscite en vous les meilleurs sentiments

« Arrêterai-je jamais d'essayer de trouver quelque chose de meilleur ? » Bien sûr que non. Et lorsque vous ne tiendrez plus compte des limites de temps et d'argent, et que vous aurez entièrement confiance que l'univers se débrouillera pour satisfaire tous les désirs que vous pouvez concevoir, alors vous laisserez vos idées foisonner. Mais tant et aussi longtemps que vous aurez le sentiment qu'il y a des limites, vous vous évertuerez à essayer de les surmonter.

Peut-être direz-vous : « Eh bien, les circonstances actuelles ne nous permettent pas vraiment de disposer de l'argent nécessaire pour réaliser toutes ces choses que nous aimerions. Nous voulons rénover notre cuisine, mais nous avons pris la ferme décision de ne pas nous retrouver avec des dettes sur le dos et nous n'allons pas violer cet engagement. Alors que faire de toutes nos idées de projets ? » Nous vous répondrons alors : « Est-il vraiment nécessaire qu'elles se manifestent toutes sur-le-champ ? Peut-être pourriez-vous simplement vous contenter de savourer ces idées pour le moment. »

Vous pouvez vous dire que si ce n'est pas possible pour l'instant, vous pourrez quand même envisager bientôt de faire ceci et cela, et ainsi commencer à prendre plaisir à observer le développement de votre projet. Toutefois, si vous établissez un calendrier de réalisation avec un délai à respecter, alors il est possible qu'un problème de manque de temps ou d'argent survienne, ce qui perturbera l'Énergie et vous rendra misérable. Cela vous fera également souhaiter de n'avoir même jamais eu cette idée. Mais vous pouvez aussi vous dire que vous avez toute la vie pour découvrir d'autres cuisines et que, pour le moment, celle-ci vous conviendra parfaitement. Puis, un jour, peut-être allez-vous déménager dans une nouvelle maison et vous rendre compte, à votre grande surprise, qu'elle comporte toutes les choses dont vous rêviez. En outre, vous la trouverez lorsque vous disposerez de suffisamment de temps et d'argent. Autrement dit, l'univers fera en sorte de vous offrir cette maison en réponse aux idées de projets que vous avez conçues et auxquelles vous avez donné libre cours.

Il n'y a ni bonne ni mauvaise idée ici

Voici une bonne façon d'aborder tout cela. Si un désir vous inspire de bons sentiments, tout va pour le mieux. Par contre, s'il éveille en vous un malaise, cela signifie qu'il est démesurément au-delà de ce que vous êtes disposé à croire. Néanmoins, vous êtes en mesure d'apaiser ce sentiment en vous disant qu'il n'est pas nécessaire de satisfaire votre désir à l'instant même, que vous pouvez conserver cette idée pour l'avenir. Sachant que c'est une bonne idée, vous n'allez pas la rejeter même si elle ne coïncide aucunement avec vos possibilités actuelles, mais un jour elle deviendra envisageable et cette seule pensée suffit à vous contenter pour le moment.

Quelle pensée éveille en vous les meilleurs sentiments? Celle de vous procurer quelque chose immédiatement et ainsi d'avoir des dettes, ou celle de remettre cet achat à plus tard et de vous réjouir à l'avance de cette acquisition future?

Jerry et Esther sont constamment confrontés à ce genre de situation, car Esther veut tout obtenir sur-le-champ et aucun motif imaginable ne peut la convaincre qu'elle ne devrait pas se procurer sans délai l'objet de son désir—excepté le fait qu'elle est mariée à un homme qui aime prendre le temps de savourer les choses. Jerry ne craint pas la perspective de manquer d'argent, mais plutôt celle de manquer d'idées. En d'autres termes, il ne veut pas passer trop rapidement d'une idée à l'autre, préférant exploiter chaque idée pour en tirer le maximum. Par contre, Esther veut couper court aux tergiversations et aller droit au but. Ainsi, elle mange en premier les meilleures parties d'un dessert, alors que Jerry les garde pour la fin. Craignant qu'une fois rendue à la dernière bouchée, elle soit repue et n'en veuille plus, Esther les mange donc en premier.

Tant Esther que Jerry ont donc trouvé leur propre façon de procéder. Il n'y a ni bonne ni mauvaise approche ici. Nous pourrions dire à Jerry qu'il ne manquera jamais d'idées et qu'il est donc à même d'aller droit au but s'il le veut. Et il pourrait nous répondre qu'il aime justement prendre le temps de jouer avec des idées et de les voir évoluer, que plus il est intimement engagé dans ses créations, plus grande est la satisfaction qu'il en retire. Et nous lui dirions cette fois : « Alors, il s'agit là de la manière de procéder qui te convient le mieux. Il n'y a pas de bonne ni de mauvaise façon de faire. Tu dois simplement identifier laquelle fait le plus ton affaire, car c'est tout ce qui compte. »

Quelle pensée suscite en vous les meilleurs sentiments ? Vous endetter, ou attendre à plus tard ? Croire que vous devez vous contenter de moins, ou que votre désir sera une partie de votre expérience future ? Être furieux contre vous-même parce que votre cuisine n'est pas aussi moderne qu'elle le pourrait, ou reconnaître qu'elle est parfaite à ce jour mais qu'elle deviendra de mieux en mieux avec le temps — tout comme vous d'ailleurs — ? À vous de choisir !

Vous sentez-vous mieux lorsque vous appréciez une personne, ou quand vous la condamnez ? Lorsque vous êtes fier de vos efforts, ou quand vous vous en voulez de ne pas en avoir fait assez ?

Réfléchissez-y bien : *Quelle pensée éveille en vous les meilleurs sentiments ?*

Processus 14

Faire place nette pour voir clair

Quand faut-il utiliser ce processus ?

- Lorsque vous vous sentez stressé en raison de votre désorganisation.
- Lorsque vous avez le sentiment d'avoir passé trop de temps à chercher certaines choses.
- Lorsque vous prenez conscience d'éviter d'être dans votre maison parce que vous vous sentez mieux ailleurs.
- Lorsque vous sentez qu'il ne vous reste pas assez de temps pour faire tout ce que vous devez faire.

L'éventail actuel de vos états d'être émotionnels

Ce processus vous sera des plus utiles lorsque votre état d'être se situera entre :

4) l'attente positive et la confiance
et
17) la colère.

(Si vous n'êtes pas certain de votre état d'être actuel, veuillez vous référer au chapitre 22 pour y passer en revue les 22 catégories de l'échelle de guidance émotionnelle proposée.)

Un environnement en désordre peut embrouiller votre point d'attraction. Si vous êtes entouré de travaux inachevés, de lettres auxquelles vous n'avez pas répondu, de projets inachevés, de factures impayées, de tâches négligées, de paperasses empilées pêle-mêle, de magazines et de catalogues éparpillés dans tous les coins, ainsi que d'objets de toutes sortes laissés à la traîne, tout cela peut exercer une influence négative sur votre existence.

Comme toute chose possède sa vibration propre, et parce que vous entretenez des rapports vibratoires avec tout ce qui vous entoure, vos objets personnels ont inévitablement des répercussions sur la manière dont vous vous sentez et sur votre point d'attraction.

Il y a deux obstacles majeurs à l'élimination du désordre. En premier lieu, vous vous souvenez peut-être d'avoir jeté quelque chose, pour découvrir peu après qu'au fond vous en aviez réellement besoin. Vous êtes donc désormais réticent à jeter quoi que ce soit. En second lieu, vous réalisez que pour réussir à vraiment bien vous organiser, beaucoup plus de temps que vous n'en disposez sera nécessaire, car chaque fois que vous avez tenté de le faire, vous vous êtes embourbé dans votre tri et ça s'est terminé par un désordre encore plus grand qu'au départ.

Ce processus, qui consiste à faire place nette pour voir clair, élimine ces obstacles. En effet, il s'agit d'une procédure de tri pouvant être accomplie très rapidement, sans risque de se débarrasser de choses utiles dont vous pourriez avoir besoin plus tard.

Tout d'abord, procurez-vous plusieurs boîtes de carton solides dotées d'un couvercle. Il est préférable qu'elles soient de taille et de couleur identiques. Ainsi, elles seront faciles à empiler soigneusement et auront belle apparence. Nous vous suggérons de débuter avec un minimum de 20 boîtes, mais vous aurez sans doute envie d'en obtenir davantage lorsque vous aurez découvert à quel point ce processus peut être productif. Nous vous recommandons de vous procurer également un ensemble de fiches alphabétiques et un enregistreur de la voix.

Ensuite, assemblez les boîtes et placez-en cinq ou six, ouvertes, au milieu de la pièce dans laquelle vous désirez mettre de l'ordre. Puis, attribuez un numéro à chacune. À présent, regardez autour de vous, choisissez un objet quelconque, et évaluez si vous en avez couramment besoin. Si c'est le cas, laissez-le où il se trouve. Dans le cas contraire, déposez-le dans l'une des boîtes. Portez cette fois votre attention sur un autre objet et poursuivez ainsi, de manière à passer un à un tous les objets contenus dans cette pièce.

L'avantage de ce processus est le suivant : vous n'aurez pas beaucoup de tri à faire au début puisque vous ne faites pour le moment qu'éliminer le fouillis dans votre environnement.

Chaque fois que vous rangez une chose dans une boîte, décrivez dans votre enregistreur de la voix la nature de l'objet en question. Par exemple : « Un paquet non ouvert contenant des cordes de guitare, rangé dans la boîte numéro un » ou « Un vieux téléphone cellulaire, rangé dans la boîte numéro deux ». Comme cinq ou six boîtes sont ouvertes en même temps, il vous est possible d'effectuer un tri général. Autrement dit, tous les magazines, tous les vêtements, tous les objets divers pourraient être rangés dans leurs boîtes respectives — mais gardez votre calme durant ce processus de tri. Examinez simplement chaque objet et déterminez s'il peut vous être utile ou non en ce moment. Si vous n'en avez pas besoin, rangez-le dans une boîte et précisez dans l'enregistreur de la voix de quel objet il s'agit et dans quelle boîte vous l'avez rangé. Plus tard, vous pourrez transférer sur vos fiches alphabétiques toute l'information ainsi recueillie. En d'autres termes, sous la lettre « A », vous inscrirez tout ce qui commence par « A », et ainsi de suite avec les autres lettres.

Comme vous ne faites pas de tri détaillé, cette étape de rangement sera rapidement complétée et vous vous sentirez mieux en voyant votre espace devenir moins encombré. En outre, vous n'éprouverez plus votre inquiétude habituelle de ne pas pouvoir trouver quelque chose, puisque vous saurez exactement, grâce à vos notes, où chaque objet est rangé.

À présent, repérez un endroit dans votre maison ou votre garage où vous pourrez ranger ces boîtes, ayant désormais la certitude de pouvoir retrouver chaque fois tout ce qui est important. Si, un jour, vous avez besoin de vos cordes de guitare neuves, vos fiches alphabétiques vous indiqueront dans quelle boîte vous les avez mises.

Après quelques semaines ou quelques mois, lorsque vous constaterez que vous n'avez pas eu besoin de rien dans la boîte numéro trois, par exemple, vous pourriez alors sortir cette boîte de la maison, aller la porter dans un espace d'entreposage situé ailleurs, ou même décider de jeter son contenu, rendant ainsi cette boîte disponible pour y ranger plus tard de nouveaux objets devenus inutiles. En continuant à pratiquer cette méthode de rangement, vous commencerez à vous détendre, car vous aurez la certitude d'avoir la situation bien en main en ce qui touche votre environnement.

Certaines personnes diront que le désordre ne les dérange aucunement ; dans ce cas, ce processus ne leur sera pas utile. Toutefois, comme toute chose dégage une vibration, presque tout le monde se sentira mieux dans un environnement dépouillé, non encombré d'un tas de choses.

Abraham donne plus de détails sur le processus permettant de faire place nette pour voir clair

Les êtres physiques ont l'habitude de rassembler toutes sortes de choses autour d'eux. La plupart agissent ainsi parce que c'est de cette façon qu'ils ont une idée de tout ce qu'ils possèdent. De plus, cela occupe leur temps. Autrement dit, comme vous vivez dans un monde physique, la manifestation physique a pris de l'importance pour vous, mais chacun de vous est maintenant enseveli sous les détails de tout ce qu'il manifeste.

En général, vous passez beaucoup trop de temps à chercher des choses, et ce n'est pas uniquement dû au fait que vous avez trop de choses à classer ; c'est aussi parce que l'accumulation de toutes ces choses est contraire à la liberté inhérente en vous. Nous avons déjà parlé du sentiment de tristesse qui vous donne l'impression d'un vide intérieur. Les gens essaient souvent de remplir ce vide avec des choses. Ils achètent des tas de trucs et les rapportent à la maison, ou encore ils mangent à l'excès. En d'autres termes, ils ont découvert une multitude de manières créatrices de remplir ce vide. Voilà pourquoi nous en avons encouragé plusieurs à se départir de tout ce qui n'est pas essentiel à leur existence actuelle.

Si vous pouviez simplement passer en revue les choses que vous ne portez pas ou que vous n'utilisez pas, afin de vous en libérer pour ainsi faire place nette de tout le superflu, celles qui sont davantage en harmonie avec qui vous êtes désormais afflueraient plus facilement vers vous. Vous avez tous la capacité d'attirer des choses, et lorsque votre existence est surchargée d'objets dont vous ne voulez plus, l'attraction exercée par les nouvelles choses est moins vive et vous vous retrouvez avec un sentiment de frustration ou de découragement.

Imaginez votre vécu dans un environnement dépouillé

Récemment, Jerry et Esther nous ont fait le commentaire que l'Énergie bouge davantage et que leurs idées portent fruits beaucoup plus vite, ce qui signifie qu'ils sont ensevelis sous un amoncellement de choses. Autrement dit, les choses — *toutes sortes de choses* — arrivent à eux très rapidement, et il leur faut alors s'en occuper. Elles doivent être classées, rangées, lues, ou jetées — il faut absolument faire quelque chose avec tout cela.

Il n'a jamais été aussi important auparavant de visualiser dans votre esprit l'espace dans lequel vous vivez. Imaginez-vous donc au cœur d'un espace où règne un ordre parfait, d'un environnement si bien ordonné que vous savez où chaque chose se trouve. Voyez-vous en train de l'organiser de manière qu'il fasse bon y vivre. Voilà précisément ce qu'il vous faut viser ici : un sentiment de parfait soulagement.

De temps à autre, Esther reçoit une image mentale de sa mère. Même si cette dernière occupait un emploi à plein temps durant toute l'enfance d'Esther, c'est elle qui tondait l'immense pelouse de leur grande propriété la plupart du temps. Et en ce temps-là, il n'y avait pas de tracteurs tondeuses — du moins ils n'en avaient jamais vu. Esther se souvient en outre que sa mère tondait souvent cette pelouse. La chose dont elle garde le souvenir le plus net est qu'une fois la pelouse entièrement tondue et l'arroseur mis en marche, sa mère s'assoyait sur la véranda et prenait plaisir à admirer le résultat. Esther allait alors s'asseoir à côté d'elle et humait l'odeur du gazon fraîchement coupé tout en captant le profond sentiment de satisfaction qui émanait de sa mère.

Le jour de la tonte du gazon était toujours un jour heureux pour Esther, car sa mère se sentait tellement satisfaite une fois que tout était terminé qu'elle s'assoyait chaque fois pour admirer son œuvre. Jerry et Esther se sentent souvent ainsi à la fin d'un de leurs ateliers. Ils se sentent alors si bien ! Ils ont le sentiment du devoir accompli, comme si tout était parfaitement à sa place.

Vous devez chercher à faire monter en vous, à l'avance, ce sentiment de bien-être. Si vous y parvenez et que les Énergies s'alignent, alors la clarté d'esprit, les idées et toute l'aide nécessaire contribueront à ajuster la réalité physique en fonction de vos vœux.

En seulement une heure ou deux, vous pouvez faire le ménage d'une pièce simplement en ramassant les choses une à une pour ensuite les ranger dans vos boîtes. Et comme vous avez dressé une liste détaillée, grâce à votre petit magnétophone portatif, de l'endroit où se trouve chaque objet, vous pourrez plus tard, un soir où vous disposerez de temps libre, écouter votre enregistrement et noter sur vos fiches l'emplacement de chaque objet, de sorte que si vous en avez besoin un jour, il vous suffira de consulter vos fiches pour savoir dans quelle boîte se trouve tel ou tel objet.

L'intérêt de ce processus est que vous pouvez l'accomplir très rapidement. Et vous éprouverez moins de résistance intérieure, car toutes vos choses seront à portée de main, à l'emplacement indiqué sur votre liste.

Nous avons pu constater que, dans la majorité des cas, les gens ayant utilisé ce système ont rarement eu besoin, par la suite, des objets ainsi rangés dans leurs boîtes. Par conséquent, au bout d'un an ou deux, vous vous rendrez sans doute compte que vous n'avez plus du tout besoin de certaines choses, et vous vous sentirez alors plus libre de les donner ou de vous en débarrasser d'une manière ou d'une autre. Entre-temps, votre vie aura été libre d'encombrements, et toute résistance liée à ces objets vous aura donc été épargnée durant toute cette période.

Processus 15

Le processus du portefeuille

Quand faut-il utiliser ce processus ?

- Lorsque vous désirez disposer de plus d'argent.
- Lorsque vous souhaitez améliorer ce que vous éprouvez en ce moment par rapport à l'argent, afin de permettre qu'il afflue dans votre vie.
- Lorsque vous voulez être davantage stimulé à l'égard d'un désir précis.
- Lorsque vous avez le sentiment de manquer d'argent.

L'éventail actuel de vos états d'être émotionnels

Ce processus du portefeuille vous sera des plus utiles lorsque votre état d'être se situera entre :

6) l'espoir
et
16) le découragement.

(Si vous n'êtes pas certain de votre état d'être actuel, veuillez vous référer au chapitre 22 pour y passer en revue les 22 catégories de l'échelle de guidance émotionnelle proposée.)

Il n'y a sans doute pas de vibrations plus fréquemment émises dans votre culture que celles liées à l'argent, car beaucoup de gens y voient le moyen grâce auquel leur bien-être physique peut être en bonne partie assuré.

Toutefois, bien des gens, sans en avoir conscience, focalisent leur attention sur le *manque* d'argent plutôt que sur sa *présence* dans leur existence. Par conséquent, même s'ils identifient clairement les choses désirées, ils ont souvent tendance à s'empêcher de les obtenir, car ils sont davantage habitués à remarquer le manque d'argent plutôt que celui dont ils disposent. Encore une fois, on en revient au fait que chaque sujet se compose en réalité de deux aspects : la chose désirée et l'absence de cette même chose.

Il est naturel que l'abondance sous toutes ses formes afflue aisément dans votre existence, et ce processus du portefeuille vous aidera à émettre une vibration compatible avec la possibilité de recevoir de l'argent et non avec l'habitude de la repousser.

Voici comme procéder. Procurez-vous d'abord un billet de 100 $ (ou euros) et mettez-le dans votre portefeuille ou votre sac à main. Conservez-le avec vous en tout temps, et chaque fois que vous tenez votre portefeuille ou votre sac à main, rappelez-vous que ce billet s'y trouve. Appréciez le fait qu'il y soit et prenez fréquemment conscience du sentiment de sécurité accrue que sa présence vous procure.

À présent, tout au long de votre journée, prenez note des nombreuses choses que vous pourriez acheter avec cet argent. Si vous passez devant un chic restaurant, pensez au fait que si vous en aviez réellement envie, vous pourriez y entrer pour y prendre un délicieux repas. Si quelque chose capte votre regard dans la vitrine d'un grand magasin, rappelez-vous que si vous le vouliez vraiment, vous pourriez probablement l'acheter grâce à cette somme dans votre portefeuille.

En conservant ce billet et en ne le dépensant pas immédiatement, vous profitez de l'avantage vibratoire qu'il vous donne chaque fois que vous ne faites même qu'y *penser*. Autrement dit, si vous décidez de le dépenser pour acheter la première chose qui a capté votre attention, vous n'aurez alors profité qu'une seule fois du bienfait de vraiment sentir votre bien-être financier. Mais si vous dépensez mentalement cet argent vingt ou trente fois par jour, vous profiterez de la sensation vibratoire que procure le fait de dépenser l'équivalent de deux à trois mille dollars.

Chaque fois que vous reconnaissez avoir le pouvoir, grâce à cet argent, d'acheter ceci ou cela, vous ne cessez d'accroître votre sentiment de bien-être financier, de sorte que votre point d'attraction se met alors à changer.

Voyez-vous, vous n'avez pas réellement besoin de nager dans l'abondance pour l'attirer à vous, mais vous devez cependant avoir le sentiment de vivre dans cette abondance. Il serait plus clair d'affirmer que toute impression de manque d'abondance cause une résistance qui empêche la venue de celle-ci.

Par conséquent, en dépensant mentalement à maintes reprises cet argent, vous vous exercez à émettre une vibration de Bien-être, d'abondance et de sécurité financière, et l'univers réagit à cette vibration en vous apportant en retour l'abondance manifestée tant désirée.

Des choses en apparence magiques commenceront à se produire dès l'instant où vous aurez fait naître en vous ce merveilleux sentiment d'abondance financière. L'argent que vous gagnez présentement semblera valoir davantage. Des sommes inattendues d'argent se manifesteront à vous. Votre employeur sera inspiré à vous accorder une augmentation. Des rabais vous seront offerts sur les produits achetés. Des personnes que vous ne connaissez même pas vous offriront de l'argent. Vous découvrirez que les choses désirées, et pour lesquelles vous étiez disposé à dépenser votre argent, viennent à vous sans même que vous ayez à les payer. Des occasions se présenteront de gagner toute l'abondance imaginable. Au bout d'un moment, vous aurez l'impression qu'un déluge d'abondance vous tombe dessus, et vous vous demanderez où se cachait toute cette abondance auparavant.

Je pourrais avoir ceci, et cela également. J'ai le pouvoir d'acheter cela...

Et comme vous avez réellement les moyens de faire précisément cela, puisque vous ne prétendez pas à quelque chose qui n'existe pas, aucun doute ni aucune incrédulité ne feront désormais obstacle à votre flux financier.

Ce processus simple et puissant transformera votre point d'attraction sur le plan financier. Avec l'amélioration de votre situation financière, le billet de 100 $ que vous avez mis de côté pourra croître en une somme de 1000 $, puis de 10000 $, et même de 100000 $ et plus encore. Bien qu'il n'y ait pas de limite à ce que l'univers vous rapportera, il est nécessaire que vous éprouviez des sentiments positifs à l'égard de l'argent pour consentir à ce qu'il afflue dans votre vie.

Il vous faut vous sentir à l'aise avec une grande abondance avant de l'accueillir dans votre existence.

Abraham donne plus de détails sur le processus du portefeuille

Souvenez-vous que vous êtes dans une sorte d'équilibre précaire et que vous n'avez donc pas à stopper toutes les pensées de manque, puisqu'elles vont de toute manière s'insinuer dans votre esprit en raison de leur influence omniprésente autour de vous. Vous n'avez qu'à penser délibérément à ce qui fera basculer l'Énergie du côté de l'abondance. Il s'agit, en somme, d'user plus consciemment de l'Énergie non physique afin d'obtenir la prospérité désirée. Par conséquent, chaque fois que vous prenez note au fil de votre journée d'un achat possible avec votre billet de 100 $, vous avez délibérément recours à l'Énergie non physique pour accroître votre sentiment de prospérité.

Récemment, une personne nous a fait remarquer que, de tout évidence, nous n'avions pas vécu sur le plan physique ces derniers temps, car, signalait-elle, on ne peut se payer grand-chose aujourd'hui avec 100 $. Nous lui avons répondu qu'elle n'avait rien compris, car, en dépensant mille fois 100 $ durant une journée, cela correspondait à 100 000 $, ce qui renforçait son sentiment de prospérité, puisque c'est ce qu'elle ressent qui constitue alors son point d'attraction.

Quelqu'un d'autre nous a dit :« Eh bien, je n'ai pas réellement mis un billet de 100 $ dans mon portefeuille, mais j'y ai placé une reconnaissance de dette. » Et nous lui avons répondu : « Alors tu ne dois même pas croire en ta propre reconnaissance de dette, parce que ça ne favorise pas un sentiment de prospérité. Ce document te donne plutôt l'impression d'être comme toute autre dette que tu traînes avec toi. »

Le processus du portefeuille est un autre moyen de diriger votre attention sur ce qui vous aide à vous sentir bien.

Processus 16

Le processus du pivot

Quand faut-il utiliser ce processus ?

- Lorsque vous réalisez que ce que vous venez de dire est le contraire de ce que vous désirez attirer dans votre existence.
- Lorsque vous voulez établir une point d'attraction amélioré.
- Lorsque vous vous sentez relativement bien, mais que vous savez que cela pourrait être encore mieux, et que vous êtes disposé à faire en sorte que cela soit le cas immédiatement.

L'éventail actuel de vos états d'être émotionnels

Ce processus du pivot vous sera des plus utiles lorsque votre état d'être se situera entre :

8) l'ennui
   et
17) la colère.

(Si vous n'êtes pas certain de votre état d'être actuel, veuillez vous référer au chapitre 22 pour y passer en revue les 22 catégories de l'échelle de guidance émotionnelle proposée.)

Sans même le savoir, il est possible que votre vibration soit à l'opposé de ce que vous désirez réellement. Ce processus vous aidera à être plus conscient, par exemple, de laquelle des deux extrémités d'un bâton vous activez présentement : celle qui correspond à ce que vous désirez, ou celle qui renvoie à l'absence de ce que vous voulez.

Les contrastes fournis par votre réalité spatiotemporelle sont très utiles, car ils vous aident à focaliser vos pensées. Chaque fois que vous savez ce que vous ne voulez pas, vous avez encore plus clairement conscience de ce que vous voulez. L'inverse est également vrai. Votre exposition aux contrastes avive donc votre perception consciente et fait naître en vous de nouvelles préférences et d'autres désirs. En fait, ce sont eux qui assurent l'expansion éternelle de Tout Ce Qui Est.

Le processus du pivot est souvent la première étape d'un changement de vibration, puisqu'il vous amène à définir avec plus de clarté ce que vous désirez au juste. Mais comme il y a habituellement une grande différence entre la vibration émise à une extrémité du spectre de fréquence et celle en provenance de l'autre extrémité, il ne suffit généralement pas d'en exprimer le désir pour que votre vibration change aussitôt.

Ainsi, lorsque vous êtes malade, vous savez sans l'ombre d'un doute que vous voulez être de nouveau en bonne santé. De même, lorsque vous êtes à court d'argent, il est clair dans votre esprit que vous aimeriez en avoir davantage. En tournant donc votre attention vers ce que vous ne voulez pas, et en la dirigeant ensuite vers ce que vous désirez, vous émettez une vibration qui correspond à ce désir.

En premier, votre conscience de ce que vous ne voulez pas vous aidera à identifier ce que vous voulez. Autrement dit, si vous exprimez ce que vous désirez, votre vibration ne sera pas nécessairement en résonance avec vos paroles. Cependant, si vous poursuivez le processus du pivot et, chaque fois que vous éprouvez une émotion négative vous aidant à voir que votre attention est focalisée sur une chose dont vous ne voulez pas, vous vous arrêtez et dites : *«Je sais ce que je ne veux pas, alors qu'est-ce que je veux?»*, votre vibration finira par changer. Petit à petit, vous redirigerez vos pensées et votre vibration améliorée deviendra votre pensée dominante.

Considérez ce processus comme un moyen de modifier graduellement votre point d'attraction, et profitez des résultats positifs qui s'ensuivront inévitablement. Il n'est pas possible d'accorder continuellement son attention à ce que l'on ne veut pas et de ne pas le recevoir, car la Loi d'attraction garantit que tout ce qui prédomine dans votre esprit ne peut qu'affluer dans votre existence.

Abraham donne plus de détails sur le processus du pivot

La chose la plus importante à retenir est la suivante : la nature des pensées que vous entretenez attire tout ce qui survient dans votre vie. Vos pensées exercent une attraction magnétique. Chaque pensée formulée en attire une autre, qui elle agit de même à son tour, et ainsi de suite, jusqu'à ce que survienne enfin une manifestation physique de l'essence vibratoire de ce qui était l'objet de vos pensées.

S'il vous est déjà arrivé d'éprouver une émotion négative que vous pourriez décrire comme étant de la peur, un doute, de la frustration ou un sentiment de solitude—et ce ne sont là que quelques-unes des façons de décrire une émotion négative—, ce que vous ressentiez alors était l'expression d'une pensée dont la fréquence vibratoire n'était pas en harmonie avec la nature véritable de votre Être intérieur.

Voyez-vous, au fil de toutes vos expériences de vie physiques et non physiques, votre Être intérieur a acquis une grande sagesse et sait désormais ce qu'il veut. De ce fait, lorsque vous vivez dans un corps physique et que votre attention est consciemment focalisée sur une pensée non en harmonie avec ce que votre Être intérieur sait être vrai, le sentiment qui en résulte s'apparente à une émotion négative.

Si vous demeuriez assis sur un de vos pieds suffisamment longtemps pour bloquer la circulation sanguine, ou si vous posiez un garrot autour de votre cou pour restreindre l'arrivée d'air dans vos poumons, vous en mesureriez immédiatement les conséquences évidentes. De même, quand vous avez des pensées qui ne sont pas en harmonie avec ce que vous savez être vrai au fond de vous, le flux de la Force de Vie—l'Énergie émanant de votre Être intérieur et affluant dans votre corps physique—est étouffé ou restreint, et c'est alors que vous éprouvez une émotion négative. Si vous laissiez cette situation perdurer assez longtemps, cela entraînerait une détérioration du corps physique. Voilà pourquoi nous affirmons que toute maladie résulte du fait qu'on a permis à une émotion négative de durer trop longtemps.

Ayant compris qu'une énergie négative indique que vous n'êtes pas en harmonie avec votre sagesse intérieure, vous êtes désormais nombreux à avoir saisi l'importance de se sentir bien la plupart du temps. À cela nous ajoutons qu'il s'agit là d'une magnifique reconnaissance. En effet, lorsque vous affirmez vouloir vous sentir bien, vous exprimez votre volonté d'exercer une force d'attraction positive et de rechercher un état d'être dans lequel les pensées alors entretenues sont en harmonie avec votre conscience supérieure.

Pivoter de ce qui est non désiré à ce qui l'est

Bon nombre d'entre vous n'auraient pas tant de difficultés à se sentir bien s'ils se trouvaient dans un environnement où il n'y aurait pas autant d'influences négatives autour d'eux—ce qui était certainement vrai le jour où vous avez émergé dans ce corps physique. Mais comme vous vivez dans une dimension où abondent toutes sortes de pensées aux influences diverses, il peut vous être utile de disposer d'une méthode qui vous aide à passer d'un état d'être indésirable à un autre état de votre choix, et c'est justement ce que le processus du pivot vous habilite à accomplir.

Quand vous éprouvez une émotion négative, le moment s'avère idéal pour identifier ce que vous désirez, car vous ne sauriez distinguer plus clairement ce que vous voulez que lorsque vous expérimentez son contraire. Par conséquent, donnez-vous alors la peine de tout stopper et de vous dire : *« Il y a quelque chose d'important à comprendre pour moi ici, autrement je n'éprouverais pas une telle émotion négative, et je dois donc me concentrer sur ce que je veux »*. Dans cet esprit, dirigez alors votre attention vers ce que vous désirez, et l'émotion négative ainsi que l'attraction négative cesseront aussitôt. À cet instant même, l'attraction positive s'activera et le sentiment que vous avez de ne pas vous sentir bien se transformera pour le mieux. Voilà en quoi consiste le processus du pivot.

Il ne vous sera jamais possible de sentir la pureté d'une émotion positive, ou de l'Énergie positive, car au sein de ce que vous voulez se trouve un contrepoids naturel et automatique qui est l'absence de ce que vous désirez. Partant, votre tâche consiste d'abord à définir ce que vous voulez, puis à maintenir délibérément vos pensées dans le sens de vos désirs. La guidance émotionnelle émergeant de votre Être intérieur, que vous sentez sous la forme d'une émotion positive ou négative, vous aidera à savoir de quel côté s'oriente votre attention : vers ce que vous voulez, ou vers son absence.

Un jeune père s'est adressé à nous en ces termes : « Abraham, mon fils mouille son lit et il est trop âgé pour cela. J'ai essayé tout ce que je connais pour régler ce problème, mais je suis au bout du rouleau. Je ne sais plus du tout quoi faire. » Nous lui avons demandé : « Lorsque vous entrez dans sa chambre au matin, que se passe-t-il ? » Et lui de répondre : « Je sais aussitôt que cela s'est encore produit ; il me suffit de sentir l'odeur qui flotte dans la pièce. » Nous lui avons aussi demandé : « Et comment vous sentez-vous à ce moment-là ? » Il a alors avoué se sentir déçu, et en colère, puis frustré, parce que le problème semble insoluble et qu'il ne sait vraiment plus comment le régler.

Nous lui avons alors lancé : « Ah ! c'est vous qui perpétuez cette situation. » « Que devrais-je faire ? » a-t-il demandé alors. « Que dites-vous à votre petit garçon ? » Il a répondu : « Je lui dis d'enlever son pyjama mouillé et d'aller prendre un bain, et qu'il est trop grand pour faire ça, ainsi qu'on en a discuté ensemble auparavant. » Nous lui avons alors expliqué ceci : « Lorsque vous entrez dans la chambre et qu'une émotion négative s'empare de vous en voyant que ce que vous ne vouliez pas s'est encore répété, arrêtez, demandez-vous ce que vous voulez au juste et focalisez vos pensées là-dessus avant même de vous occuper du problème. Vous constaterez ensuite une amélioration de la situation. »

Nous avons ensuite demandé à ce père de nous préciser ce que cette expérience lui avait enseigné à propos de ce qu'il voulait. Il affirma vouloir que son garçon se réveille le matin heureux, au sec, fier de lui et non embarrassé en constatant ce qu'il a fait. Nous lui avons confirmé que le fait d'entretenir ces pensées était bien et avait pour effet que ce qui exsude de lui sera désormais en harmonie avec ce qu'il désire, et non en disharmonie. En outre, il aura ainsi une influence bien plus positive et plus déterminante sur son enfant. Grâce à cette nouvelle attitude, il dira à son fils des choses comme : « Oh, cela arrive quand on grandit. Nous avons tous vécu ce genre de chose. Et tu sais que tu grandis très vite. Maintenant, enlève ce pyjama mouillé et va prendre un bain. » Ce jeune père a repris contact avec nous peu de temps après pour nous apprendre que son enfant avait cessé, quelques semaines plus tard, de mouiller son lit.

Vous voyez, c'est si simple au fond. Lorsque vous ne vous sentez pas bien, vous êtes en train d'attirer à vous quelque chose qui ne vous plaira pas. Cela survient toujours lorsque votre attention est centrée sur l'absence de la chose désirée. Le processus du pivot consiste donc à décider consciemment d'identifier ce que vous voulez. Nous ne voulons pas laisser entendre ici que ressentir une émotion négative est mauvais en soi, puisque très souvent cela éveille votre attention au fait que vous êtes en train d'exercer une attraction négative. Cela joue plutôt le rôle d'une sonnette d'alarme; cela fait partie de votre système de guidance.

Nous vous encourageons fortement à ne pas vous culpabiliser quand vous prenez conscience de ressentir une émotion négative. Mais dès que possible, arrêtez-vous et dites : « Je sens une émotion négative, ce qui signifie que je vais attirer à moi ce que je ne veux pas. Qu'est-ce donc que je veux au juste ? »

Une façon très simple d'effectuer un pivot consiste à affirmer votre désir de vous sentir bien. Chaque fois que vous vous sentirez mal, arrêtez-vous et dites : « Ce que je veux, c'est me sentir bien. » Si vous formulez ce désir, des pensées positives commenceront à affluer dans votre esprit, et chaque pensée en entraînant une autre, vous vibrerez bientôt à une fréquence en harmonie avec la sagesse innée de votre Être intérieur. Dès lors, vous aurez le vent en poupe en ce qui concerne la création positive de ce que vous désirez.

Ce qui unit les pensées les unes aux autres

Notre ami Jerry nous a offert une puissante analogie illustrant de quelle manière vos pensées sont reliées les unes aux autres. Il décrivit un grand navire qui arrivait au port. On s'apprêtait à l'attacher au moyen d'un câble d'amarrage d'un diamètre de près de 30 centimètres, ce qui était évidemment trop volumineux pour que quiconque puisse le lancer par-dessus bord jusqu'au quai. Ayant constaté cela, on lança à la place une petite boule de fil qui était attachée à une corde un peu plus grosse, laquelle était également rattachée à une autre corde encore plus grosse qui, une fois halée au-dessus de l'eau, permit de tirer le très gros câble jusqu'à sa borne d'amarrage. Nos pensées se raccordent les unes aux autres de la même manière.

Dans certains cas, comme vous tirez depuis longtemps déjà sur la corde négative, il vous est très facile de glisser sur une tangente négative. Il suffit parfois de quelques paroles, d'un souvenir ou d'une suggestion pour vous entraîner aussitôt sur une pente négative. Il peut donc vous sembler difficile de ne plus vous accrocher à cette corde négative. Mais si, chaque fois que vous ressentez une émotion négative, vous prenez conscience d'attirer ainsi à vous des choses négatives, et qu'il vous suffit alors d'être déterminé à vous sentir bien, vous découvrirez qu'il vous est relativement facile de laisser aller cette corde.

Le processus du pivot ainsi que celui du livre des aspects positifs [processus 8] vous sont donc offerts afin de vous aider à reconnaître (dans les toutes premières étapes subtiles du phénomène) que vous êtes en train de tirer sur la boule de corde négative, de sorte que vous puissiez immédiatement la laisser aller et chercher plutôt à saisir la boule de corde positive.

En plus de vous décrire comment vos pensées sont liées les unes aux autres, nous aimerions vous signaler une chose que vous n'avez peut-être pas saisie : il est beaucoup plus facile de passer d'une pensée anodine sur une chose éveillant en vous un sentiment positif à d'autres pensées qui accroissent ce sentiment, que ça ne l'est de tenter de transformer d'un seul coup un sentiment négatif en un sentiment positif.

N'essayez pas de sauver le monde ; contentez-vous de vous sauver vous-même

Comme les pensées exercent un grand pouvoir d'attraction sur d'autres pensées, une fois que vous vous laissez entraîner dans un train de pensées qui ne vous inspirent rien de bon, il est plus facile pour vous de demeurer centré dans ce train de pensées jusqu'à ce qu'une grande quantité d'énergie négative soit activée que d'effectuer un pivot pour changer de direction.

Voilà pourquoi nous vous encourageons vivement à vous exercer aux pivots. Autrement dit, au lieu de vaquer à vos activités quotidiennes sans avoir une idée claire de ce que vous voulez, d'attendre qu'une influence indésirable finisse par vous toucher, de sentir la réaction négative qu'elle provoquera en vous, et de décider d'effectuer un pivot, il est tellement plus productif d'entreprendre votre journée en ayant la ferme intention de chercher à identifier des aspects positifs en toute chose.

La recommandation de ne pas essayer de sauver le monde et d'essayer plutôt de vous sauver vous-même signifie qu'il vous faut focaliser votre conscience sur ce qui provoque des sentiments positifs en vous. Le processus du pivot est l'outil grâce auquel vous identifierez d'abord ce que vous voulez et déciderez ensuite en toute conscience de le chercher au lieu de tenter de considérer son absence.

Faire des pivots, c'est choisir ce qui est positif heure après heure, segment après segment. C'est le moyen par lequel vous finirez par vous sentir bien et vous pourrez obtenir tout ce que vous voulez.

Processus 17

Le processus de la roue de focalisation

Quand faut-il utiliser ce processus ?

- Lorsque vous réalisez que la vibration de votre point d'attraction n'est pas celle désirée.
- Lorsque vous avez conscience d'éprouver une émotion négative au sujet de quelque chose d'important et que vous aimeriez trouver un moyen de ressentir plutôt une émotion positive.
- Lorsqu'une chose que vous n'aimez pas vient de se produire et que vous voulez y réfléchir tandis que vous le pouvez, dans le but de changer votre point d'attraction afin que cela ne se reproduise plus.
- Lorsque vous aimeriez bien pouvoir vous sentir soulagé.

L'éventail actuel de vos états d'être émotionnels

Ce processus de la roue de focalisation vous sera des plus utiles lorsque votre état d'être se situera entre :

8) l'ennui
   et
17) la colère.

(Si vous n'êtes pas certain de votre état d'être actuel, veuillez vous référer au chapitre 22 pour y passer en revue les 22 catégories de l'échelle de guidance émotionnelle proposée.)

À la suite des différentes expériences de la vie auxquelles ils sont exposés, les gens finissent souvent par adopter des croyances ayant pour effet de les maintenir dans un schéma vibratoire qui les empêche de recevoir l'objet de leurs désirs. Même si ces croyances leur sont nuisibles, nombre de personnes en défendent le retour continuel en affirmant : « Après tout, ces faits désagréables sont vrais. »

Nous tenons à vous rappeler que l'unique raison pour laquelle des choses se manifestent sous une forme physique, tangible et définissable tient au fait que quelqu'un leur a accordé suffisamment d'attention pour que leur manifestation soit possible. Mais le simple fait qu'une autre personne ait réussi à créer sa vérité ne signifie nullement que cela soit de quelque façon relié à vous ou à ce que vous parviendrez à créer.

Quand vous tentez de décrire les faits et les événements de votre époque, il vous arrive souvent de vous maintenir, même à votre insu, dans des schémas vibratoires qui assureront la confirmation de la « vérité » (ou d'un fait que vous étudiez) par ce qui surviendra dans votre propre existence. Il en sera ainsi non pas parce que vous êtes témoin d'une vérité indéniable, mais parce qu'en lui accordant votre attention, vous avez harmonisé vos vibrations avec la chose observée et que, par conséquent, la Loi d'attraction vous a amené à vivre une expérience de nature correspondante.

Il peut arriver qu'une personne nous dise : « Mais Abraham, je ne peux tout simplement ignorer ce fait, puisqu'il est vrai ! » Et nous lui répondons : « Il n'est vrai que parce que quelqu'un l'a rendu ainsi en lui accordant son attention. » En réalité, cette personne affirme ceci : Puisque quelqu'un a porté son attention sur ce fait, l'invitant ainsi, en vertu de la Loi d'attraction, à se manifester dans sa propre existence, elle va donc devoir en faire tout autant. En d'autres mots, même si elle ne le veut pas, elle est obligée de le créer dans sa propre réalité parce qu'une autre personne l'a fait auparavant.

Bien des choses que vous désirez sont effectivement vraies, et il y a bien des choses vraies que vous ne désirez pas forcément. Nous vous encourageons à n'accorder votre attention qu'aux choses que vous désirez réellement, et à faire de ces merveilleuses choses la vérité de votre existence.

La plupart des gens n'ont toutefois pas dirigé leurs pensées vers les choses qui leur semblent bonnes. Sans le savoir, ils ont donc développé des habitudes de pensée qu'ils continuent encore à perpétuer.

Il va de soi que certaines de vos habitudes de pensée sont extrêmement salutaires pour vous. D'autres le sont toutefois beaucoup moins. Ce processus de la roue de focalisation a donc été conçu dans le but de vous aider à transformer vos schémas vibratoires à l'égard des sujets non bénéfiques pour vous. Grâce à ce processus, vous pouvez littéralement vous exercer à penser à des choses qui suscitent un meilleur sentiment et, par le fait même, un meilleur point d'attraction.

Nous vous recommandons de consacrer de 15 à 20 minutes à cet exercice chaque fois que vous sentirez une forte émotion négative au sujet d'une chose qui a eu lieu, ou que vous souhaiterez améliorer votre clarté d'esprit.

Une émotion exacerbée met toujours en lumière une occasion de transformer votre Énergie relativement à un sujet, puisque vous venez sans doute de vivre quelque chose qui l'a particulièrement mis en évidence. En ayant recours à cet exercice, vous serez en mesure de sentir plus nettement toute amélioration que vous apporterez. Nous vous recommandons de l'utiliser chaque fois que vous aurez intensément conscience d'une chose dont vous ne voulez pas.

Pour amorcer cet exercice, vous devez tenter de formuler un désir à l'aide d'une description générale correspondant le mieux possible à ce que vous voulez. Pour savoir si vous avez trouvé une formulation représentative de votre désir, sachez qu'elle est censée vous procurer un certain soulagement, vous apaiser et vous aider à vous sentir un peu mieux. Une fois que vous en aurez identifié une, essayez si possible de vous focaliser quelques instants sur cette idée, voire de l'amplifier ou de l'exagérer, ou encore de vous souvenir de quelque chose qui a un lien avec celle-ci. Si vous parvenez à conserver à l'esprit cette douce pensée réconfortante durant au moins une vingtaine de secondes, et ce, afin de permettre à une autre pensée de se joindre à celle-ci, cela insufflera un élan à votre croyance fraîchement énoncée.

Un exemple illustrant comment procéder

Voici maintenant comment procéder pour la suite de cet exercice. Dessinez d'abord un grand cercle sur une feuille de papier. Et, en son centre, dessinez un second cercle, d'environ cinq centimètres de diamètre. Puis, détendez-vous et focalisez votre regard sur le petit cercle.

Ensuite, fermez les yeux pendant un moment et tournez votre attention vers ce qui est survenu, qui a déclenché une émotion négative en vous. Identifiez avec précision ce dont vous ne voulez pas.

Maintenant, dites-vous : « Eh bien, je sais clairement ce que je ne veux pas, mais quel est au juste mon désir ? »

Il est utile ici d'essayer d'identifier ce que vous ne voulez pas ainsi que ce que vous désirez, et ce, en des termes exprimant de quelle façon vous voulez vous sentir à ce propos.

Voici quelques exemples...

> *Je me sens obèse, et je veux me sentir mince.*
> *Je me sens pauvre, et je veux me sentir prospère.*
> *Je me sens mal aimé, et je veux me sentir aimé.*
> *Je me sens trompé, et je veux me sentir honoré.*
> *Je me sens malade, et je veux me sentir bien.*
> *Je me sens impuissant, et je veux sentir ma puissance.*

Cette fois, écrivez dans le pourtour extérieur de votre grand cercle de courtes phrases décrivant ce que vous voulez. Lorsque vous formulerez une phrase se rapprochant suffisamment de ce que vous désirez vraiment, vous le saurez instinctivement.

La grande efficacité de ce processus se résume au fait que vous choisissez de votre plein gré la formulation des phrases à écrire. Ce sont des énoncés généraux auxquels vous croyez déjà et qui correspondent bien à la nature de votre désir. Ce processus donne de bons résultats, car la Loi d'attraction est si puissante que lorsque vous conservez une pensée à l'esprit pendant aussi peu qu'une vingtaine de secondes, une autre pensée similaire se joint à celle-ci et, ce faisant, un phénomène de renforcement entre en jeu, qui rend vos pensées encore plus puissantes.

Quand vous formulez un énoncé général, il y a davantage de chances que vos pensées soient pures comparativement à lorsque vous déclarez une chose en particulier. La force de ce processus tient donc au fait que vous énoncez des choses d'ordre général auxquelles vous croyez déjà et qu'en les conservant à l'esprit durant une vingtaine de secondes, cela vous donne l'occasion d'émettre une vibration pure qui correspond plus précisément à votre désir.

À présent, supposons que vous vous apprêtez à effectuer cet exercice et que votre intention, vous le savez, est d'en arriver à écrire des phrases comme « Je me sens bien dans ma peau » ou « Mon genou ne me fait pas mal ». Si la première phrase que vous écrivez est « Je me sens bien dans ma peau », vous pouvez savoir, par la manière dont vous vous sentez, que l'Énergie n'est pas alignée, car la seule chose que cette affirmation a créé est un malaise en vous. Elle a exacerbé votre sentiment de vous sentir obèse, ou la sensation que votre genou vous fait réellement mal. Cet énoncé était donc trop précis.

En d'autres termes, c'est un peu comme essayer de sauter dans un train qui va trop vite et, en guise de résultat, rebondir hors de celui-ci. Pouvez-vous vous imaginer en train d'essayer de monter sur un manège qui tourne trop rapidement ? Vous en êtes vraiment incapable, mais s'il ralentit ce sera possible, puis il accélérera de nouveau et vous vous sentirez tout à fait à l'aise à son bord. De la même manière, vous devez viser à ralentir la « roue », à atténuer vos croyances, afin de monter ensuite à bord et d'accroître la vitesse de la vibration.

À présent, vous retenez peut-être une autre phrase du genre : « Je sais que mon corps physique réagit à mes pensées. » Voilà assurément une affirmation plus modérée, et vous y croyez déjà, mais cela vous met en rogne contre vous-même. Ce n'était donc pas vraiment un bon point de départ non plus. Vous formulez donc quelque chose d'autre, comme : « Dans l'ensemble, mon corps est en bonne santé. » Eh bien maintenant, vous y croyez. Cette affirmation vous paraît très juste. Vous êtes capable de demeurer sur le manège.

Tandis que vous écrivez cela autour de votre cercle et que vous focalisez votre attention sur cette pensée, vous vous sentez assez bien. Puis vous formulez une autre affirmation, du genre : « Je crois que l'univers m'apporte ce qui correspond à ma vibration. » Vous n'avez aucun doute à ce sujet, de sorte que cet énoncé colle bien avec vous. Et vous déclarez : « Ce corps physique a été très bon pour moi. » Bien sûr, vous croyez à cela et cette formulation reste. Vous commencez à vous sentir un peu mieux et à éprouver un certain soulagement. Vous n'êtes plus autant en colère contre vous-même. Votre vibration s'élève.

Pour ajouter davantage d'intensité à ce processus de la roue de focalisation, repérez d'autres pensées qui vous inspirent de bons sentiments et continuez à les écrire dans le périmètre autour de votre grand cercle. Écrivez une première phrase au-dessus de l'endroit correspondant à l'emplacement du chiffre 12 sur une horloge et inscrivez-en une autre au-dessus du chiffre 1, puis du chiffre 2, et ainsi de suite, jusqu'à ce que vous ayez écrit douze affirmations suscitant de bons sentiments en vous.

Vos pensées tournoient parfois avec une telle rapidité dans votre tête que malgré votre désir de les changer, vous n'arrivez pas à découvrir un endroit pour « sauter à bord ». Ce jeu de la roue de focalisation a pour objectif de formuler une pensée suffisamment représentative de votre état d'esprit actuel pour que vous ne soyez pas perturbé dans votre tentative de vous amener graduellement à l'état d'être que vous souhaitez atteindre. À ce titre, il constitue un outil merveilleux pour établir un pont entre deux états vibratoires.

Supposons, par exemple, que vous ayez le sentiment d'avoir un excès de poids. Une chose s'est produite qui a introduit cela au centre de vos préoccupations et vous éprouvez présentement une forte émotion négative à ce propos. Prenez une feuille de papier, dessinez un cercle en son centre et écrivez *Je veux me sentir mince* au milieu de ce cercle.

À présent, concentrez-vous et tentez de formuler des pensées en accord avec ce que vous désirez sentir, des pensées qui éveillent en vous des émotions positives pendant que vous les évaluez. Évitez toutes celles qui pourraient vous perturber.

Je peux être mince de nouveau.

(Cette pensée est trop éloignée de ce que vous croyez réellement, et bien que vous aimeriez y croire, vous en êtes incapable et vous le sentez distinctement. Par conséquent, comme elle provoque un malaise en vous, elle est de celles qui vous perturberont.)

Mes sœurs sont sveltes et belles.

(Cette pensée fait également naître un malaise en vous. Elle met en lumière leur réussite à elles et ne fait qu'amplifier votre sentiment d'échec. Elle vous trouble.)

Je vais trouver quelque chose qui fonctionne pour moi.

(Même si cette pensée vous donne l'impression d'être un peu plus positive, elle crée encore un certain malaise en vous. Malgré plusieurs formulations, vous avez l'impression de n'avoir rien trouvé qui marche bien pour vous, et cette pensée ne fait que souligner vos précédents échecs. Voilà encore une pensée qui vous trouble.)

Beaucoup de gens ont vécu la même chose que moi et sont parvenus à identifier quelque chose qui fonctionne bien pour eux.

(Par cette pensée, vous éprouvez sans doute un certain soulagement. Vous vous sentez un peu mieux. Rappelez-vous ici que l'idée n'est pas de découvrir la solution parfaite. Vous cherchez uniquement une pensée qui vous laisse une impression suffisamment positive pour faire l'affaire dans votre cas — une pensée qui ne vous perturbe pas. Par conséquent, inscrivez-la dans le haut de votre cercle et recommencez à en chercher d'autres qui vous inspirent favorablement.)

Je n'ai pas besoin de faire cela durant toute la journée.

(Voilà une autre pensée qui vous convient. Écrivez-la à la position correspondant à 1 heure sur une horloge.)

Je vais me trouver un régime amaigrissant qui marche.

(Cela vous trouble.)

> *Je ne me sens pas bien dans mes vêtements.*
> *(Cela aussi vous trouble.)*
> *Ce serait amusant de m'acheter de nouveaux vêtements.*
> *(Écrivez-la vis-à-vis de 2 h.)*
> *(Cette pensée vous convient.)*
> *Je me sens revigoré. (3 h)*

(Cela vous convient.)
Je ressens une plus grande vitalité. (4 h)
(Cela vous convient également.)
Il me vient de nouvelles idées. (5 h)
(Vous êtes sur la bonne voie.)
Je connais déjà certaines choses qui vont m'aider. (6 h)
(Oui, vous vous sentez nettement mieux.)
J'aime avoir la maîtrise de ce que je vis. (7 h)
(Cela vous convient.)
J'ai hâte d'effectuer ce changement. (8 h)
(Cela vous convient aussi.)
Je me sens bien. (9 h)
(C'est parfait.)
J'aime me sentir bien dans mon corps. (10 h)
(Excellent!)
J'ai une image positive de mon corps. (11 h)

(Oui! À présent, après avoir écrit cela, encerclez à grands traits les mots que vous aviez écrits au départ au centre de votre roue de focalisation et observez le fait que vous vous sentez maintenant aligné plus étroitement sur le plan vibratoire avec cette pensée, alors qu'à peine quelques minutes plus tôt, vous étiez bien loin de cette vibration.)

Abraham donne plus de détails sur le processus de la roue de focalisation

Vous nous avez peut-être déjà entendu dire que votre point de pouvoir se situe dans le présent, car même si vous pensez au passé, au présent ou à l'avenir, vous formez chacune de ces pensées à l'instant même. La vibration et la pulsation émanant de votre être ont leur existence dans l'instant présent. Il est donc manifeste que toute tension créatrice entre l'appel à la Force de Vie et votre consentement à laisser celle-ci affluer vers vous s'exprime aussi dans cet instant.

Il y a un mot, un concept sur lequel nous aimerions vous voir focaliser votre attention au cours des prochains jours. Vous êtes devant une perspective *fraîche*. Nous aimons la *fraîcheur* de cet état d'être qui vous habite. Nous désirons maintenant vous montrer comment aligner votre Énergie toute *fraîche* avec un désir *fraîchement* conçu qui apportera des résultats *frais* et faciles à obtenir.

La roue de focalisation est le meilleur outil que nous ayons trouvé pour vous aider à établir un pont entre une croyance et un désir, de façon que les deux se rejoignent. Grâce à ce moyen, vous pouvez tout créer et même, par exemple, avoir du plaisir à remplir votre déclaration de revenus. Il vous suffit d'identifier le désir souhaité et d'établir ensuite une correspondance vibratoire avec celui-ci.

Un autre exemple d'utilisation du processus de la roue de focalisation

Au départ, essayez simplement de trouver une phrase qui vous permettra de monter sur la roue. Puis écrivez d'autres phrases dont le sujet est relativement proche de ce que vous croyez déjà, de façon que ça ne vous trouble pas. Autrement dit, si vous écrivez :« J'aime bien remplir ma déclaration de revenus», vous n'y êtes pas du tout. Si vous écrivez : « Je pense qu'il est merveilleux que le gouvernement prenne mon argent et le gaspille pour un tas de choses inutiles», là encore, vous affirmez une chose à laquelle vous ne croyez absolument pas. Vous devez viser à identifier une pensée qui correspond à votre désir de vous sentir mieux. Vous pourriez donc écrire des phrases comme : « J'aime bien avoir le plein contrôle de ma vie. Ça me réjouit de respecter mes engagements. J'aime accomplir les choses dans les délais prévus. J'adore sentir que l'ordre et l'organisation règnent dans ma vie. »

Peut-être ces affirmations sont-elles trop audacieuses pour vous. Vous le saurez bien, puisque vous êtes à même de déterminer, par la manière dont vous vous sentez, si une phrase convient ou non à cet exercice. À force de tâtonner, d'essayer, vous allez finir par trouver quoi écrire. Vous pouvez donc affirmer quelque chose comme : « J'imagine que bien des gens ont déjà senti ce que je ressens et réglé cette chose. » Voilà qui vous fera monter sur la roue! « Bien que le système d'imposition ne soit pas parfait, c'est tout de même grâce à ce mécanisme que notre gouvernement peut fonctionner. » Ce genre de formulation vous met-il sur la bonne voie? « Chaque année, j'ai davantage de facilité à faire cela. Je gère mieux les choses. Je vais trouver comment les améliorer encore. Mes impôts constituent une bonne incitation à bien m'organiser et à mieux comprendre les choses. »

Mieux vous vous sentez, plus les choses s'améliorent

À présent, voici ce que nous voulons vous amener à comprendre : nous n'avons rien résolu. En d'autres termes, rien n'a réellement changé. Par exemple, vous devez toujours présenter votre déclaration fiscale. Nous désirons surtout vous communiquer que votre état d'être diffère en ce moment de ce qu'il était auparavant. Autrement dit, les choses deviendront plus aisément claires pour vous. Il en sera de même pour votre mémoire. Vous vous souviendrez plus facilement de l'endroit où vous avez rangé les choses que vous cherchez. En somme, tous les morceaux éparpillés de votre existence qui traînent dans des piles, des boîtes, des classeurs et des fonds de sacs à main — toutes ces bribes d'information éparpillées ici et là — se rassemblent dans votre esprit. Votre conscience intérieure va se mettre à vous alimenter avec constance, et d'une manière différente de ce qui s'est produit avant que vous ne pensiez à prendre un peu de temps pour aligner votre Énergie avec votre désir.

Peu importe qu'il s'agisse d'un château ou d'un simple bouton, si un objet retient votre attention, cela suffit pour appeler à vous la Force de Vie, et l'existence a essentiellement pour but de vous permettre de sentir cette Force. La raison pour laquelle vous l'appelez à se manifester est sans importance. Ainsi, il est tout à fait possible d'éprouver autant de joie à préparer une déclaration fiscale qu'à planifier une croisière sur l'océan. Vous aurez peut-être de la difficulté à le croire, mais ce sera uniquement parce que vous n'aurez pas permis à l'Énergie d'affluer à travers vous vers cet objet d'attention, et ce, sans résistance aucune. Vous faites appel à l'Énergie pour faire ce que vous avez à faire, mais vous la détournez ensuite à cause de toutes vos habitudes ou de ces affirmations maintes fois répétées qui ont pour effet de lui faire obstacle. Lorsque l'Énergie afflue en vous mais que vous ne la laissez pas circuler librement, cela vous jette dans un profond malaise. Comme le processus de la roue de focalisation vous amène à vous concentrer sur un sujet pendant une période de temps plus longue que d'habitude, tandis que vous faites l'effort délibéré de formuler des pensées qui auront un effet positif sur vous, votre point d'attraction change alors forcément.

En appliquant ce processus simple, mais puissant, à toutes sortes de sujets à mesure qu'ils se présentent dans votre quotidien, vous pouvez ainsi améliorer votre point d'attraction par rapport à tout ce qui est important pour vous.

Processus 18

Trouver une nouvelle résonance intérieure

Quand faut-il utiliser ce processus ?

- Lorsque vous désirez améliorer une situation.
- Lorsque vous voulez davantage d'argent.
- Lorsque vous voulez un meilleur emploi.
- Lorsque vous souhaitez vivre des relations plus heureuses.
- Lorsque vous désirez vous sentir mieux dans votre corps.

L'éventail actuel de vos états d'être émotionnels

Ce processus permettant de trouver une nouvelle résonance intérieure vous sera des plus utiles lorsque votre état d'être se situera entre :

9) le pessimisme
et
17) la colère.

(Si vous n'êtes pas certain de votre état d'être actuel, veuillez vous référer au chapitre 22 pour y passer en revue les 22 catégories de l'échelle de guidance émotionnelle proposée.)

Comme vous accordez généralement beaucoup plus d'attention aux aspects de votre existence qui font partie de votre quotidien, tout ce que vous vivez en ce moment compte pour une part plus importante de votre émanation vibratoire que ce que vous désirez ou imaginez. En d'autres mots, si vous formulez le désir d'être mince même si vous avez présentement un surplus de poids considérable, votre réalité de tous les jours l'emporte sur les vibrations que vous cherchez à créer par vos visualisations.

Souvent on entend quelqu'un dire : « Je ne suis pas heureux ici. J'aimerais mieux être ailleurs. » Mais lorsqu'on lui demande ce qu'il préférerait au juste s'il était dans un autre lieu, habituellement il se contente d'expliquer ce qui ne va pas lorsqu'il est là où il vit. Même s'il exprime le désir de se trouver ailleurs ou d'obtenir ce qu'il y a ailleurs, au fond la vibration qu'il dégage concerne bien plus ce qu'il vit là où il est en ce moment que ce qu'il ferait s'il était là où il veut aller.

Ainsi que l'illustrait l'exemple déjà cité concernant la jauge d'essence et dans lequel nous expliquions pourquoi cela n'avancerait à rien d'apposer un autocollant de visage souriant sur le tableau de bord de votre voiture pour recouvrir l'indicateur montrant que le réservoir est vide, il est parfaitement inutile de feindre le bonheur en paroles si vous ne vous sentez pas heureux. La Loi d'attraction ne réagit pas à vos propos, mais aux vibrations qui émanent de vous. Vous pouvez très bien employer tout plein de belles expressions alors que vous êtes dans un état d'intense résistance à votre propre Bien-être, car les mots employés importent peu. Ce qui compte, c'est comment vous vous *sentez*.

Ce processus visant à identifier son état d'être est fort efficace pour s'assurer d'émettre une vibration compatible avec ses désirs, car il aide à prendre conscience de ce que l'on attire réellement à soi. Ainsi, nous nous servons de notre imagination pour prétendre que nos désirs se sont déjà réalisés et que l'on vit maintenant dans les moindres détails ce qui était désiré.

Tandis que vous focalisez votre attention sur l'impression laissée par le fait de vivre ce que vous désirez, il vous est impossible, au même moment, de ressentir l'absence de la chose désirée. Avec de la pratique, vous serez donc capable de faire pencher la balance, pour ainsi dire, de sorte que même si votre désir ne s'est pas encore réellement manifesté, vous dégagerez la même vibration que s'il l'était — et alors ce désir *devra* forcément se réaliser.

Encore une fois, l'univers ne sait pas si la vibration que vous émettez est due au fait que vous vivez réellement une chose, ou si elle résulte du fait que vous imaginez être en train de la vivre. Dans les deux cas, il répond à la vibration émise, et la manifestation doit alors s'ensuivre.

Par exemple, supposons que vous ouvrez votre boîte aux lettres et y trouvez le deuxième avis vous informant qu'une facture est toujours impayée. En décachetant l'enveloppe, vous éprouvez un profond malaise, car vous ne savez pas pour l'instant comment vous allez pouvoir régler cette facture. Ce compte est en souffrance, et plusieurs autres factures le sont également. Vous avez le sentiment d'être criblé de dettes et cela vous décourage. « J'aimerais bien avoir beaucoup plus d'argent », lancez-vous par dépit. Mais ce ne sont là que des paroles creuses qui n'ont absolument aucune répercussion sur votre point d'attraction, car ce ne sont pas vos paroles qui forment votre point d'attraction mais les vibrations que vous émettez. Et la manière dont vous vous sentez constitue le véritable indicateur de la nature de votre point d'attraction. Présentement, vous vibrez d'émotions en résonance avec votre état de découragement à l'idée de ne pas avoir assez d'argent.

Votre objectif, dans ce processus, sera d'évoquer des images qui vous feront émettre une vibration de consentement quant à l'idée d'obtenir de l'argent. Ces images doivent éveiller des sentiments positifs et agréables en vous. Vous devez avant tout identifier comment vous vous sentiriez si vous aviez assez d'argent, au lieu de vous mettre en résonance avec l'idée de ne *pas* en avoir suffisamment.

À présent, essayez de vous souvenir d'une période dans votre vie où vous aviez davantage d'argent, ou durant laquelle vous n'en aviez pas nécessairement plus, mais au moins vous n'étiez pas stressé par un trop grand nombre de factures à payer. Lorsque vous aurez identifié ce souvenir, tentez de vous remémorer autant de détails que possible afin de raviver exactement comment vous vous sentiez alors.

Vous pourriez également prétendre que vous disposez de plus d'argent que vous n'en avez réellement besoin, ou faire comme si vous en avez tellement que vous ne savez plus où le garder, allant même jusqu'à imaginer que vous avez caché de grosses liasses de billets dans le garde-manger et sous votre matelas. Visualisez-vous en train de vous rendre à la banque avec des seaux remplis de monnaie que vous allez convertir en gros billets. Voyez-vous en train de prendre des billets de 5, 10 et 20 dollars et de demander à recevoir en retour des billets de 100 dollars, uniquement dans le but que cela soit plus facile à ranger.

Vous pourriez aussi prétendre que vous avez une carte de crédit dont la limite de crédit est illimitée, une sorte de carte magique que vous utilisez plusieurs fois par jour pour une raison pratique. Puis, une fois par mois, et de façon désinvolte, signez un chèque couvrant toutes les dépenses encourues. Faites comme si vous disposiez de tellement plus d'argent à la banque que le total mensuel indiqué sur votre carte de crédit que le fait de payer ce compte est sans importance dans votre vie.

Plus vous jouerez souvent à ce jeu, meilleur vous deviendrez, et plus ce sera amusant pour vous. Quand vous prétendez une chose ou vous remémorez un souvenir précis, vous activez de nouvelles vibrations et votre point d'attraction change aussitôt. Ce faisant, votre vie s'améliore relativement à tout sujet à l'égard duquel vous avez pu trouver une nouvelle résonance intérieure.

Processus 19

Cesser de résister à l'idée de ne plus avoir de dettes

Quand faut-il utiliser ce processus ?

- Lorsque vous voulez ressentir le soulagement que procure le fait de ne plus avoir de dettes.
- Lorsque vous désirez créer une plus grande marge de manœuvre entre vos gains et vos dépenses.
- Lorsque vous voulez avoir l'esprit plus dégagé à l'égard de l'argent.
- Lorsque vous souhaitez que l'argent afflue davantage dans votre existence.

L'éventail actuel de vos états d'être émotionnels

Ce processus vous sera des plus utiles lorsque votre état d'être se situera entre :

10) la frustration, l'irritation et l'impatience

et

22) la peur, le chagrin, la dépression, le désespoir et l'impuissance.

(Si vous n'êtes pas certain de votre état d'être actuel, veuillez vous référer au chapitre 22 pour y passer en revue les 22 catégories de l'échelle de guidance émotionnelle proposée.)

Pour débuter ce processus, procurez-vous un bloc-notes et tracez sur une feuille autant de colonnes que vos dépenses mensuelles régulières. Commencez par la colonne de gauche et écrivez un titre identifiant votre dépense mensuelle la plus élevée. Par exemple, si le plus gros chèque que vous faites chaque mois a trait à votre remboursement hypothécaire, écrivez « Paiement pour la maison ». Puis, sur la première ligne au-dessous de cette rubrique, inscrivez le montant total de ce versement mensuel. Maintenant, encerclez cette somme qui représente le montant que vous êtes obligé de payer chaque mois, puis, sur la ligne en dessous, inscrivez le montant de la dette totale non remboursée pour cette catégorie.

Dans la deuxième colonne, notez le montant de votre second paiement mensuel le plus élevé. Faites de même pour le troisième versement le plus important dans la troisième colonne, et ainsi de suite. Dans le haut de votre bloc-notes, écrivez ensuite l'affirmation suivante : *Je désire respecter mes engagements vis-à-vis de ces obligations financières, et dans certains cas je vais même rembourser le double de ce qui est requis.*

Par la suite, chaque fois que vous recevrez une facture, sortez ce même bloc-notes et ajustez, si nécessaire, le montant minimal mensuel requis. S'il reste inchangé, alors inscrivez le même montant que le mois précédent.

La première fois que vous recevez une nouvelle facture, ou lorsqu'il est temps de régler le montant de la catégorie indiquée dans la colonne d'extrême droite de votre bloc-notes (autrement dit, le plus petit paiement à effectuer chaque mois), faites un chèque en doublant ce qui est dû. Puis notez le nouveau solde non encore remboursé.

Lorsque vous jouerez une première fois à ce jeu, cela vous paraîtra sans doute un peu étrange, mais même si vous n'avez pas assez d'argent pour payer tout ce que vous devez dans toutes les colonnes, doublez tout de même le montant du versement demandé dans la colonne d'extrême droite. Réjouissez-vous d'avoir pu tenir votre promesse de faire de votre mieux pour payer tout ce que vous devez, et même de doubler le montant versé dans certains cas.

Étant donné que vous examinerez désormais vos finances d'un œil nouveau, votre vibration commencera à changer. Dès que vous éprouverez ne serait-ce qu'un brin de fierté pour avoir tenu votre promesse de doubler le montant de certains de vos versements, votre vibration changera. Et grâce à ce changement, si léger soit-il, votre situation financière s'améliorera petit à petit.

Si vous voulez bien prendre le temps d'inscrire tout ce que vous devez dans les colonnes de votre bloc-notes, votre attention nouvellement focalisée se mettra à activer positivement tout ce qui touche à l'argent pour vous. Au lieu de vous sentir découragé en découvrant encore une autre facture dans votre boîte aux lettres, vous aurez hâte d'inscrire le montant requis sur votre bloc-notes. Par ce changement d'attitude et de vibration, votre situation financière commencera vraiment à s'améliorer.

De l'argent non prévu arrivera dans votre existence. Des aubaines exceptionnelles se révéleront à vous. Dès lors, vous serez à même d'acheter davantage de choses que vous ne l'espériez avec votre argent. Toutes sortes de choses inhabituelles se produiront sur le plan financier. Dans ce cas, prenez alors conscience qu'elles surviennent en réponse à votre nouvelle focalisation et aux changements vibratoires qui en résultent.

Devant ces sommes supplémentaires inespérées, vous allez vite ressentir un empressement à effectuer un autre paiement inscrit dans la colonne d'extrême droite. Bientôt, cette dette sera entièrement payée et vous pourrez éliminer cette colonne de votre bloc-notes. Une colonne après l'autre disparaîtra ainsi, alors que grandira l'écart entre l'argent qui entre et celui qui sort. Votre sentiment de bien-être financier s'améliorera dès le premier jour où vous jouerez à ce jeu. De plus, si vous décidez de prendre ce jeu au sérieux, votre vibration au regard de l'argent changera de manière si importante qu'en peu de temps vous pourriez être libre de toute dette, si tel est votre désir.

Il n'y a rien de mal à avoir des dettes, mais si ces dernières sont un lourd fardeau pour vous, alors la vibration que l'argent suscitera en vous en sera une de résistance. Une fois ce fardeau levé, lorsque vous vous sentirez plus léger et plus libre, votre résistance se dissipera et vous serez en mesure de permettre au Bien-être d'affluer massivement dans votre existence.

Abraham donne plus de détails sur l'argent et l'économie

Comme nous l'avons mentionné dans le processus 17 [la roue de focalisation], il est aussi facile de créer un château que de concevoir un simple bouton. Il s'agit simplement de déterminer si votre attention est focalisée sur un château ou sur un bouton. En outre, il peut être tout aussi satisfaisant de créer l'un ou l'autre. Dans les deux cas, si vous utilisez cette chose comme objet de votre attention, cela appelle à vous la Force de Vie — et *sentir* cette Force de Vie constitue le but même de l'existence. La raison pour laquelle vous faites appel à cette Énergie reste de peu d'importance.

Alors que diriez-vous de créer un courant d'abondance financière très positif ? Aimeriez-vous réussir à visualiser que l'argent afflue aisément jusqu'à vous ? Et le dépenser ensuite afin d'en faire profiter d'autres personnes ? Quelle meilleure façon de dépenser de l'argent qu'en le remettant en circulation dans l'économie afin d'assurer du travail à davantage de gens ? Plus vous en dépenserez, plus nombreuses seront les personnes qui en profiteront et plus il y aura de gens qui feront la même chose que vous.

Votre rôle consiste à utiliser l'Énergie. Voilà la raison d'être de votre existence. Vous avez la faculté de faire circuler l'Énergie, de la focaliser et de la percevoir. Vous êtes un créateur, et rien ne saurait être pire dans tout l'univers que de venir dans un environnement riche de si grands contrastes, où les désirs naissent si facilement, et de ne pas permettre à l'Énergie d'affluer pour leur donner forme et substance. Ce serait un tragique gaspillage.

Il n'y a ni travail noble ni travail indigne. Il n'y a que des occasions de s'exercer à focaliser l'Énergie. Vous pouvez vous sentir comblé et satisfait dans tous les genres de tâches, car vous êtes à l'avant-garde de la pensée. En outre, la Source afflue en vous, peu importe la nature de votre champ d'activité. Vous pouvez éprouver de la joie dans toute entreprise par laquelle vous décidez de laisser circuler l'Énergie. Vous n'avez pas à choisir entre le spirituel et le matériel. L'expérience de la vie physique manifestée tout entière est d'ordre spirituel, car tout est l'œuvre de l'Esprit. Vous n'avez rien à prouver. Soyez l'Être spirituel que vous êtes, et créez comme un passionné du plan physique.

Votre déclin financier n'enrichira pas les pauvres

Essayez d'imaginer ce qu'était l'activité économique de cette nation [les États-Unis d'Amérique] peu après sa fondation en 1776. Quels sont les changements survenus depuis lors ? Y a-t-on acheminé des ressources en provenance d'autres planètes ? Avec le temps, n'y a-t-il pas eu de plus en plus de gens qui ont simplement identifié davantage de choses désirées par eux-mêmes, des choses que l'Énergie non physique, illimitée et infinie, leur a fournies ?

Nous n'entendons jamais personne dire : « Eh bien, je suis si bien depuis tant d'années que j'ai décidé de tomber malade pendant un certain temps afin de permettre à d'autres personnes d'être bien. » Vous savez pertinemment que le fait d'être en santé ou non n'a rien à voir avec l'idée que les autres n'obtiendraient pas assez de santé. Vous n'épuisez pas les ressources en santé des autres et ne les en privez nullement. Et la même règle s'applique en ce qui concerne l'abondance. Les gens qui ont réussi à établir une harmonie vibratoire avec l'abondance — afin qu'elle afflue vers eux et par eux — ne privent personne d'autre de cette abondance. Vous ne pouvez vous appauvrir assez pour aider les pauvres à prospérer. Ce n'est qu'en prospérant vous-même que vous aurez quelque chose à offrir aux autres. Si vous voulez aider les autres, arrangez-vous pour être le plus possible en résonance avec l'abondance.

Appréciez les gens qui sont des exemples de réussite financière. Comment auriez-vous su qu'une telle prospérité était possible si vous n'aviez pu en observer la preuve autour de vous ? Tout cela fait partie de tous ces contrastes qui vous aident à aiguiser vos désirs. L'argent n'est pas la cause du bonheur, pas plus que du malheur. Il est le résultat de l'aptitude d'une personne à s'aligner avec l'Énergie. Si vous ne voulez pas d'argent, ne l'attirez pas. Toutefois, nous vous disons ceci : votre critique des autres qui ont de l'argent vous maintient dans un état où les choses que vous voulez, comme la santé, la clarté et le Bien-être, ne peuvent également venir à vous.

Si le sujet de l'argent crée un malaise en vous lorsque vous y songez, cela signifie qu'un fort désir y est rattaché, lequel indique que cela a énormément d'importance à vos yeux. C'est donc à vous qu'il revient de trouver une façon de vous sentir à l'aise à ce propos lorsque vous y pensez. Mais il est également efficace de tourner vos pensées vers autre chose afin de vous sentir bien et, ainsi, de laisser l'argent venir à vous. Vous n'avez nul besoin de penser à l'argent pour qu'il afflue vers vous. Mais vous ne pouvez non plus penser au *manque* d'argent et, en même temps, vous ouvrir à l'idée d'en recevoir.

La joie que vous ressentez mène au succès

Nous aimons bien vous voir applaudir à la réussite d'une autre personne, car lorsque vous êtes sincèrement transporté de joie par une telle chose, cela signifie que vous êtes bel et bien engagé sur la voie de la réussite. Nombre de personnes croient que la réussite équivaut à obtenir tout ce qu'elles désirent. Nous leur disons que cela s'apparente à la mort et que l'obtention de la réussite n'est pas une fin en soi. Le succès, c'est avant tout pouvoir continuer à rêver et à se sentir positif dans l'action. *Le principal critère de réussite dans la vie n'est pas l'argent ni les biens matériels, mais essentiellement l'intensité de la joie que vous ressentez.*

La réussite s'observe chez les gens prospères, ceux qui sont riches, bien sûr, mais aussi ceux qui sont heureux, et quelquefois ceux qui sont à la fois riches et heureux. Les gens qui réussissent le mieux sont ceux qui sont réellement heureux, qui débordent de joie et qui, chaque jour, sont pleins d'entrain et d'enthousiasme. Presque tous ont connu des débuts difficiles dans la vie, ce qui les a d'abord transformés en rebelles convaincus. Puis, ils ont trouvé un moyen de se détendre pour mieux profiter de leur droit inné au Bien-être. Réussir, c'est vivre une existence heureuse, qui n'est en réalité qu'une série de moments heureux. Mais la plupart des gens ne font aucune place aux moments heureux dans leur existence parce qu'ils sont trop occupés à essayer de mener une vie heureuse.

Au lieu de gagner l'abondance, il faut la permettre

Vos actions n'ont rien à voir avec l'abondance ! Celle-ci est le fruit de vos vibrations. Bien évidemment, vos croyances en font partie, et si vous croyez que c'est par vos actions que vous obtenez l'abondance, vous allez devoir vous défaire de cette illusion. Nous voudrions vous encourager à éliminer le mot *gagner* de votre vocabulaire et de votre compréhension des choses, et à le remplacer par le mot *consentir*. Il vous faut apprendre à consentir à votre Bien-être, puisqu'il ne s'agit pas de quelque chose à gagner. Il vous suffit de décider ce que vous aimeriez vivre, puis d'y consentir afin de le recevoir. Il n'est pas nécessaire de lutter ni de fournir des efforts pour l'obtenir. Vous êtes des Êtres dignes et vous méritez ce Bien-être.

Toutes les ressources que vous pourriez vouloir ou dont vous pourriez avoir besoin sont à portée de main. Vous n'avez qu'à identifier ce que vous voulez faire de tout cela et vous exercer ensuite à sentir ce que vous allez éprouver lorsque cela arrivera. Il n'y a rien que vous ne puissiez être, faire ou avoir, car vous êtes tous des Êtres bénis venus dans cet environnement physique pour créer des choses. Rien ne vous retient, sinon vos propres pensées contradictoires. Et vos émotions vous l'indiquent chaque fois que vous entretenez de telles pensées. La vie est censée être amusante, et vous êtes supposés vous sentir bien ! Vous êtes des créateurs puissants, et vous êtes là en plein au bon moment.

Savourez davantage la vie ; arrangez moins de choses. Riez plus souvent ; pleurez moins. Anticipez les choses de façon plus positive ; considérez de manière moins négative ce que vous vivez. Rien ne saurait être plus important que de vous sentir bien. Exercez-vous simplement à faire cela et observez ce qui s'ensuit.

Processus 20

S'en remettre au gestionnaire

Quand faut-il utiliser ce processus ?

- Lorsque vous sentez que vous avez trop à faire.
- Lorsque vous voulez plus de temps pour faire davantage de choses que vous aimez.
- Lorsque vous souhaitez devenir un puissant créateur, car vous êtes né pour l'être.

L'éventail actuel de vos états d'être émotionnels

Ce processus vous sera des plus utiles lorsque votre état d'être se situera entre :

10) la frustration, l'irritation et l'impatience
et
17) la colère.

(Si vous n'êtes pas certain de votre état d'être actuel, veuillez vous référer au chapitre 22 pour y passer en revue les 22 catégories de l'échelle de guidance émotionnelle proposée.)

Imaginez que vous êtes le propriétaire d'une très grosse entreprise et que des milliers d'employés travaillent pour vous. Certains d'entre eux vous aident dans la fabrication et la mise en marché de vos produits ; d'autres s'occupent de la comptabilité ou vous conseillent. Il y a des artistes, des experts en publicité ; bref, des milliers de gens collaborent à la prospérité de votre entreprise.

À présent, imaginez que vous n'avez aucun contact direct avec toutes ces personnes, qu'un directeur comprend et conseille vos employés, et dirige votre entreprise. Ainsi, chaque fois qu'il vous vient une idée en vue d'améliorer la production, vous la confiez à cet homme, qui se charge ensuite de l'appliquer immédiatement, ce qu'il fait d'ailleurs avec efficacité et précision, exactement comme vous le souhaitez.

Vous vous dites peut-être en ce moment : « J'aimerais bien avoir un tel directeur à mon service, une personne sur qui je pourrais compter et qui travaillerait aussi bien pour moi. »

À cela, nous répondons que vous avez déjà un tel directeur à votre service et qu'il en fait bien davantage encore. On l'appelle la Loi d'attraction, et il vous suffit de demander pour que ce directeur universel surgisse aussitôt afin de répondre à votre requête.

Mais pour la plupart, vous ne voyez pas ainsi le rôle de ce « directeur », puisque vous continuez chacun dans votre cœur à vouloir assumer la responsabilité de tout ce qui concerne votre vie. En d'autres mots, vous savez bien que cette Loi d'attraction existe, mais vous persistez à vouloir accomplir seul tout le travail. Ce à quoi nous rétorquons : « Mais alors, à quoi peut vous servir la Loi d'attraction ? » C'est comme si vous déboursiez chaque année une somme énorme pour engager un directeur compétent à qui vous répondriez, chaque fois qu'il vous demande ce que vous attendez de lui, que vous êtes heureux de simplement le payer pour qu'il ait ce titre. Entre-temps, vous vous débrouillez seul pour accomplir toutes les tâches à l'ordinateur et partout dans l'entreprise, vous vous défoncez à l'ouvrage et vous êtes tout le temps épuisé, tandis que votre directeur se la coule douce quelque part sur une plage.

Vous n'agiriez certainement pas ainsi, n'est-ce pas ? Vous mettriez votre directeur au travail. Vous seriez ravi de lui déléguer des tâches et lui soumettriez des demandes en vous attendant chaque fois à recevoir rapidement satisfaction. De la sorte, vous feriez les deux seules choses requises en vue d'une création délibérée : identifier l'objet de votre désir et consentir à ce que l'univers vous l'apporte.

Par conséquent, se fixer des objectifs revient à déléguer des tâches au Directeur universel, et réaliser une vibration de consentement revient à prendre du recul et à faire confiance à votre directeur, qui mettra les choses en place et qui, lorsqu'il vous reviendra de faire quelque chose, s'arrangera pour attirer votre attention là-dessus. En d'autres termes, lorsqu'il vous faudra prendre une décision, vous en aurez conscience

Vous ne déléguez pas votre vie, vous la créez ! Vous devenez une personne visionnaire, en mode création, au lieu d'une personne qui ne pense qu'à l'action. Mais il y aura encore bien assez de choses que vous voudrez faire par vous-même. Nous n'avons nullement l'intention de vous déconseiller d'agir. L'action est stimulante. Il n'y a rien de plus agréable dans tout l'univers que d'avoir un désir avec lequel vous êtes en résonance vibratoire, et d'être inspiré à entreprendre une action alors que vous êtes dans cet état d'alignement avec l'Énergie Source. C'est là le summum du processus créatif, *car aucune action dans l'univers entier ne saurait être plus délicieuse qu'une telle action inspirée.*

Processus 21

Retrouver son état de santé naturel

Quand faut-il utiliser ce processus ?

- Lorsque vous ne vous sentez pas bien.
- Lorsque vous venez d'être informé d'un diagnostic troublant.
- Lorsque vous ressentez de la douleur.
- Lorsque vous voulez vous sentir plus énergique.
- Lorsque vous éprouvez une vague peur associée à votre corps.

L'éventail actuel de vos états d'être émotionnels

Ce processus vous sera des plus utiles lorsque votre état d'être se situera entre :

10) la frustration, l'irritation et l'impatience
et
22) la peur, le chagrin, la dépression, le désespoir et l'impuissance.

(Si vous n'êtes pas certain de votre état d'être actuel, veuillez vous référer au chapitre 22 pour y passer en revue les 22 catégories de l'échelle de guidance émotionnelle proposée.)

Effectuez cet exercice en position couchée, dans un lieu confortable—plus il y aura de confort, mieux ce sera. Choisissez un moment de la journée où vous disposerez d'une période d'environ 15 minutes durant laquelle personne ne vous dérangera.

À présent, transcrivez la liste qui suit à un endroit où il sera facile pour vous de la relire ensuite. Lorsque vous vous étendrez la première fois pour accomplir ce processus, lisez-la lentement.

- Il est naturel pour mon corps d'être en bonne santé.
- Même si je ne sais trop que faire pour prendre du mieux, mon corps le sait.
- Je suis composé de trillions de cellules qui possèdent chacune une conscience individuelle et savent comment parvenir à leur équilibre propre.
- Lorsque cet état de santé précaire a débuté, je ne savais pas ce que je sais maintenant.
- Si j'avais su tout cela, mon état ne se serait pas dégradé ainsi.
- Je n'ai pas besoin de comprendre la cause de cette maladie.
- Je n'ai pas besoin non plus d'expliquer comment il se fait que j'ai cette maladie.
- Je n'ai qu'à laisser doucement se dissiper cette maladie et elle finira par partir.
- Qu'elle ait débuté n'a aucune importance, puisqu'elle est désormais en voie de guérison.
- Il est naturel que du temps soit nécessaire avant que mon corps ne commence à s'aligner avec mes pensées améliorées de Bien-être.
- Il n'est nul besoin de précipiter les choses.
- Mon corps sait ce qu'il doit faire.

- Le Bien-être est mon état naturel.
- Mon Être intérieur est intimement conscient de mon corps physique.
- Mes cellules demandent ce dont elles ont besoin afin de bien se développer, et l'Énergie Source répond à ces requêtes.
- Je suis entre de très bonnes mains.
- Je vais à l'instant me détendre afin de permettre la communication entre mon corps et ma Source.
- Mon seul travail consiste à me détendre et à respirer.
- Je peux réussir à faire cela.
- Je peux facilement y arriver.

À présent, demeurez simplement étendu là et jouissez du confort que vous procure le matelas sur lequel vous êtes étendu. Focalisez votre attention sur votre respiration — inspirez consciemment et expirez lentement, sans jamais laisser dériver votre attention. Votre objectif est d'être aussi confortable que possible.

Respirez aussi profondément que vous le pouvez tout en restant le plus à l'aise possible. Ne forcez rien. N'essayez pas d'amener quoi que ce soit à se produire. Vous n'avez qu'à vous détendre et respirer.

De douces sensations vont sans doute se mettre à envahir votre corps. Souriez et reconnaissez qu'il s'agit là de l'Énergie Source qui répond précisément à votre requête au niveau cellulaire. Vous sentez l'effet du processus de guérison. Ne faites rien pour essayer de l'aider ou de l'intensifier. Contentez-vous de vous détendre et de respirer — et d'y consentir.

Si vous éprouviez de la douleur au moment où vous vous êtes étendu, suivez le même processus. Toutefois, en ce cas, il pourrait être utile pour vous d'ajouter ce qui suit à votre liste écrite et verbalisée :

- Cette sensation de douleur indique que la Source répond à la requête d'un surcroît d'Énergie exprimée par mes cellules.

- Cette sensation de douleur est un merveilleux signe que l'aide demandée est en route.
- Je vais me détendre au sein de cette sensation de douleur, car je comprends qu'elle indique une amélioration.

À cette étape, et si vous le pouvez, laissez-vous gagner par le sommeil. Souriez en ayant conscience que tout est bien. Respirez, détendez-vous et ayez confiance.

Abraham nous donne plus de détails sur notre corps physique

La prochaine fois que vous éprouverez un quelconque malaise, arrêtez tout aussitôt et dites-vous ceci : « Ce malaise que je ressens n'est rien de plus que ma conscience d'une résistance. Il est temps pour moi de me détendre et de respirer... de me détendre et de respirer... de me détendre... et de respirer... » En quelques secondes, vous rétablirez ainsi votre bien-être intérieur.

Chaque cellule de votre corps est directement reliée à la Force de Vie créatrice, et chacune réagit de manière indépendante. Lorsque vous sentez la joie monter en vous, tous vos circuits sont alors ouverts, de sorte que la Force de Vie peut être pleinement reçue. Lorsque vous sentez la culpabilité, la peur ou la colère vous envahir, ces mêmes circuits sont paralysés et la Force de Vie ne peut y circuler aussi librement. Il faut savoir demeurer attentif à l'état de ces circuits et les garder aussi ouverts que possible. Vos cellules savent comment réagir en ce cas ; elles font appel à l'Énergie.

Aucune situation n'existe que vous ne pourriez améliorer, tout comme aucune toile n'existe que vous ne pourriez repeindre. L'environnement humain comporte de nombreuses formes-pensées limitatrices susceptibles de donner l'impression que des maladies dites incurables, ou des situations en apparence immuables, ne peuvent être changées. De notre point de vue, elles ne sont ainsi que parce que vous le croyez. Quelqu'un nous a récemment demandé s'il y avait une limite à la faculté d'autoguérison du corps. Nous lui avons répondu qu'il n'y en a aucune, sinon celles imposées par vos propres croyances. « En ce cas, pourquoi les membres des personnes amputées ne repoussent-ils pas », a rajouté cette personne. « Parce que personne ne croit en une telle possibilité », avons-nous répondu.

Qu'en est-il des bébés malades ?

Une autre question nous est souvent soumise : « Eh bien, que se passe-t-il dans le cas des tout-petits ? Pourquoi certains bébés ont-ils une si mauvaise santé ? » Nous expliquons alors qu'ils ont été exposés à une vibration, avant même de naître parfois, qui les a amenés à rejeter le Bien-être naturel qui aurait été présent en eux autrement. Mais après leur naissance, peu importe la nature de leur infirmité, s'ils pouvaient être encouragés par la pensée que leur Bien-être est toujours possible, alors même une fois leur corps entièrement formé, celui-ci pourrait être régénéré à son état de parfait Bien-être.

Il est naturel de vouloir être absolument bien, tout autant que de souhaiter vivre dans l'abondance, de se sentir en santé et d'avoir l'esprit clair. Cependant, il n'est pas naturel d'avoir l'esprit confus ou de vivre dans le dénuement, ni de se sentir pauvre ou honteux. Ce ne sont pas là les états naturels de votre véritable moi, mais ils semblent en quelque sorte faire partie des modèles comportementaux humains adoptés par la plupart des gens au fil de leur existence.

Chaque fois que vous éprouvez un quelconque malaise physique, que vous mettiez cela sur le compte des émotions ou d'une douleur ressentie dans votre corps, cela signifie toujours la même chose : vous êtes habité d'un désir qui fait appel à l'Énergie, mais une croyance personnelle empêche sa réalisation, ce qui crée une résistance dans votre corps. Dans tous les cas sans exception, la solution visant à éliminer le malaise ou la douleur est la relaxation, dont l'abandon au sentiment de soulagement que celle-ci stimule.

Certains nous demandent aussi : « S'il n'existe pas de source à la maladie, pourquoi tant de gens sont-ils malades ? »C'est qu'ils se sont trouvé un tas d'excuses pour se maintenir dans un état vibratoire qui est en discordance avec une bonne santé. Ils ne lui font aucune place, et comme ils ne laissent pas le Bien-être entrer en eux, son absence donne l'impression qu'ils sont malades. Puisqu'ils sont si nombreux à se comporter ainsi, vous pensez alors qu'il doit forcément y avoir une source à la maladie. Vous lui accolez même différents noms, tels le « cancer » et d'autres noms terribles, et en déduisez que ces maladies s'attaquent aux gens, qui tombent alors malades. Nous vous l'affirmons, aucune d'elles ne s'attaque à qui que ce soit. Seuls les gens apprennent, au fil de leur existence et de leurs relations avec les autres, des schémas de pensée qui font obstruction à l'afflux du Bien-être.

Comme vous ne faites pas de place en vous à cette Énergie bienfaisante, son absence est telle une ombre fugace qui se traduit dans votre vie par des maladies et la privation des choses désirées. Puis, avec le temps, vous en venez à croire que c'est là une réalité qui puise sa source quelque part et vous développez un ensemble d'informations afin de vous protéger contre la « source du mal »qui n'a, en fait, jamais existé.

Si vous avez reçu un diagnostic qui fait peur

Si l'on vous communique un diagnostic que vous refusez d'entendre, vous aurez tendance à dire : « Oh, mon Dieu ! Comment ai-je pu m'éloigner ainsi de la santé tant désirée ? » Si vous l'avez fait, ce n'est pas du tout pour une raison grave, mais simplement par une série de petites choses. Chaque jour, vous aviez le choix entre des pensées stimulantes et positives, et d'autres qui l'étaient moins, mais peu à peu vous avez pris l'habitude de laisser certaines pensées négatives dominer votre conscience. C'est donc la répétition quotidienne de ce refus de recevoir le Bien-être qui vous a maintenu en mode de non-réception.

Et ça se limite à cela ! Ne laissez donc aucun état d'être semer la peur en vous. Tout cela est le sous-produit d'un certain alignement d'Énergie qui non seulement vous donne une plus grande clarté à propos de ce que vous voulez, mais aussi, et plus important encore, une plus grande sensibilité pour déterminer si vous êtes en mode réception ou exclus.

Seuls votre état d'esprit, votre humeur, votre attitude ou le genre de pensées que vous entretenez déterminent si vous vous donnez ou non le droit d'accéder à une bonne santé. Il n'y a aucune exception, tant chez les humains que chez les animaux, car vous pouvez les rafistoler autant de fois que vous le voudrez, ils trouveront toujours un autre moyen de revenir au rythme naturel de leur esprit. *Pour traiter le corps, il faut avant tout traiter l'esprit, car tous les problèmes de santé sont essentiellement liés à des causes psychosomatiques.*

Il n'y a rien qui ne puisse être réorienté vers le Bien-être. Néanmoins, vous devez être fermement déterminé à focaliser vos pensées sur des choses qui éveillent des sentiments positifs en vous. À présent, nous allons faire une déclaration très audacieuse : Toute maladie pourrait être guérie en quelques jours seulement si votre esprit pouvait en être distrait et qu'une vibration différente prédominait en vous. Quant au temps requis pour la guérison, il dépend du degré de confusion qui règne en vous, puisque toute maladie physique a pris beaucoup plus de temps à se développer qu'il n'en faut pour vous en libérer.

La maladie est une conséquence des émotions négatives

La souffrance physique est tout simplement un prolongement des émotions. Tout se résume au type d'émotion, bonne ou mauvaise, que l'on éprouve, laquelle indique si l'on est connecté à notre courant d'Énergie ou si l'on refuse cette connexion. La maladie est donc une conséquence des émotions négatives ressenties, et lorsque vous ne sentez plus de résistance à leur égard, tout va pour le mieux.

Est-il nécessaire d'entretenir certaines pensées positives particulières à propos de votre corps pour qu'il réponde à votre désir ? Non. Mais il vous faut éviter d'entretenir certaines pensées négatives particulières. Si vous pouviez ne plus jamais vous en faire au sujet de votre corps et vous contenter plutôt de penser uniquement à des choses agréables, votre corps retrouverait son état naturel de bien-être. Il vous est possible de vivre une existence sans difficulté, joyeuse, durable et en santé aussi longtemps que, par vos désirs, vous appelez la Force de Vie afin qu'elle afflue en vous. Les gens ne meurent pas parce qu'ils en sont au terme de leur vie, mais parce qu'ils ne permettent pas à cette Force de guider leurs décisions. S'ils décèdent, c'est qu'ils ont uniquement cessé de vouloir être ici, ou qu'ils ont choisi de retrouver leur état non physique.

Vous pourriez conserver indéfiniment votre corps

Sommes-nous en train d'affirmer que vous pourriez atteindre ce que vous considérez être une parfaite santé physique et préserver cet état aussi longtemps que votre conscience reste focalisée dans ce corps ? Sans la moindre hésitation, la réponse est oui ! Mais cela ne veut pas dire d'atteindre votre santé optimale pour ensuite prendre des risques. Cela signifie retrouver votre état de santé idéal et en savourer pleinement les délices. À présent, pourquoi la plupart des gens vivent-ils quelque chose de différent ? Parce que presque tout le monde vibre en résonance avec ce qu'il observe autour. Alors, quelle est la solution ? Accordez moins d'attention à ce qui vous entoure et usez davantage de votre imagination jusqu'à ce que votre imagerie mentale constitue la vibration la plus familière que vous ayez.

Vous seriez à même de demeurer indéfiniment dans ce corps si vous permettiez à votre environnement de générer constamment de nouveaux désirs purs capables d'appeler la Force de Vie sans créer de résistance. Vous pourriez être de ceux qui ont ouvert leur vortex pour y trouver sans cesse de nouvelles choses à désirer, continuant ainsi de faire affluer la Force de Vie en eux. Autrement dit, vous choisissez de vivre intensément et passionnément dans la joie et l'exubérance… puis, à partir de cet état d'esprit, et en toute conscience, vous prenez la décision d'effectuer votre transition.

Chaque mort est un choix que l'on s'impose à soi-même

La meilleure raison que vous ayez d'effectuer votre transition dans l'univers non physique n'est pas que la dimension physique est une expérience misérable, mais que vous avez le sentiment d'avoir achevé ce pour quoi vous étiez là et que vous avez désormais envie de voir les choses d'un autre point de vue. La mort est un retrait de la conscience, comme si vous retiriez votre attention d'un endroit pour la diriger vers un autre. Chaque décès est provoqué par la culmination de la vibration de l'Être. Il n'y a pas d'exception à cela. Aucun humain, ni aucun animal, n'effectue sa transition dans la dimension non physique sans que ça résulte d'un consensus vibratoire émergeant de lui, de sorte que chaque mort peut être considérée un choix. Vous êtes un être éternel qui se projette toujours à partir de la dimension non physique, et parfois cette projection se déroule dans une personnalité physique. Lorsque cette dernière a complété son itinéraire prévu dans cette vie, l'attention est alors retirée de ce plan d'existence. L'incarnation peut se comparer au fait d'aller parfois voir un film, pour ensuite finir par sortir du cinéma. Que vous soyez à l'extérieur où à l'intérieur du cinéma, l'essence de votre moi ne change aucunement.

Voici une règle d'or qui vous aidera : si vous croyez qu'une chose est bonne et que vous la faites, elle sera tout à votre avantage, mais si vous croyez qu'elle est mauvaise et que vous la faites, elle sera pour vous une expérience très préjudiciable. Il n'y a rien de pire pour vous que d'accomplir une chose que vous jugez inappropriée. Par conséquent, tâcher de faire des choix éclairés qui vous satisferont, car ce sont vos propres contradictions qui occasionnent la majorité des contradictions dans vos vibrations.

Décidez de ce que vous voulez, focalisez votre attention là-dessus, et trouvez le sentiment intérieur correspondant. Ainsi, vous l'obtiendrez instantanément. Il n'y a aucune raison pour vous de souffrir et de lutter dans le but d'obtenir quoi que ce soit.

Processus 22

Remonter dans l'échelle des émotions

Quand faut-il utiliser ce processus ?

- Lorsque vous ne vous sentez pas bien et que vous avez de la difficulté à vous sentir mieux.
- Lorsqu'il vous est arrivé quelque chose, ou qu'une personne proche de vous a subi quelque chose qui vous a laissé complètement désemparé — un décès, la personne que vous aimez vous a quitté, votre chien a été écrasé par une voiture, etc.
- Lorsque vous avez dû régler une crise.
- Lorsqu'on a diagnostiqué que vous souffrez d'une terrible maladie.
- Lorsqu'une personne que vous aimez a reçu un diagnostic terrifiant.
- Lorsque votre enfant, ou une personne très proche de vous, vit un traumatisme ou traverse une crise.

L'éventail actuel de vos états d'être émotionnels

Ce processus vous sera des plus utiles lorsque votre état d'être se situera entre :

17) la colère

et

22) la peur, le chagrin, la dépression, le désespoir et l'impuissance.

(Si vous n'êtes pas certain de votre état d'être actuel, veuillez vous référer au chapitre 22 pour y passer en revue les 22 catégories de l'échelle de guidance émotionnelle proposée.)

Ainsi, les contrastes observés durant votre vie vous ont aidé à identifier vos préférences et vos désirs. Que vous les exprimiez de vive voix ou non, la Source a entendu chacune de vos préférences et chacun de vos désirs, peu importe leur importance à vos yeux, et leur a apporté une réponse. Pour sa part, la Loi d'attraction, tel un directeur d'entreprise, a aligné les circonstances, les événements, les gens concernés et toutes sortes de choses afin de contribuer à la réalisation de vos désirs. En d'autres termes, vous avez demandé et cela vous a été accordé, mais il vous faut maintenant accueillir ce qui vous a été offert. Rappelez-vous qu'il n'existe pas de source non physique d'obscurité, de maladie, de confusion ou de mal. Seul existe le Courant de Bien-être, et il afflue constamment vers vous. À moins d'offrir une quelconque résistance, vous le recevez entièrement et vos émotions vous aident à comprendre dans quelle mesure vous consentez à accueillir cette Énergie, ou vous lui résistez. En d'autres mots, mieux vous vous sentez, moins vous lui résistez ; plus vous vous sentez mal, plus vous lui opposez de la résistance.

Ce processus grâce auquel vous pouvez remonter dans l'échelle des émotions vous aidera — peu importe votre état d'être actuel, ce que vous êtes en train de créer, et comment vous vous sentez — à abaisser votre résistance et donc à améliorer votre niveau de consentement. Et chaque sentiment de soulagement éprouvé sera une indication que vous lâchez prise et que votre résistance diminue. Nous désirons vous amener à comprendre que la création délibérée est réellement une affaire de réalisation intentionnelle d'un état émotionnel. Voici quelques exemples :

- Lorsque vous n'avez pas suffisamment d'argent, bien sûr vous en voulez davantage. Mais comprenez bien que la distance à parcourir n'est pas entre le manque et l'abondance d'argent, mais plutôt entre le sentiment d'insécurité et celui de sécurité.

Dès que les pensées choisies dissiperont toute inquiétude dans votre esprit, l'argent ne pourra qu'affluer vers vous.

- Quand vous êtes malade, vous voulez retrouver la santé, mais le chemin à parcourir n'est pas celui qui sépare la maladie de la santé, mais celui qui va de la peur à la confiance. Dès que, par votre choix de pensées, vous aurez acquis davantage de confiance, l'amélioration de votre état de santé se mettra au diapason de la confiance retrouvée.
- Lorsque vous n'avez pas de compagnon, ou de compagne, et que vous désirez rencontrer quelqu'un, vous devez en réalité cheminer du sentiment de solitude à un sentiment d'excitation ou de satisfaction. Si vous entretenez des pensées aptes à faire naître en vous de l'excitation ou de l'anticipation, inévitablement le compagnon idéal, ou la compagne parfaite, prendra place à vos côtés.

Vous vous dites peut-être : *Je veux une nouvelle voiture,* mais ce que l'univers entend, c'est :

Je ne suis pas satisfait de ma voiture actuelle.
Je me sens embarrassé de circuler dans cette voiture.
Je suis déçu de ne pas avoir une nouvelle voiture.
Je suis jaloux de mon voisin qui possède une meilleure voiture que la mienne.
Je suis fâché de ne pouvoir me permettre d'acheter une meilleure voiture.

Vous vous dites peut-être : Je veux être en parfaite santé, mais ce que l'univers entend, c'est :

Je me fais du souci pour mon corps.
Je suis déçu de moi-même.
Je m'inquiète de ma santé.
J'ai peur de vivre une mauvaise expérience comme celle que ma mère a subie.
Je m'en veux de ne pas avoir pris mieux soin de moi-même.

Vous vous dites peut-être : Je veux me trouver un autre emploi, mais ce que l'univers entend, c'est :

Je suis fâché parce que mon employeur ne reconnaît pas ma valeur.
Je m'ennuie.
Je suis mécontent de mon salaire actuel.
Je suis frustré de ne pouvoir me faire comprendre d'eux.
Je suis débordé par tout ce boulot.

Il n'y a rien que vous ou quiconque d'autre ayez jamais désiré qui existe dans un autre but que de vous donner le sentiment de vous sentir mieux en le réalisant. Une fois que vous avez consciemment identifié votre état émotionnel actuel, il devient plus facile pour vous de savoir si vous choisissez des pensées qui vous rapprochent, ou vous éloignent, de la destination souhaitée. Si vous faites en sorte que l'émotion améliorée devienne votre véritable objectif, alors tout ce que vous désirez se manifestera rapidement.

La liste d'émotions suivante (également disponible au chapitre 22) commence par celles qui causent le moins de résistance ; elle se termine par celles qui en provoquent le plus. Chaque fois que des émotions dégagent des vibrations très similaires, nous les avons inscrites sur la même ligne. Ces émotions vont de celles qui expriment un fort consentement à recevoir votre Énergie Source à celles qui témoignent d'une forte opposition. Elles sont indiquées par des mots comme *maîtrise personnelle* ou *joie* à un bout de l'échelle et par des mots comme *dépression* ou *impuissance* à l'autre extrémité de cette échelle.

Les termes employés pour dépeindre ces émotions ne peuvent refléter exactement ce qui est ressenti, puisque la perception des émotions varie d'une personne à l'autre, et ce, même si toutes emploient les mêmes mots pour les décrire. Cependant, l'univers ne répond pas aux mots utilisés, mais aux vibrations dégagées qui accompagnent toujours vos émotions.

Par conséquent, trouver le mot juste pour décrire de quelle manière vous vous sentez n'est pas essentiel à la bonne marche de ce processus. Toutefois, bien ressentir l'émotion en cause l'est, et déceler des moyens d'améliorer ce que vous ressentez l'est encore plus. En d'autres termes, ce jeu vise uniquement à découvrir des pensées qui vous donneront des sensations de soulagement.

L'échelle de guidance émotionnelle que nous proposons ressemble à ceci :

1. Joie, savoir, maîtrise personnelle, liberté, amour et appréciation
2. Passion
3. Enthousiasme, empressement et bonheur
4. Attente positive et confiance
5. Optimisme
6. Espoir
7. Contentement
8. Ennui
9. Pessimisme
10. Frustration, irritation et impatience
11. Accablement
12. Déception
13. Doute
14. Souci
15. Blâme
16. Découragement
17. Colère
18. Vengeance
19. Haine et rage
20. Jalousie
21. Insécurité, culpabilité et indignité
22. Peur, chagrin, dépression, désespoir et impuissance.

Voici nos suggestions quant à la manière de mettre en pratique ce puissant processus. Lorsque vous avez conscience d'éprouver une émotion négative relativement forte, essayez d'identifier la nature de cette émotion. Examinez ce qui vous tracasse jusqu'à ce que vous puissiez mettre le doigt sur les émotions ressenties.

Considérant les deux extrémités de cette échelle de guidance émotionnelle, vous pourriez vous demander : « Est-ce que je me sens puissant, ou impuissant ? » Même si vous ne ressentez aucune de ces deux émotions précises, vous serez capable de déterminer de quel côté penche votre état d'être émotionnel à ce moment. Ainsi, dans cet exemple, si votre réponse est l'impuissance, réduisez l'éventail de ce que vous recherchez et demandez-vous si ça vous donne l'impression d'être plus proche de l'impuissance que de la frustration. Si votre émotion s'apparente davantage à de l'impuissance, réduisez encore un peu plus votre champ de recherche. Est-ce plus proche de l'impuissance, ou bien du souci ? À force de tâtonnements (il n'y a pas de bonne ou de mauvaise approche ici), vous finirez par exprimer avec précision ce que vous éprouvez réellement par rapport à la situation abordée.

Une fois que vous avez bien cerné l'émotion sur l'échelle de guidance émotionnelle qui correspond à ce que vous ressentez, vous devez ensuite tenter de trouver des pensées qui vous procurent un léger sentiment de soulagement relativement à cette émotion.

Exprimer de vive voix vos pensées ou les noter par écrit vous permettra de mieux discerner comment vous vous sentez. En formulant vos pensées avec l'intention délibérée d'éveiller une émotion capable de vous soulager un tant soit peu, vous atténuerez peu à peu votre résistance intérieure et serez en mesure de remonter dans l'échelle vibratoire jusqu'à un état d'être beaucoup plus agréable. Rappelez-vous que le fait de vous sentir mieux indique que vous laissez tomber toute résistance, ce qui a pour effet d'intensifier votre état de consentement à l'égard de ce que vous désirez réellement.

Ainsi, à l'aide de l'échelle de guidance émotionnelle, examinez d'abord votre émotion actuelle et essayez ensuite de formuler des phrases qui vous entraîneront dans un état d'être émotionnel légèrement moins empreint de résistance.

Voici un exemple illustrant ce phénomène. Une femme s'est retrouvée dans un état de profonde résistance intérieure et de très grande souffrance en raison de la mort de son père. Même s'il était gravement malade et que sa mort était attendue, lorsqu'il décéda, elle sombra dans une très profonde dépression. Elle se sentait impuissante et accablée de douleur en réaction à sa focalisation sur la mort de son père.

Durant les jours précédant le décès, cette femme n'avait pratiquement pas quitté le chevet de son père. Néanmoins, il avait fini par glisser dans l'inconscience au cours d'un des rares moments où elle n'était pas avec lui et ne s'était pas réveillée avant qu'il meure. Alors qu'elle réfléchissait au fait qu'elle n'avait pu être là pour partager une ultime conversation avec son père, elle se sentit envahie d'un écrasant sentiment de culpabilité. Par la suite, bien qu'elle ne prît pas alors conscience de la légère atténuation de la culpabilité ressentie, ce fut pour elle une très importante transition vibratoire. Puis, ses pensées se tournèrent dans une autre direction et une puissante colère s'empara d'elle. Pensant alors à la personne qui avait pris la relève pour s'occuper de son père pendant qu'elle se reposait un peu, elle éprouva de la rage à l'idée que celle-ci avait administré une très forte dose de médication à son père (afin de rendre ses souffrances plus tolérables). Elle lui en voulait de l'avoir ainsi privée d'une dernière conversation avec celui qu'elle aimait tant.

Elle ne prit pas conscience de tout cela sur le moment, mais les sentiments de culpabilité, de rage, de colère et de blâme qu'elle éprouvait constituaient chacun une amélioration notable par comparaison à l'état de résistance vibratoire qui dominait en elle quand elle était accablée de douleur. De fait, elle se sentait mieux, beaucoup mieux, alors qu'elle adressait en pensée des reproches à l'autre personne. Au moins, elle pouvait respirer plus librement et elle était désormais capable de dormir.

Évidemment, il est toujours préférable de réaliser délibérément l'état émotionnel amélioré. Malgré tout, comme dans ce cas, si les émotions améliorées suscitant moins de résistance sont découvertes de façon naturelle et inconsciente, chaque amélioration permet alors d'avoir accès à quelque chose de nettement meilleur.

Une fois que vous avez trouvé le soulagement apporté par la colère et le blâme relativement aux émotions suffocantes d'impuissance et de chagrin, vous pouvez remonter encore plus rapidement dans l'échelle des vibrations. Bien qu'il faille parfois jusqu'à une ou deux journées pour s'élever d'un degré vibratoire et ainsi passer du chagrin (22) à la culpabilité (21), et de la vengeance (18) à la colère (17), puis au blâme (15), il est possible de rétablir sa connexion à la Source et de raviver le sentiment de maîtrise de soi en beaucoup moins de temps que l'imaginent la plupart des gens. Voici des exemples d'affirmations conscientes que cette femme aurait pu formuler pour améliorer son état d'être :

J'ai fait tout ce que j'ai pu pour aider mon père, mais ce ne fut pas suffisant. (Chagrin)

Il me manque tellement. Je ne peux accepter qu'il ne soit plus là. (Chagrin)

Comment vais-je pouvoir consoler ma mère ? (Désespoir)

La première chose à laquelle je pense le matin en me réveillant est que papa est parti. (Chagrin)

Je n'aurais pas dû retourner chez moi pour prendre une douche. (Culpabilité)

J'aurais dû demeurer là. Ainsi, j'aurais pu lui dire adieu. (Culpabilité)

J'aurais dû me rendre compte à quel point il était proche de la mort. (Culpabilité)

Je suis restée à son chevet durant des jours et des nuits et je n'ai même pas pu lui dire un dernier au revoir. (Rage)

La personne qui était avec lui savait très bien ce qui se passait. (Rage)

Comment aimerait-elle cela si les rôles étaient inversés et que je plongeais son père dans le coma ! (Vengeance)

Ayant vu bien des gens mourir, elle aurait dû m'avertir que sa mort était imminente. (Colère)

Je pense qu'elle savait fort bien ce qui allait se produire, mais qu'elle ne voulait pas que je sois là. (Colère)

Elle lui a donné davantage de médication uniquement pour se faciliter la tâche. (Blâme)

J'aurais aimé pouvoir lui dire adieu. (Déception)

Il y a beaucoup trop de détails dont il faut s'occuper, et je n'ai pas vraiment envie de faire quoi que ce soit. (Accablement)

J'ai négligé tellement de choses dans ma vie ; je dois me ressaisir et mieux m'organiser. (Accablement)

Les professionnels de la santé sont insensibles aux besoins des familles des personnes malades et mourantes. (Frustration)

Ils sont davantage intéressés à ramasser les bonbonnes d'oxygène qu'à s'occuper de moi. (Irritation)

Ce sera bon de passer plus de temps avec ma propre famille. (Espoir)

Ça va me faire du bien de me remettre dans le bain au boulot. (Espérance)

Je sais qu'avec le temps je vais finir par me sentir mieux. (Espérance)

Je ne sais pas si je vais un jour me sentir comme auparavant, mais je suis certaine d'aller mieux avec le temps. (Espérance)

Il y a tellement de choses à faire et à accomplir. (Espérance)

J'ai tellement hâte de retrouver le sourire et d'être vraiment heureuse, de rire et de réellement sentir la joie m'habiter. (Espérance)

J'apprécie énormément mon mari. Il m'a aidée de tellement de manières. (Appréciation)

J'apprécie toutes ces personnes qui ont pris soin de mon père et de ma mère. (Appréciation)

J'apprécie beaucoup mes sœurs. Nous aimons nos parents et nous nous aimons les unes les autres. (Appréciation et amour)

Tout bien considéré, nous avons vécu et nous vivons encore aujourd'hui une vie merveilleuse. (Appréciation et amour)

La mort fait partie de la vie. (Savoir)

Puisque nous sommes tous des Êtres éternels, la mort n'existe pas vraiment. (Savoir)

Papa n'est pas vraiment parti, puisque la mort n'existe pas. (Savoir)

Il est dans un lieu où la tristesse n'existe pas. (Savoir)

C'est véritablement un endroit merveilleux où vivre. (Joie)

J'aime savoir qu'il se trouve dans un lieu où règnent la joie et la compréhension absolues. (Joie)

J'adore tellement cette glorieuse expérience terrestre. (Joie)

J'aime réaliser comment tout cela se tient parfaitement. (Joie)

J'ai grandement aimé avoir cet homme merveilleux comme père. (Joie)

Tout a été parfait. (Joie)

Rappelez-vous que vous n'avez pas accès à des émotions trop éloignées de la vibration qui se dégage présentement de vous. Bien qu'il vous soit possible de passer une journée entière à ne parler que de vos émotions actuelles, essayez le lendemain d'établir un point de départ différent même si ça ne représente qu'une légère amélioration.

Si l'émotion négative que vous éprouvez est peu intense, ou ne s'est manifestée que récemment, votre état d'être remontera rapidement dans l'échelle des émotions. Si, au contraire, l'émotion ressentie est liée à quelque chose d'extrêmement grave subi depuis plusieurs années, il est possible que vous ayez à consacrer 22 jours à votre remontée dans cette échelle des émotions, choisissant chaque jour de stimuler l'émotion améliorée située juste au-dessus de celle que vous ressentez ce jour-là. Mais le fait de prendre 22 jours pour passer de l'impuissance à la maîtrise de soi ne représente que peu de temps en comparaison des années de chagrin, d'insécurité ou d'impuissance que subissent certaines personnes.

À présent que vous comprenez que votre but doit être d'engendrer une émotion laissant place à un meilleur état d'être, nous espérons que ce processus vous aidera à vous libérer des émotions négatives troublantes que vous éprouvez depuis des années. En vous dégageant doucement et progressivement de la résistance ainsi accumulée sans le savoir, vous observerez petit à petit des améliorations dans tous les domaines de votre vie où vous éprouvez des difficultés.

Une dernière chose

Dans tout cela, ne soyez pas trop dur envers vous-même. Vous avez tendance à prendre la vie tellement au sérieux! Cette vie est censée être une expérience agréable, vous savez! Tout en vous observant créer votre vie, nous n'éprouvons que de l'amour et de l'appréciation pour tout ce que vous êtes. Et vous êtes entre autres des créateurs précurseurs passant au crible les merveilleux contrastes offerts par cet environnement et tirant de nouvelles conclusions qui propulsent de l'avant la Force de Vie. Les mots ne suffisent pas pour exprimer à quel point vous êtes précieux.

Nous désirons par-dessus tout que vous retrouviez votre aptitude à vous apprécier vous-même. Nous souhaitons que vous éprouviez de l'amour pour votre vie, pour les gens de votre monde et, surtout, pour vous-même.

Il y a ici énormément d'amour pour vous.

Voilà... Nous avons terminé.

Lexique

Alignement vibratoire — Harmonie vibratoire — Correspondance vibratoire : Une harmonie de perspective.

Art du consentement : Le processus par lequel vous choisissez les sujets de votre attention, couplé à une conscience aiguë des sentiments qu'éveillent en vous les choses observées. En choisissant délibérément des pensées agréables à contempler, vous établissez un alignement vibratoire avec la Source du Bien-être.

Aspiration : Le désir naturel né d'une expérience comparative.

Connexion : Être en alignement vibratoire avec votre Source.

Conscience collective : Toutes les pensées qui ont été formulées un jour existent toujours. Tous ceux qui ont la faculté de percevoir ont accès à tout ce qui est et a été perçu. L'ensemble de ces pensées forme la conscience collective.

Conscience de masse : La perception consciente combinée d'un vaste ensemble de « perceveurs ». Se réfère habituellement à la conscience humaine de la Terre physique.

Consentement : L'état d'alignement avec le Bien-être qui afflue de la Source. La focalisation de votre attention sur les choses qui vous amènent à dégager une vibration qui « permet »votre connexion avec votre source naturelle de Bien-être. Tolérer une chose est très différent de la permettre. Tolérer, c'est voir ce qui n'est pas désiré, sentir la différence vibratoire de cette perspective, mais choisir de ne prendre aucune action. Permettre, c'est accorder votre attention exclusivement à ce qui engendre une vibration qui favorise l'alignement avec la Source. Quand vous êtes dans un état de consentement, vous vous sentez toujours bien.

Créateur : Celui qui focalise l'Énergie créatrice.

Création délibérée : Focaliser son attention sur ce qui est désiré, tout en étant conscient de son état d'être vibratoire actuel et de sa connexion avec sa Source.

Désir : Le résultat naturel de la vie dans un environnement contrasté, ce qui inclut tous les environnements.

Émotion : La réaction viscérale du corps physique à l'état d'être vibratoire engendré par tout ce à quoi vous accordez votre attention.

Énergie créatrice — Force de Vie créatrice : Le courant énergétique à la base de tout ce qui existe.

Énergie non physique : Le courant énergétique à la base de tout ce qui existe.

Essence : La possession de propriétés vibratoires similaires.

État d'être émotionnel : L'émotion que vous ressentez le plus souvent.

Être (Un) : Une Énergie Source qui s'est cristallisée dans une perspective précise. Un Être non physique est une Conscience qui perçoit à partir de la perspective non physique. Un être physique, ou un être humain, est une Énergie non physique qui perçoit à travers la perspective physique.

Être intérieur : La partie éternelle de votre être qui perçoit tout ce que vous avez été et tout ce que vous êtes en ce moment. Une perspective qui est toujours à votre disposition si vous la « permettez ».

Fine pointe de la pensée : Un état de considération détendu et délibéré d'idées avec l'intention d'effectuer de nouvelles découvertes.

Fréquence vibratoire : Un état de vibration.

Guidance émotionnelle : La conscience de votre capacité d'attraction consécutive à ce que vous ressentez alors que vous accordez votre attention à différentes choses.

Loi d'attraction : Le fondement de votre monde, de votre univers et de Tout Ce Qui Est. Les choses vibrant à la même fréquence s'attirent les unes les autres en raison de cette loi.

Loi de la création délibérée : La focalisation délibérée de la pensée avec l'intention de se sentir aligné sur ses propres désirs.

Lois : Les réactions éternellement constantes.

Méditation : L'état dans lequel on apaise son esprit, de sorte que l'on élimine toute pensée de résistance pouvant empêcher l'alignement vibratoire avec sa Source.

Mode réception : Un état d'être vibratoire dénué de résistance et, par conséquent, en parfait alignement avec la Source.

Moi : Une conscience éternelle qui perçoit votre perspective physique et même cellulaire à partir de votre perspective non physique plus vaste.

Moi total : L'être humain dans un état d'être épanoui et heureux n'offrant aucune résistance susceptible de provoquer une séparation d'avec sa véritable nature.

Non-physique : La Conscience éternelle à la base de tout ce qui est physique et non physique.

Processus créateur : L'application de l'énergie créatrice à des idées ou à des sujets particuliers.

Soi : Tout point de conscience. Le point à partir duquel toute perception découle.

Source — Énergie Source — Courant de conscience — Flux de Bien-être : Le courant vibratoire de Bien-être en éternelle expansion d'où émane Tout Ce Qui Est.

Système de guidance : La perception de ce qui est ressenti sur le plan énergétique lorsque vous êtes aligné avec votre Source, comparativement à ce que vous ressentez lorsque vous ne l'êtes pas.

Tout Ce Qui Est : La Source d'où émanent toutes choses, ainsi que toutes les choses émanant de cette Source.

Tout est bien : Le Bien-être est le fondement de Tout Ce Qui Est. C'est également la Source de toutes choses. Si vous croyez ressentir autre chose que le Bien-être, c'est que vous avez, pour une raison ou l'autre, choisi une perspective qui vous tient temporairement à l'écart du courant naturel de Bien-être.

Univers : Une expérience spatiale plus ou moins quantifiable.

Vibration : La réaction harmonieuse ou discordante de toutes choses à toutes choses.

À propos des auteurs

Emballés par la clarté et les aspects pratiques des enseignements transmis par les Êtres qui se font appeler Abraham, Jerry et Esther ont commencé dès 1986 à révéler à une poignée de proches associés leur stupéfiante expérience.

Reconnaissant la valeur des résultats observés par eux-mêmes et par diverses personnes ayant posé d'importantes questions relatives à la prospérité financière, à la santé et aux relations, puis ayant appliqué avec succès les réponses d'Abraham à leur propre situation, Jerry et Esther ont alors décidé de rendre disponibles les enseignements d'Abraham à un cercle sans cesse élargi de personnes désireuses de savoir comment vivre une meilleure existence.

Rayonnant à partir de leur Centre de conférences situé à San Antonio, au Texas, Jerry et Esther se sont rendus, chaque année depuis 1989, dans une cinquantaine de villes américaines pour y présenter des ateliers interactifs sur l'Art du consentement, et ce, aux gens assemblés en vue de participer à ce courant de pensée progressiste. Bien que partout dans le monde des penseurs et des enseignants avant-gardistes se soient intéressés à cette philosophie du Bien-être pour ensuite incorporer de nombreux concepts d'Abraham dans leurs propres best-sellers, textes, conférences et autres écrits, la diffusion de ces enseignements s'est faite avant tout de personne à personne, alors que de plus en plus de gens découvraient la valeur de cette forme de spiritualité pratique par leurs expériences de vie personnelles.

Abraham, un groupe d'enseignants non physiques de toute évidence fort évolués, a transmis sa vaste perspective par l'intermédiaire d'Esther Hicks. S'exprimant à notre niveau de compréhension par l'entremise d'une série d'écrits à la fois brillants et simples, ces enseignants nous guident pour nous aider à établir une connexion claire avec notre Être intérieur débordant d'amour, et à atteindre une maîtrise de soi inspirante et complète.

Jerry et Esther Hicks ont jusqu'ici publié plus de 600 livres, cassettes, disques compacts et vidéos.

Vous pouvez les joindre par le biais de leur vaste site Web interactif, au www.abraham-hicks.com, ou en écrivant à l'adresse suivante : Abraham-Hicks Publications, P.O. Box 690070, San Antonio, Texas 78269, USA.

Exemples de livres d'éveil publiés aux Éditions Ariane

Paroles et Semences de Vie (Soria tome IV)
Et l'Univers disparaîtra
Transpacence II
Nirvana
Nouvelle Terre
Science et champ akashique
Les confessions d'un assassin financier
Sagesse africaine
Médecine énergétique
Au-delà du portail
Accéder à son énergie sacrée
L'Envolée humaine
Le cercle de grâce
Réalisation Solaire
L'Intelligence intuitive du cœur
L'univers informé
Guérir de la détresse émotionnelle
L'Âme de l'argent
Cercles de Paroles
Entrer dans le Jardin Sacré
Jeu de cartes — L'Oracle de la Nouvelle Conscience
Un nouveau don de Lumière
Le Dieu de demain
Le pouvoir de créer
Vivre dans le cœur
Le code de dieu
La délivrance par le soleil
Le pouvoir du moment présent

MARQUIS
MEMBRE DU GROUPE SCABRINI
Québec, Canada